エンカウンター・グループの新展開

自己理解を深め他者とつながる
パーソンセンタード・アプローチ

I
II

学びの書　考え方と実践

木立の文庫

――まえがき

畠瀬直子

エンカウンター・グループの提供をする目的で始まった私たちの活動が50年の歴史を刻むことができました。

エンカウンター・グループが生まれたエピソードからご紹介したいと思います。

米国でカウンセラーとして働く人々は、一年に一度、自然に恵まれたリラックスできる研修施設で、カール・ロジャーズを囲んで研修会を開いていました。全米から集まった実践家がケース報告に情熱を傾けていたのです。夜になると、寛いだ懇談会が開かれました。そこでは、さまざまな悩みが語られ真剣な交流が生まれました。

毎年この研修会が開かれていくうち、参加者はカウンセラーとしての成長、一個人としての成長にとって、夜の自由な語らいが役立つことに気づいたのです。そして“エンカウンター・グループ”と名づけて新しい活動が始まりました。1960年代のことです。

1967年、畠瀬稔は京都女子大学から留学の機会を与えられ、カウンセリング研究を深める目的で、カール・ロジャーズのおられる研究所に行きました。そこで、日本の誰も知らなかった“エンカウンター・グループ”に出会ったのです。

私たちはまず、ロジャーズ夫妻と深い結びつきを得ることができました。夫妻は、日本から留学する研究者が単身で来ることに違和感を持っておられました。特にヘレンさんは「夫だけが新しい世界を知るのでは、夫婦の認識に差ができてしまう」と、怒りも感じておられたのです。そこへ10ヵ月の息子を連れて渡米したので、とても喜んでくださいました。私は、日本では考えられないヘレンさんの怒りに衝撃を受け、知的な学びだけでなく、留学生活で体験するすべてを大切に受け止め始めました。

グループでは、人種差別を乗り越えようとするもがきや、ベトナム戦争を続ける政府への不信感、男女差別、教育の機会均等など、さまざまな問題が語られました。グループ体験で、人間性が深まる現実は得がたい学びでした。

帰国が近づいて「日本に帰ったら、エンカウンター・グループを開きたい」と、誰彼となく話していると、驚く反応がかえってきました。「日本人は建前と本音を使い分ける人たちだから、不可能だよ」と言うのです。私たち日本人は、そういう風に見られていたのです。

まだ30代後半の若い畠瀬稔の呼びかけにたくさんの方が関心を寄せてくださり、人間関係研究会が生まれて50年。この喜びには、表しようのないものがあります。私は80歳を目前にして、70年、100年と続く研究会の発展を夢見ています。

目次

key words

○ 前篇【学びの書】の見開き内側の空きスペースに収録されるキーワードは以下の項目となります。
※各「章」初出の際には、当該ワードが含まれる他章 2 箇所のページ数字が記されています。
※章内「節」での初出の箇所では、当該ワードのみが小さく記されます。

○ 後篇【出会いの書】でのキーワード言及ページを以下にまとめます。
※各執筆者「セクション」内での初出ページが記載されています。
※ゴシック体は第 III 部／イタリック体は第 IV 部での言及ページとなります。

第 I 部

エンカウンター・グループとは何か?

第1章

エンカウンター・グループの概要とこれまで

エンカウンター・グループとは

野島一彦　Nk: p./10,28

■ エンカウンター・グループの定義

人間関係研究会のエンカウンター・グループのワークショップのプログラムには、次のように紹介されている。

ワークショップ p./28,65

エンカウンター・グループとは、「出会いのグループ」という意味です。そこではお互いを尊重し、自分の可能性を安心して育てる生き方や人間関係を探求していきます。このグループは、通常、数人から10数人程度の参加者とファシリテーター（促進者）と呼ばれるスタッフで構成されます。期間中は、ゆったりとした時間の流れの中で、あらかじめ話題を決めない自由な話し合いを中心に過ごします。年齢や性別、職業や地位にとらわれない安全な雰囲気の中で、自分や他者の声に耳を傾けることができるでしょう。〔人間関係研究会のエンカウンター・グループのワークショップ・プログラムの説明より〕

ファシリテート p./14,39

スタッフ p./14,30

カール・ロジャーズ〔1970〕は、「経験の過程を通して、個人の成長、個人間のコミュニケーションおよび対人関係の発展と改善の促進を強調する」と述べている。学術的な定義としては次のものがある。

成長 p./16,38

コミュニケーション p./28,88

エンカウンター・グループとは、自己理解、他者理解、自己と他者との深くて親密な関係の体験を目的として、1-2名のFsciと10名前後のメンバーが集まり、集中的な時間のなかで、全員でファシリテーションシップを共有して、〈今・ここ〉でやりたいこと・できることを自発的・創造的にしながら相互作用をおこないつつ、安全・信頼の雰囲気を形成し、お互いにこころを開いて率直に語り合う場である〔野島, 2000〕。

メンバー p./15,30

■歴史的展開

人間性
p./30,44

1960年代の米国では人間性回復運動のなかでエンカウンター・グループ〔以下EG〕と称するさまざまなグループ実践も盛んにおこなわれた。そのような流れのなかで、ヒューマニスティック心理学の代表者の一人であるカール・ロジャーズたちは、自分たちのグループを「ベーシックEG」と呼ぶようになった。そのロジャーズのもとに留学をしていた畠瀬稔・直子夫妻が1969年にそれをわが国に紹介した。1970年には人間関係研究会（畠瀬夫妻らが中心)、福岡人間関係研究会（村山正治らが中心）が設立され、以後、わが国のEGの実践と研究が今日まで脈々と続けられてきた。

ロジャーズ
p./16,28

ベーシック
p./16,34

非構成的
p./14,55

最初しばらくは非構成的グループ（ベーシックEG）が展開されていた。しかし1980年前後からFsciが指示するエクササイズ、ゲームを参加者が体験する構成的グループ（構成的EG、構成的グループ・エンカウンター）もおこなわれるようになった〔國分, 1981参照〕。さらに2005年前後からはテーマ設定・発言時間設定を導入した半構成的グループ（半構成的EG）もおこなわれるようになっている〔森園・野島, 2006参照〕。

構成的
p./41,44

半構成的
p./55,63

形態の変化はあるものの、この50年間その本流は、非構成的グループ（ベーシックEG）である。

文　献

國分康孝〔1981〕『エンカウンター：心とこころのふれあい』〔誠信書房〕

森園絵里奈・野島一彦〔2006〕「『半構成方式』による研修型エンカウンター・グループの試み」心理臨床学研究 ,24(3),257-268

野島一彦〔2000〕『エンカウンター・グループのファシリテーション』〔ナカニシヤ出版〕

Rogers, C.R.〔1970〕Carl Rogers on Encounter, Groups. Harper & Row. 『エンカウンター・グループ：人間信頼の原点を求めて』畠瀬稔・畠瀬直子訳〔創元社, 1982〕

ロジャーズの
エンカウンター・グループ三部作

松本 剛

Mt: p./24,46

実証的に心理援助の研究を進めたロジャーズは、自分自身の臨床場面についての映像を多く残している。ベーシック・エンカウンター・グループ〔以下EG〕の記録の三作を紹介したい。

心理・相談・面接 p./23,33
ロジャーズ
ベーシック

ビデオ「出会いへの道：あるEGの記録」

参加メンバーのなかから四名の参加者に焦点をあて、それまで人にうまく理解されることがなかったような、自分のなかにある孤独や差別に対する思いなどが、単なる言葉のやりとりによるメンバー間交流のレベルを超えて、人間として相互に受け容れ合う過程として描かれている。率直にみずからを伝え合う関係性は、他のメンバーが話すことへの勇気につながっていく。EGが、人と人が深く受け容れあうことをめざす場であるということがよくわかる展開である。受容的なロジャーズと積極的にメンバーに関わるファーソンという、異なるかかわりの傾向をもつファシリテーター〔以下Faci〕から、Faciの役割の多様性や、自分らしくかかわることの重要性を見いだすことができる。ロジャーズの『知らず知らずのうちにあなたに話しかけていますね』の一言で、メンバーが本当の自分を表したり、ファーソンの気づきと促しによって、話さないでいた思いを語り出すメンバーの姿からは、Faciのありようを考えることができる〔アカデミー賞長編記録映画部門最優秀賞〕。

メンバー
平和・暴力・差別 p./151
受容 p./52,82
ファシリテート

ビデオ「鋼鉄のシャッター：北アイルランド紛争とEG」

北アイルランド紛争は、12世紀以来続く根の深い民族・宗教紛争である。危険のリスクを考えざるをえないほど当時の北アイルランド情勢は緊迫したものであり、EGは、アメリカでおこなわれた。北アイルランドから参加したプロテスタント、カトリックのメンバーが、戦闘や暴力、政治、宗教、社会階層に関わる諸問題について話し合い、参加者には深く互いを感じ取り、受け容れ合っていったり、みずからを変化させていったりする過程が描かれている。互いの体験を語り、「こんなことは終わりにしなくてはならない」といった論調が繰り返される前半、Faciのライスがこの場への感想を語り、ロジャーズが深い共感を伝えるようになり、本音が語られていく中盤、ロジャーズがマックゴウと交代し、カトリック・プロテスタントが互いに本音でぶつかり和解に至る終盤の展開が、時間的経過とともに記録されている。

語る・物語
p./22,39

共感
p./16,52

ビデオ「これが私の真実なんだ：麻薬に関わった人たちのEG」

ロジャーズは、身近な社会の課題にも目を向けてEGを開催している。1960年代の後半は、ベトナム戦争に対する反戦活動の高まりとともに、若者による麻薬の乱用が社会問題化していた。ロジャーズは、ピッツバーグのテレビ局に依頼され、麻薬に関わった人たちのためのEGを開催した。LSDの経験者の体験談やそれを支える人のあいだで伝え合われる率直なやりとりだけでなく、EGの場そのものへの疑義の表明や、参加者の途中退室などの展開のなかで、そのような行動に対しても真摯に向き合い、珍しく参加者にはっきりと、凜とした態度で臨むロジャーズの姿を見ることができる〔放送、記録フィルム、教育番組の優れた作品に授与されるピーボディー賞を受賞〕。

社会・地域
p./18,28

文　献

Rice, P.〔1979〕from Rice's Dr. paper.『鋼鉄のシャッター：北アイルランド紛争とエンカウンター・グループ』畠瀬稔・東口千津子訳〔コスモス・ライブラリー, 2003〕

Rogers, C.R., Rose, A.〔1971〕Because That's My Way.『これが私の真実なんだ：麻薬に関わった人たちのエンカウンター・グループ』畠瀬稔監／加藤久子・東口千津子訳〔コスモス・ライブラリー, 2008〕

ロジャーズのエンカウンター・グループを用いた社会・国際貢献

伊藤義美　法眼裕子

Iy: p./100, 45
Hy: p./14,30

社会的緊張を緩和するエンカウンター・グループ（伊藤）

ロジャーズは、地域の対立・抗争、人種問題や国際紛争による社会的緊張を緩和するためにエンカウンター・グループ〔以下EG〕を大グループに適用するようになる。1977年にブラジル（レシフェ、サンパウロ、リオデジャネイロ）で「シクロ」と呼ばれる500-800名参加の大規模なEGが開催された。1978年にスペイン（エス・エスコリアル）で、12日間の非構成的な大グループがおこなわれ、28ヵ国から128名が参加した。1982年には南アフリカ共和国のヨハネスブルグにおいて、アパルトヘイト制度の人種差別による諸難題に対処するために黒人、白人および有色人種を含む混成グループのパーソンセンタード・アプローチ〔以下PCA〕ワークショップを開催した（以後4回開催）。1984年にハンガリー（セゲド）では、27ヵ国から参加があった「異文化交流ワークショップ」を開催し、1986年にもおこなわれた。1986年にソビエト連邦を訪れ、モスクワとトビリシ *Tbilisi* において専門家（心理学者・教育学者・研究者など）を対象に4日間の非宿泊型ワークショップ（集中的グループと公開ミーティングで構成）を開催した。

ロジャーズ
社会・地域
非構成的
パーソンセンタード
p./24,31
ワークショップ

カール・ロジャーズ平和プロジェクト（伊藤）

平和・暴力・差別

世界平和に貢献しようと1984年にカール・ロジャーズ平和プロジェクトが結成された。その最大のものが『ルスト・ワークショップ』である。この世界平和プロジェクトは、1985年11月1-4日にオーストリアのウィーンのルスト *Rust* でおこなわれた。「中央アメリカ問題への挑戦」というテーマのもと、当時危機状況にあった中央アメリカ諸国の緊張緩和、関係改善に焦点があてられた。目的は以下の四点である。①中央アメリカの緊張関係に影響力をも

集団・組織
p./17,31

コミュニケーション

ファシリテート

スタッフ

コミュニティ
p./32,75

プロセス
p./14,37

つ精神的指導者、政策立案者、政府高官などを集める。②敵対関係にある集団の取り扱い経験が豊かなロジャーズが心理的に安全な雰囲気を創り出す。③相互理解、緊張減少、良いコミュニケーションを促すように中央アメリカに関する意見、態度、気持を自由に表現するよう促進する。④国家間の平和な政策やリーダーシップを生出す信頼関係を発展させるグループ・プロセスを創りだす。17ヵ国から50名（中央アメリカ諸国の前大統領、コスタリカの副首相、外務大臣3名、現職大使7名、国会議員7名、政府高官4名、大学教授7名など）が参加した。ファシリテーターはロジャーズとCSPスタッフ10名で、日程はコミュニティ・ミーティング5セッション、小グループ3セッションなどで構成された。全体的に緊張が減少し、コミュニケーションの回路が開かれた。PCAが国家間の対立紛争の緩和に有効であることを示した画期的イベント（政治的心理学的実験）で、永続的な平和プロセスの触媒としての可能性を期待させた。この他にもPCAのワークショップは、アイルランド〔1972〕、日本〔1983〕、フィンランド、ローマ、パリ、スイス、ドイツ、イギリス、ワルシャワ、ベネズエラなど多くの国・都市で開催された。

国際PCAフォーラム（法眼）

ここでは1982年にロジャーズ生誕80年の記念にメキシコのオアステペックで初めて開催され、現在も隔年でおこなわれている国際PCAフォーラムを取り上げたい。日本では2001年に兵庫県赤穂市の関西福祉大学で第8回国際PCAフォーラムが開催され、17ヵ国から約120名が参加した。フォーラムでは、体験ワークショップや参加者同士の交流を中心としたプログラムが組まれ、100-200名のコミュニティ・ミーティング（大グループ）が毎日開催される。グループの当初は、文化や言語の違いなどから葛藤が生じ混沌とした状態が続くが、次第にお互いの違いを理解し合い壁を乗り越えようとする温かな雰囲気が醸成されていく。参加者はさまざまな対立を乗り越えて相互理解に至るプロセスをみずから体験することとなる。2019年にフランスのパリ・ドーダンで開催された第15回国際PCAフォーラムにはアフリカ大陸からの参加もあり、PCAの理念はロジャーズ亡き後も着実に世界に広がっていることが実感された。

エンカウンター・グループのこれまで

三國牧子　野島一彦

Mm: p./50
Nk: p.4/28,62

■ロジャーズの考えとエンカウンター・グループ（三國）

ロジャーズ

Brian Thorne は the University of East Anglia〔以下UEA〕の The Diploma in Counsellingの講義のなかで「エンカウンター・グループ〔以下EG〕にはRogersの理論がすべて詰まっている。グループは自分と複数名との対話、一対一の対話、自己との対話がある」と語った。当時UEAではPCAのカウンセラー養成をおこなっており、そこでは週に4日、コミュニティ・グループというグループを通したトレーニングをおこなっていた。EGのコミュニティミーティングの違いは、EGに参加する人たちはそのグループに参加するために集まってくる。コミュニティ・ミーティングに参加している人たちは、グループのために集まってくるのではなく、他のこと、例えばthe Diploma in Counsellingではカウンセリングトレーニングのために集まっており、そのなかでおこなわれているEGの要素をもつグループ活動である。そしてそのグループのなかで、Rogersの中核三条件を体験から学ぶことを大切にしており、グループ対Rogersの理論の関連として先述のBrianの言葉がある。

コミュニティ
中核三条件
p./46,56

PCAフォーラムが二年毎に世界各地で開催されている。2001年には日本で開催され、世界中のPCAの人びとが日本に集った。PCAフォーラムはその中心にEGあるいはコミュニティミーティングと呼ばれるものがある。100人以上の人が大きな円に座り、そこでグループがおこなわれる。国際的なグループはこれが現在でも一番大きいグループであろう。昨今は'the Going Global'という動きがイギリスを中心としてある。これは、ファシリテーターのColin Lago, Peggy Natiello, John Wilson, Carl Wolter-Gustafsonがそれぞれアメリカやイギリスに居ながらインターネットを介してグループをおこなうというものである。

ファシリテート

今この原稿を書いている2020年4月、世界中でCOVID-19と戦い、人びとが行き交うことができなくなってきている。そのようななか、インターネットを介したEGがどのようなかたちで成立するのか、そして成長するのか楽しみである。

■日本でのさまざまな実践　（野島）

わが国のエンカウンター・グループ〔以下EG〕は、次のようにいろいろな目的で、さまざまな対象者に実践が活発におこなわれてきた。

成長

①心理的成長：一般人、小学生、中学生、高校生、予備校生、専門学校生、看護学生、大学生、大学院生、夫婦、家族など。／②人間関係能力の教育・訓練：保育士、教諭、養護教諭、看護師、福祉関係者、療育関係者、電話相談員、カウンセラー、企業人など。／③こころの癒やし：緩和ケアにかかわる人、女性、働く人など。／④心理的支援：不登校児の親、（特別な配慮をしながら）精神病の患者〔野島, 2012〕など。／⑤異文化交流：異なる文化や言語をもつ人たちなど。

教育・学校・教師
p./32,44
医療・看護
p./35,62
福祉・養護
p./33,137
心理・相談・面接

わが国ではプロフェッショナルなカウンセラー（臨床心理士、公認心理師など）とともに、いろいろなカウンセラー養成団体で養成された准カウンセラーとでも呼ぶべき人たちがたくさんおり、活躍している。それらの人たちの基本的なオリエンテーションはクライエント中心療法が中心である。そのためもあり、それらの養成団体では、研修のなかにEGが組み込まれている。

筆者が知る限りでも、次のような養成団体が研修のなかにEGを導入している。①全日本カウンセリング協議会、②産業カウンセラー協会、③電話相談機関、④日本女子大学の桜楓カウンセリング研修会、⑤聖心女子大学のカリスカウンセリング研修会、⑥立正佼成会の佼成カウンセリング研究所などである。

文　献

野島一彦〔2012〕「精神科デイケアにおける統合失調症者の心理ミーティング：25年にわたる長期継続グループ」集団精神療法,28(1),56-61

第2章

エンカウンター・グループの構造とプロセス

エンカウンター・グループの構造
増田 實　法眼裕子

ファシリテーターの存在と役割
下田節夫

エンカウンター・グループのプロセス
高橋紀子

メンバーのエンカウンター・グループ体験
石田妙美　大下智子

ファシリテーターの養成
松本 剛

エンカウンター・グループの構造

増田 實　法眼裕子

Mm: p./ 46
Hy: p.8/30,52

■非構成的エンカウンター・グループの特徴

まず、非構成的エンカウンター・グループ〔以下EG〕の構造について述べることとする。

非構成的
p.5/55,62

グループは、通常、10名前後のメンバーとファシリテーター〔以下Faci〕と呼ばれるスタッフ1-2名で構成される。海外においては、20-50名程度のラージグループ（大グループ）でのEGが開催されることがあるが、日本では10名程度のグループサイズが安心感をもって参加できるようである。

ファシリテート
p.4/ 33,45
スタッフ
p.4/30,52

EGの開催中、Faciとメンバーは一つの会場に集まり、セッションと呼ばれるグループ体験を共にする。セッションは集中的におこなわれ、通いや日帰りのグループも増えつつあるが、2-3泊の宿泊を伴うことが一般的である。1セッションは2-3時間程度で、あらかじめ決められたテーマや課題などはなく、メンバーは自由にグループを体験する。セッション中、メンバーはそれぞれ、自分自身の内面の動きに目を向けたり、他のメンバーの話に耳を傾けるなど、自分のための時間を過ごすこととなる。

通い・日帰り
p./30,75

なお、通常のセッションの合間に、課題関心別グループやインタレストグループと呼ばれる、課題やテーマを決めて体験するセッションが設定されていることもある。その場合でも課題やテーマを自由に選ぶことができ、どれにも参加しないという選択もできる。

セッションを重ねるにつれ、自由かつ安心感のある雰囲気のなかでグループとしての一体感が生まれ、また、個々のグループ体験も深まっていく。しかし、メンバーによっては、そのようなグループ・プロセスのなかで違和感や葛藤が生じたり、グループから離脱することが起きる場合もあるので、Faciは、グループ全体

プロセス
p.9/37,46

メンバー
p.4/30,45

の流れに目を向けるとともに個々のメンバーの様子にも注意を払う必要がある。セッション前後のオリエンテーションとクロージングの際に、Faciが守秘義務などについて注意喚起をおこなうこともグループの安全性の枠組を維持するうえで重要となる。

■ オーガナイザーと事務局

「オーガナイザー」とは、EGの企画・主催者のことであり、スタッフの選任、開催会場の決定と交渉、参加費の設定や広報などを含めて、グループ運営の全体的な取りまとめをおこなう。また、オーガナイザーがFaciを兼ねる場合は、グループに入らない事務局スタッフを別に置くことが一般的である。

「事務局スタッフ」は、グループ開催前には参加申込の受付や事務連絡、開催期間中は当日受付、会場との交渉、必要物品の準備などを担当し、グループが滞りなく進むようにサポートする。2グループ以上が同時並行で開催される場合には、「フロアFaci」と呼ばれる、グループ外にいて全体の動きを見渡す役割のスタッフを置くこともある。

事務局やフロアFaciのようにグループに入らないスタッフがいることで、セッション中にメンバーがグループから離脱することが起きた場合、そのメンバーが孤立しないようにフォローすることができる。また、ケガや病気などの緊急事態が起きた際にも専念して対応できるため、Faciには、安心感をもってグループ内の動きに集中することができるメリットがあるといえよう。

文　献

野島一彦〔2000〕『エンカウンター・グループのファシリテーション』〔ナカニシヤ出版〕

ファシリテーターの存在と役割

下田節夫 Sm: p./ 71

ファシリテーター〔以下Faci〕は、グループに入るスタッフである。 ファシリテート スタッフ

個人プロセスとグループ・プロセス

プロセス

ベーシック・エンカウンター・グループ〔以下BEG〕の基本には、二つの仮説がある。 ベーシック p.5/34,46

一つは、個々人には本来、その人がその人らしく成長する傾向（カール・ロジャーズのいう「実現傾向」）が備わっているという仮説である。その仮説はBEGにあっては、メンバー個人が自分自身を見つめ、自分を表現するときに改めて自分自身を確認することができ、それを通して自分を肯定し成長する、というかたちで現れる。これを「個人プロセス」と呼ぶ。 成長 p.4/38,52 ロジャーズ p.5/28,38 メンバー

もう一つは、グループに関する仮説である。BEGでは、あるメンバーの自己表現が他のメンバー（Faciを含む）によって共感的に理解されると、その個人プロセスは展開しやすい。また、あるメンバーがその人の個人プロセスを辿ると、そこに共に居る他のメンバーも自身の個人プロセスを辿るように刺激されることが多い。そうした相互作用は、すべてのメンバーのあいだで生じる。その総体を「グループ・プロセス」と呼ぶ。BEGでは、そうした相互作用を通して多くの参加メンバーの個人プロセスが進む。 共感 p.7/52,82

これを、グループには「グループの実現傾向」が備わっているという仮説として考えておこう。ロジャーズが、「グループは一つの有機体のようであり、それ自身の発展傾向といえるものをもっているように思われる」と述べているものである。

BEGで生じることについて考えるとき、このグループ・プロセスという捉え方は不可欠である。グループ・プロセスは、当然グループという場のなかで生じる。グループという場を一つの「器」と見なすならば、BEGで生じることはその「器」抜きには考えられない。

この二つのプロセスにFaciがどのようにかかわるか、見てゆこう。

ファシリテーターがすること：二つの働き

一つは、メンバーの実現傾向が発現するのを支えることである。

メンバーはさまざまな問題を抱え、あるいはよりよい生き方を模索してBEGに参加してくる。苦しさや先の見えない不安を感じていることもある。しかし誰のなかにも、それを超えてゆこうとする可能性がある。Faciはそう信じて、メンバー一人ひとりの自己表現に耳を傾け、理解しようと努める。そうして支えられると、メンバーは自分を見つめ、表現しやすくなり、自分を確認し直すことを通してより肯定的な感じ方も生まれてきやすい。

メンバーが個人プロセスを辿るのは、必ずしも楽なことであるとは限らない。しかしそこに、そうしたプロセスに意味があることを感じる他者が居てくれると、プロセスは進みやすくなる。その他者はFaciの場合もあるが、他のメンバーであることも多い。

一人のメンバーに変化が現れると、その変化は他の人たちのこころを動かすことが多い。グループ・プロセスは、そうしてメンバー同士が互いに触発し合って進んでゆく。そのような流れができると、それは相当なエネルギーを帯びてくる。Faciは、その触媒のような働きをするといえよう。

Faciの働きは、それだけではない。そうしたグループ自体の存在、つまりグループの「器」を支えるという、もう一つの役割がある。

集団・組織
p.9/31,44

メンバーは、これまでさまざまな「集団体験」をしてきていると思われるが、なかには「集団」を必ずしも良いものとしてではなく、むしろ傷つくようなものとして経験してきている人もあるだろう。しかしそのような場合でも、こころのなかには、グループのなかでよい体験をしたいという願いや可能性が消えずに残っていると考えらえる。その願いや可能性がBEGのなかで実現するとよい。

そのためには、とにかくグループの存在が確実になっていなくてはならない。同じグループのメンバーたちが常に一緒に居られることが大切である。Faciは最初から最後までグループを共にすることによって、それを保障する。グループの存在が確実に感じられると、メンバーは安心感を覚えることができる。それは、比較的よい「集団体験」のあるメンバーにとっても同じである。

メンバーにとって、Faciや他のメンバーに理解され受け止めてもらえることが大きな安心感となるが、そうしたプロセスが展開するグループという場が保障されることは、より深い安心感をもたらす。個人プロセスは、安心感があってこそ展開するものである。

主役はメンバーたちである:「リーダーシップの分有」

前項でメンバーの個人プロセスにFaciがどのようにかかわるかを述べたが、そうした働きはメンバー同士のあいだでも同じように生じる。メンバーは、他のメンバーから耳を傾けて理解してもらえると、自分を表現しやすくなり、個人プロセスを進めることができる。また、一人のメンバーのプロセスが進むことは、他のメンバーのプロセスが進むのを触発しやすい。メンバーたちの感性、人間や社会についての経験や知見が多様であればあるほど、グループ・プロセスは豊かに進むことになる。

社会・地域
p.7/28,142

こうしたプロセスを全体として見るならば、Faciはグループを構成し相互にかかわり合う人たち（構成員）のなかの一人として、メンバーたちとほぼ対等な働きをするものと考えられる。この点に着目して、BEGではリーダーシップが「分有」されると言う。

通常の集団ではリーダーがグループを引っ張ってゆくことが多いが、BEGではFaciが司会進行を務めることはほとんどない。メンバー個々人のプロセスがどのように動いてゆくかは本人にしか分からないし、その内容は個々人によってさまざまなのだから、Faciが何かを導くなどということは考えにくい。BEGの主役は、あくまでメンバーたちである。この点がBEGの何よりも大きな特徴である。

一個人としてのファシリテーター

だとすると、Faciはどのようにグループに居ようとするのだろうか？　大切なのは、Faciがまぎれもない一人の個人としてその場に居ようとすることである。

Faciは、グループの流れのなかで、できる限り自分自身で居るように努める。そのときどきに自身のなかにどのようなことが生じているかを、できるだけ深く感じ取ろうとする。それは必ずしもたやすいことではない。何人ものメンバーが居てたくさんの発言がなされる、そのどれをも漏らすことなく聴いてこころにとどめながら、同時に、自分自身のなかに生じるものにも注意を向けていなくてはならない。それを何とかこなしながら、Faciは自分の感じたものに基づいて発言しようとする。Faciの個人プロセスである。

聴く・傾聴
p./38,46

Faciの深い表現を聞いたメンバーは、同じようにその人自身の深いところに触れるように促されることが多い。もしそういうことが生じれば、そのメンバーの個人プロセスはいっそう深く進む。一人のメンバーのプロセスの深まりは、他のメンバーのプロセスの深まりを触発しやすい。そうしたことが多くのメンバーに生じれば、プロセスの多様性はいっそう深みを増す。グループ・プロセス全体はいっそう豊かなものとなるだろう。

いささか理想を述べ過ぎたようだ。肝腎なのは次のようなことである。それは、逆説的に聞こえるかもしれないが、Faciが一人の個人として深く居ることが、グループ全体の多様な豊かさにつながるという点である。この点が、おそらく他のグループには見られない、BEGに独自で最も意味深い特徴である。

Faciは、グループには「グループの実現傾向」が備わっているという仮説を頼りに、グループのもつ可能性を信じて臨もうとするのである。

文 献

下田節夫〔2015〕「エンカウンター・グループ」『[全訂] ロジャーズ - クライアント中心療法の現在』村瀬孝雄・村瀬嘉代子編著〔日本評論社〕pp.116-127

下田節夫〔2016〕「グループから学んで - ベイシック・エンカウンター・グループで起きることとスタッフのあり方について」人間性心理学研究 34(1), 109-120

エンカウンター・グループのプロセス

髙橋紀子 Tn: p./36,110

■ グループ・プロセス

プロセス

グループ・プロセスとは、グループのなかで、お互いのあいだで起こっている過程のことである。

人が出会い対話を重ねるなかで、グループは徐々に発展し醸成される。そのグループ・プロセスは、そこに集うメンバー間で作り出される唯一無二のものである。

メンバー

グループで何が起きているのかをみる視点、つまりグループ・プロセスをみる視点は、グループにいる自分がどういったことに影響を受け、触発されているのかを知る手がかりになる。

また、ファシリテーター〔以下Faci〕がグループ・プロセスに目を向けることは、メンバー一人ひとりが自分のペースでグループにいることができているかを検討し、グループの安全感を守る上で重要な視点となる。

ファシリテート

エンカウンター・グループ〔以下EG〕のプロセスに関する研究の代表的なものとして、村山・野島〔1977〕の発展段階仮説がある。

段階Ⅰ 当惑・模索
段階Ⅱ グループの目的・同一性の模索
段階Ⅲ 否定的感情の表明
段階Ⅳ 相互信頼の発展
段階Ⅴ 親密感の確立
段階Ⅵ 深い相互関係と自己直面

■ グループ・プロセスの諸問題

また野島〔1982〕はグループ・プロセスにおける諸問題を整理した。

導入期の問題　①特に大切なイニシャル・セッション／②沈黙／③Faciへの依存／④場つなぎ的な話し合い／⑤Faciは“特別な存在”／⑥Faciの自己表現／⑦早く内面を出しすぎる人／⑧発言しない人／⑨スケープゴート現象／⑩ドロップアウト

展開期の問題　①長すぎるスポットライト／②流された問題／③充分にのれない人／④Faciのメンバー化／⑤だれる状態／⑥まじめすぎる進行

終結期の問題　①先に進むことの是非／②不満足な人／③Faciの不満表出／④ラスト・チャンス／⑤おさまりへの努力／⑥時間の延長

こうしたグループ・プロセスの諸理論の理解は、グループをメンバーと共に過ごしながら、グループで起こっていることを振り返る際の助けとなる。

こうしたグループ・プロセスの理論は、EGのプロセスの正しさや適切さを評価するものではない。例えば、「最初のセッションでは沈黙があるのが良い」という理由で沈黙するのは、EGが大切にする一人ひとりのあり様やペースを大切にする姿勢とは異なる。

聴く・傾聴

グループ・プロセスの具体的なイメージをもちたい際には、坂中ら〔2017〕の『傾聴の心理学』に模擬的なグループ事例が掲載されており、参考になろう。

文献

坂中正義編著／田村隆一・松本剛・岡村達也著〔2017〕『傾聴の心理学：PCAをまなぶ：カウンセリング／フォーカシング／エンカウンター・グループ』〔創元社〕

村山正治・野島一彦〔1977〕「エンカウンター・グループ・プロセスの発展段階」九州大学教育学部紀要（教育心理学部門）21(2),77-84

野島一彦〔1982〕「エンカウンター・グループ・プロセス論」福岡大学人文論叢,13(4),891-928

メンバーのエンカウンター・グループ体験

石田妙美　大下智子

It: p./52 76
Ot: p./30,52

多数回参加しても、メンバーとしての体験はグループによって違う。画一的に表現しにくいが、筆者のこれまでの体験から、いずれのグループでも、ある程度通底するであろうメンバー体験を述べる。

メンバー

仔細は他章に譲るが、エンカウンター・グループ〔以下EG〕は、自分や他者との「出会い」が目的とされることが多い。メンバーは、最初はグループでの「出会い」を期待しながらも、何がおこなわれるのか、どんな体験をするのか、不安も入り交じる。何を期待して、グループに臨んだかを言葉にしたり、他のメンバーの様子を見聞きしたりする。時にグループに乗れていない、据わりの悪さも感じるが、そのことも共有しながら、自分の居心地、ひいてはグループへの安心感や安全感を確認する。

グループの安全感が確認できると、安心して自分の内面を見つめる時間も増える。自分の想いに目が向きやすくなり、そのために、沈黙が増えることもある。また、話を聴く際も、表情、声色、仕草など、語り手のノンバーバルな面も受け取りながら、言葉に付随する相手の想いをより理解しようとする。理解を深めようと、メンバーからファシリテートする動きも生じる。

聴く・傾聴
語る・物語
p.7/39,53

今・ここの表現

EGで話す内容は、過去の個人的な経験に関することもある。語り手の過去の経験そのものは、他のメンバーは同じように経験できない。しかし、語り手がなぜ今そのことを話したくなっているのか、どんな想いで話しているかにこころを傾けて聴いていると、おのずと聴いている者にも感情が湧く。語り手がどんな気持か、他のメンバーが聴いていてどんな気持になるかという〈今・ここ〉での感情は、グループで共有できる。〈今・ここ〉の表現とは、ま

心理・相談・面接
p.6/33,46

さにそのときグループで心理的に体験していることの表現と考えられる。この体験の共有を通じ、一人ひとりの想いや価値観の違いも知り、自己のあり方、他者のあり方の理解が深まる。ひいては、自分や他者との「出会い」となる。

成長

グループを生きたものとして見る視点

EGにおける参加者の個人過程は、諸家により、発達・成長の観点から、種々の様相が捉えられてきた〔平山, 1993など〕。

セッション中のフィードバックやサポーティブな関わりのなかで、「表明しても怖くない」「大丈夫」という相互信頼感が育ち、ファシリテーターへの特別視が減り、この場への安心感から親密感が高まっていく。ただし、個々人の深いグループ体験は、セッション内での相互交流だけがもたらすのではない。相互の親密感は、例えば、食事時のふとした声かけ、居室でのさりげないお茶出し、会場周辺を味わいながらの散策など、セッション外のメンバー同士のサポーティブな関わりにも反映される。

ファシリテート

時には、グループが深まり、感覚が拓かれていくなかで、期せず自身の内にある葛藤に触れることもあろう。その場合、触れた内なる想いが何か判然とせぬままグループが終わってしまう。しかし、深い体験をしているため、今後の何かの機会や、別のグループへの参加中に、意味が見えてきて、気づきや自己理解につながることも多い。

グループがどう進むか、どう終わるか、セッション内外、さらには今後に何がもたらされるかは、わからない。その意味で、グループは生きている。

文　献

平山栄治〔1993〕「エンカウンター　グループにおける参加者の個人過程測定尺度の作成とその検討」心理学研究 ,63,419-424

坂中正義編著／田村隆一・松本剛・岡村達也著〔2017〕『傾聴の心理学：PCAをまなぶ：カウンセリング／フォーカシング／エンカウンター・グループ』〔創元社〕pp.111-142

ファシリテーターの養成

松本 剛

Mt: p.6/46,52

ベーシック・エンカウンター・グループ〔以下BEG〕には、パーソンセンタード・アプローチの関係性を十分に理解した「ファシリテーター」の存在が重要である。

ベーシック
パーソンセンタード p.8/31,54

ファシリテーター〔以下Faci〕は、自分自身も含めて参加メンバー一人ひとりの個別性と自発性を尊重し、同時に自分らしく共にいることの意味を感じられるような場を作ることをめざす必要がある。同時に、メンバーの傷つき体験や特定のメンバーに批判が集中するスケープゴートの関係にならないようグループへの気づかいをもっておくことも大切である。各人が自分らしくありつつ、他者を認め合うことができ、さらに関係づくりに貢献しあえるようなグループをつくることを促進するFaciとして成長するための研修を進めることが大切である。

ファシリテート
メンバー
成長

パーソンセンタード・アプローチの考えを大切にしているエンカウンター・グループ〔以下EG〕のFaciをめざすには、そのような関係性をもったグループに参加して、メンバーとしての体験を積むことが必要である。グループは、参加するメンバーによって、ずいぶん異なる展開をみせる。さまざまなメンバー体験は、さまざまなFaciとの出会いでもあり、Faciの学びの基盤になるものである。

エンカウンター・グループのプロセスを学ぶ

プロセス

さまざまなBEGとは異なるグループに参加してみる経験も、Faciのありようを学ぶのに役立つことがある。例えば、Tグループは、グループのプロセスを客観的に捉えたり学んだりする体験として、Faciの学びに役立つ。他にもさまざまな特徴をもったグループの機会が提供されている。

また、EGを客観的に観察することもFaciとしての学習に役立つ。

金魚鉢方式と呼ばれる方法では、内側の円でおこなわれているBEGを外側の円に座っている人たちが観察することによって、グループがどのように進むかを実際に学ぶことができる。記録映画を見たり、録音テープや逐語録をもとに学んだりする方法もある。

ピア・ファシリテーター体験とそのふりかえり研修

参加メンバーが相互にFaci役割を体験して、そのグループについて、メンバー全員でふりかえるファシリテーター研修グループを開催して、実際にFaciを担当し、その体験をメンバー相互でふりかえる体験も、Faci養成に役立つ。メンバーからのフィードバックによって、自分のFaciのスタイルを考え直し、Faciのありかたを見直す。オブザーバーがいる場合には、グループにおけるやりとりをふりかえる際、パーソンセンタードの考えに沿ってふりかえりを進めるよう配慮することが大切である。

コ・ファシリテーター体験による研修

Faciの学びをある程度進めた段階になると、初心者Faciが、ベテランFaciと一緒にコ・ファシリテーターとなり、実際にグループを進めてみる、いわば仮免許の路上教習のような研修が有用である。グループでは、さまざまなことが起き、それらへの臨機応変な対応が求められる。グループ前後のミーティングや各セッション後のスタッフミーティングを積み重ねながら、Faciの実際を学んでいくことが、Faciとして独り立ちしていく第一歩となる。

スタッフ

文　献

野島一彦〔2000〕『エンカウンター・グループのファシリテーション』〔ナカニシヤ出版〕

坂中正義編著／田村隆一・松本剛・岡村達也著〔2017〕『傾聴の心理学：PCAをまなぶ：カウンセリング／フォーカシング／エンカウンター・グループ』〔創元社〕pp.111-142

第3章

エンカウンター・グループの今日的意義と適用

エンカウンター・グループの今日的意義
野島一彦

さまざまなグループのかたち
法眼裕子　水野行範　大下智子　高松 里

エンカウンター・グループの日常的展開
高松 里

社会支援としての
パーソンセンタード・コミュニティ・アプローチ
髙橋紀子

エンカウンター・グループと人間中心の教育
水野行範　大島利伸

医療領域へのエンカウンター・グループの展開
広瀬寛子

エンカウンター・グループの今日的意義

野島一彦
Nk: p./4,10/62 73

エンカウンター・グループ〔以下EG〕の今日的意義について、大きく三つの視点から述べる。

■ 人間関係づくり

現代は人間関係の希薄さや断絶が大きな特徴である。携帯やパソコンなどをもちいたSNSでのコミュニケーションは活発におこなうが、対面でのコミュニケーションがうまくできないというのも、人間関係の問題である。また、大きな社会的問題である不登校、ひきこもりは、人間関係がうまくもてないということでもある。さらに孤立や孤独死なども人間関係の問題である。わが国の社会全体が人間関係の希薄さや断絶の方向に進んでいるように思われる。

コミュニケーション
p.4/88,155

社会・地域
p.7,18/142,166

「人は人と生まれて人間となる」と言われるように、人は人とつながることを通して健康な成熟した人間になるのである。人と人とがつながることがうまくいかないことに対して、EGは、人と人がつながることに貢献する一つの有効なアプローチである。

EGについて、カール・ロジャーズ〔1970〕は「個人間のコミュニケーションおよび対人関係の発展と改善の促進」、野島〔2000〕は「自己と他者との深くて親密な関係の体験」と述べている。

ロジャーズ
p.5,16/38,46

■ 対人援助職の養成・訓練

EGのルーツは、第二次世界大戦後の米国での復員軍人の社会復帰支援のためのカウンセラー養成・訓練のワークショップにあ

ワークショップ
p.4/65,118

ることからして、EGは対人援助職の養成・訓練に貢献できるアプローチである。

対人援助職の養成・訓練に有効という場合、二つの意味がある。一つは、グループ体験を通して、対人援助職にとって非常に大切な自己理解や他者理解を深めることができるということである。もう一つは、グループ体験を通して、グループ・アプローチの技法を学ぶということである。今日、対人援助職には個人アプローチ（二者関係）とともに、グループ・アプローチ（三者以上関係）が強く求められている〔野島, 2018〕。

■社会的緊張・対立へのチャレンジ

歴史をふりかえると、人間は宗教、人種、政治体制が異なることに対して社会的緊張を強いられ対立をしてきた。ロジャーズは、アイルランドの宗教対立、南アフリカの白人と黒人の人種対立、中央アメリカの政治体制対立等に対してEGをおこなっている。EGは、このような事へも対応できる力があり、今後いろいろチャレンジをしていくことが望まれる。

文　献

野島一彦〔2000〕『エンカウンター・グループのファシリテーション』〔ナカニシヤ出版〕

野島一彦〔2018〕「公認心理師に期待されるグループの実践」集団精神療法 ,34(1),9-14.

Rogers.C.R.〔1970〕Carl Rogers on Encounter Groups. Harper & Row. 『エンカウンター・グループ：人間信頼の原点を求めて』畠瀬稔・畠瀬直子訳〔創元社, 1982〕

さまざまなグループのかたち

法眼裕子　水野行範　大下智子　高松 里

Hy: p.8,14/52 77
Mn: p./38,151
Ot: p.22/52 70
Ts: p./32 10

スロー・エンカウンター・グループin沖縄　（高松）

従来のエンカウンター・グループ〔以下EG〕のように言語セッションを中心とせず、沖縄という土地の歴史・自然・食・音・音楽などと触れあうことを重視している。開催は6月で、本島中央部の民宿を借り切って実施。3泊4日。

特徴としては、①スタッフが多く（募集12名に対してスタッフは6名）、開始以来固定している。②午前中に「エンカウンター・セッション」（自由参加）。③日中はそれぞれがしたいことをして過ごす。周辺を散歩したり、海に入ったり、小旅行をしたりする。スタッフやメンバーから提供されるワークなどもある（自由参加）。④夕方には全員参加の「Let's shareセッション」があり、ここでは一日何をしたのか、どんなことを感じたのかなどを話す。⑤家族での参加が多く（夫婦、子どもなど）、彼らには個室が与えられる、などである。自由度が高い一方、スタッフが多いためメンバーの様子には目が届く。

スタッフ
p.4,14/52,107
メンバー
p.4/45,50

2006年から開始し、10数回開催している。リピーターが多く、大家族のような雰囲気になる。ここ数年はすぐに定員に達しキャンセル待ちが出ている。梅雨や台風などに影響される。慰霊の日と重なると、沖縄戦に思いを馳せる〔詳細は高松ら2011参照〕。

EGカフェ　（法眼・大下）

従来の長期宿泊形式のEGは「敷居が高く参加しにくい」という声が聞かれることから、気軽にカフェに来るような感覚で参加してもらおうという発想から生まれたのがEGカフェである。「日常に近い場所で日帰り」の開催が、EGカフェの大きな特徴であり、東京や名古屋などの都市部や、人間性心理学会の大会の期間中といったような、参加者が「ちょっと足を向けてみよう」と思いや

日常
p./53,76
通い・日帰り
p.14/75, 142
人間性
p.5/44,62

すい場所で開催している。

また、短時間で日常の場に戻っていくグループ構造から、丁寧にオリエンテーションやクロージングをおこない、参加者それぞれの状態に気を配るなどの安全枠をしっかり設定することを心懸けている。そうした安全性が高いグループだからこそ、逆に短時間であっても味わいのある深まりにつながっているようである。

ファミリーグループ （水野）

1977年に畠瀬稔・直子夫妻により、EGとプレイ・セラピーをベースに、「ひとり一人の存在が生かされる体験になり」「全体としては思い思いの行動が自由にとれて、集団にしばられず、それでいて集団を大切にし」「自由で開放的な新しい家族関係」を目指すワークショップとして始まった。85年と89年を除き、夫妻が退いた後も、現在まで40年以上継続している。盆休みの前後3泊4日、自然に囲まれた里山（近年は京都府「あやべ山の家」）で、実施している。子どもたちは、ボランティアスタッフと川や室内で遊び、親たちは山に登ったり、温泉に入ったり、EGで語り合ったりしている。参加資格は、原則として、3歳以上高校生までとその親・祖父母。一人ひとりの気持や考えを大切にするパーソンセンタードの立場から、スケジュールも、食事時間以外、参加者の希望と話し合いによって決め、参加者は、自分の選んだファミリーグループ・ネームで呼ばれる。大人は「親」の役割から降りて、子どもに戻り、子どもは、親以上に自立した姿を見せたりする。「親」と「子ども」の役割を超えて、かけがえのない人間（パーソン）同士の関係性が作られ、全体が、ひとつのファミリーになっていく。

集団・組織
p.9,17/44,51

ワークショップ

パーソンセンタード
p.8,24/54,82

家庭・親・子
p./44,86

文　献

畠瀬稔〔1986〕「ファミリーグループのこと」出会いの広場№4〔人間関係研究会〕27-32

高松里・村久保雅孝・都能美智代〔2011〕「スロー・コンセプトによるエンカウンター・グループ」『パーソンセンタード・アプローチの挑戦』伊藤義美・高松里・村久保雅孝編〔創元社〕pp.269-278

エンカウンター・グループの日常的展開

高松 里

Ts: p.30/ *10,62*

人間関係研究会スタッフは、エンカウンター・グループ〔以下EG〕での体験をどのように日常のなかで生かしているのだろうか。

スタッフ

人間関係研究会スタッフに対して、アンケート調査を実施した。①活動のタイトル、②担当者、③活動の概要の3点である。その結果は、以下のようにまとめられた（概要は省略）。

(1)教育：教育の場全体の雰囲気（暖かで発言しやすいなど）を通して、パーセンタード・アプローチ〔以下PCA〕の基本的な考え方を伝えようとする。PCAGIPのように参加者全員の相互作用を重視する事例検討法もある。

教育・学校・教師 p.11/44,51

PCAGIP p./56

(2)実践：EG経験で得られたグループに関する知見を生かした実践により、コミュニティの支援能力を高める。

コミュニティ p.9/75,148

(3)組織運営：形式的になりがちな組織会議を、より人間的なものにする。

EG経験から「人間や集団への信頼感」を学び、それをベースにさまざまな活動が展開されていることがわかる。

集団・組織

■教　育

大学の講義・演習

- ゼミ活動、演習（石田妙美）
- 大学・大学院の授業におけるEG（野島一彦）
- 学部1年生の基礎ゼミ（下田節夫）
- 体験学習の授業（坂中正義）
- ゼミ（坂中正義）

・問題意識が深まる時間にしたい・修論・博論指導ゼミ（村山正治）

・大学の毎時間の授業の始まりでの「1週間のふりかえり」の発表（水野行範）

・教職課程の授業「カウンセリング演習」（下田節夫）

・ゼミの運営（本山智敬）

・教職大学院学生のためのBEG（松本 剛）

ファシリテート
p.4,14/45,50

・ゼミ活動や演習科目でのファシリテーション（松井幸太）

大学の公開講座

・大学での公開講座（永原伸彦）

事例検討会

社会・地域

・地域の多機関から集まって実施する事例検討会（髙橋紀子）

・教職大学院の授業でのPCAGIPの実施（松本 剛）

・大学院修了生のPCAGIP事例検討会（下田節夫）

・PCAGIPの発展と展開（村山正治）

・PCA実践者のための事例検討会（坂中正義）

・児童理解相談会（大島利伸）

・臨床心理士養成大学院での事例検討会（松井幸太）

スーパービジョン

・グループスーパービジョン（広瀬寛子）

心理・相談・面接
p.6,23/46,82

・DV電話相談員のカンファレンスでのスーパービジョン（永野浩二）

・サポート・グループのスーパーバイズ（高松 里）

・電話相談員の研修やグループスーパービジョン（石田妙美）

地域での研修会

・電話相談員ボランティア・リーダーの研修（野島一彦）

・茨城産業保健総合支援センターのカウンセリング講座（永原伸彦）

通い・日帰り

・通いのEG（大築明生）

・電話相談員の養成講座（永原伸彦）

セルフヘルプ
p./44,71

・PCA実践者のためのセルフヘルプ・グループ（坂中正義）

スタッフ研修

・遺族のためのサポートグループ後のスタッフ間での振り返り（広瀬寛子）

福祉・養護
p.11/137,149

・児童養護施設のスタッフ研修（本山智敬）

・現職養護教諭の研修会（石田妙美）

■実　践

大学での実践活動

・多文化クラス（学部生対象および大学院生対象）（高松 里）

・他大学出身大学院生のためのオリエンテーションおよび飲み会（同僚の教員が主催）（高松 里）

・大学の実習の体験報告会の司会（永野浩二）

緊急支援

・学生への緊急支援（危機介入と継続支援）（永野浩二）

・自殺者が出た職場でのサポートグループ（大築明生）　産業・職場 p./44,88

高校生対象のグループ

・別室登校をしている女子中高校生との「グループの時間」（水野行範）　教育・学校・教師

・高校生のホームルーム合宿でのミーティング（水野行範）

・通信制定時制高校での「学習会」（水野行範）

・高校生を対象としたグループワーク（相原 誠）（本山智敬）

小学生対象のグループ

・小学校の学級でのベーシック・エンカウンター・グループ（大島利伸）　ベーシック p.5,16,/46,55

保護者対象のグループ

・親セミナー（尾崎かほる）　家庭・親・子

・子育て支援グループ（小学校の保護者対象）（大島利伸・坂中正義）

・発達障がいのある子どもや子育てに困難を感じる保護者のグループ（髙橋紀子）

・通信制高校での「発達障害保護者の会」の話し合いの会（水野行範）

・虐待防止を目的とした保護者のグループ（髙橋紀子）

・アタッチメント（愛着）について学ぶ保護者のグループ（髙橋紀子）

・不登校を考える親の会（野島一彦）

地域での実践

・ひきこもりなどの当事者グループ（髙橋紀子）

・地域高齢者の「ふれあいサロン」（伊藤義美）

・広域地域の「三世代ふれあい交流会」と実行コア委員会（伊藤義美）

・バーンアウト防止のための教師のグループ「学校の人間関係研究会」（松本 剛）

・ダイアローグ研修会（永野浩二）

・月例会の開催（村山尚子・村山正治・他福岡人間関係研究会）

・月曜会（週1回の継続グループ）（高松 里）

・自由音楽会（村山尚子・村山正治・高松 里）

・子どものフリースペース活動（野田 諭）

・外国人労働者（東南アジア系）との食事会（永原伸彦）

サポートグループ

・遺族のためのサポートグループ（広瀬寛子）

スタッフ支援

・つらくなったときのサポートグループ（広瀬寛子）

医療・看護
p.11/62

・看護師のメンタルケア（都能美智代）

・中学高校の学年会（下田節夫）

新しい面接技法

・ベーシック・エンカウンター・グループを活用しての夫婦面接（大島利伸）

■組織運営

組織運営

・心理相談施設の運営についての話し合い（本山智敬）

・大学内における部局間ミーティング（松井幸太）

・非常勤の病院でのスタッフミーティング（永野浩二）

社会支援としての パーソンセンタード・コミュニティ・アプローチ

髙橋紀子

Tn: p.20/110 *61*

パーソンセンタード・コミュニティ・アプローチ

パーソンセンタード・アプローチの臨床家が、被災支援などに入った実践例は多い。

例えば阪神・淡路大震災のときには、畠瀬稔氏や松本剛氏らはスタッフ数名で月に一度、避難所を訪問した。その際は、簡単な運動ややりとり、少しの話し合いの時間をもつなどした。

また、東日本大震災では、法眼裕子氏が継続的に被災地に赴き、薪割りやお茶出しなどその時その場で必要とされることに取り組んだ。そして、各地から集まる大勢の臨床心理士ボランティアが円滑に引き継ぎ現場に入れるように、後方支援を担った〔法眼, 2016〕。

パーソンセンタード・アプローチを大切にする臨床家には、被災支援をおこなう際の強みがある。それは、現場の人との対話を通して、そこで必要な支援を見出し、狭義の心理技法や固定的なプログラムに捉われずに、その場で必要とされる支援を自分にできる範囲で柔軟におこなうことができるところである。このように被害にあった地域や集団を尊重しながら回復を支えるアプローチを、筆者はパーソンセンタード・コミュニティ・アプローチ〔以下PCCA〕と表現した〔Takahashi, 2018〕。

パーソンセンタード
コミュニティ
支援・ケア
p./44
スタッフ
心理・相談・面接
社会・地域
集団・組織

東日本大震災におけるPCCA活動

東日本大震災発災から福島県沿岸部で筆者がPCCAを実践するなかで、時期ごとに求められる支援内容の傾向をまとめたものを【表】に示す。

時期によって求められる関わりは変動する。発災直後は安全感の確保とトリアージュ。落ち着いてからは失われた支援の穴埋めをする役割が求められることも続いた。

コミュニケーション

プロセス
p.9,14/46,50

表　東日本大震災発災からのPCCA

発災直後 (2011年〜)	安全な環境作りと危機介入	・安全な環境作りの手伝い ・侵襲性の少ないコミュニケーション ・トリアージュ
発災後3年 (2014年〜)	地域が本来もつ機能の回復プロセスの促進	・いなくなった支援者の代理業務 ・日常業務のサポート
発災後5年 (2016年〜)	地域の支援体制の恒常化と、取り残された被災者への支援体制作り	・地域支援者の実践報告の手伝い ・支援者の人材育成 ・虐待やひきこもりなど、震災の二次的な影響に対する地域支援体制づくり
発災後8年 (2019年〜)	地域の関係機関の独自性の尊重と連携	・より日常的な関係者会議の実施 ・互いを認め合える機会作り

被災地支援の予算が次々と打ち切られていく発災から6年目の2016年には、必要な支援を続けるために、福島県外の人びとや国に状況を伝える為の作業を応援することが増えた。そして、「困っている」と言わない、あるいは言えない静かな被災者である虐待児やひきこもり者への支援が急増した。

発災から9年経った現在では、地域も新たなフェーズを迎えている。互いの機関でできることを認め合いながら、より細やかな多機関でのケース対応の機会が増えている。

大規模な自然災害や原発事故など長期的な影響を受ける災害の前で、人は無力である。無力であることを認め、絶望しながら、生き続けるうえで出来ることは何か —— 必要なことはいつも当事者である地元の人たちが知っている。

文　献

法眼裕子〔2016〕「後方支援における人間性心理学の視点」(特集2: 被災地支援と人間性心理学) 人間性心理学研究 33(2),167-170

Takahashi Noriko〔2018〕The person-centered community approach in the aftermath of the nuclear pland incident,13th PCE World Comference 2018,Vienna,Austria

エンカウンター・グループと人間中心の教育

水野行範　大島利伸

Mn: p.30/151 51
Ot: p./52,82

有馬研修会　（水野）

２年間にわたったロジャーズのもとでの留学から帰って10年後の1979年、畠瀬稔は、人間関係研究会のワークショップのひとつとして、神戸有馬温泉で「教育のためのエンカウンター・グループ経験と人間中心の教育研修会」（有馬研修会）を３泊４日で始めた。「自分らしく生きたい」「生徒中心の授業に関心がある」教員たち11名が参加した。

筆者は3回目に初めて参加したが、冬休みをはさんで出勤したとき、生徒一人ひとりの顔がくっきりと見えたことを記憶している。研修会は参加者の話し合いによって運営される。小グループでのベーシック・エンカウンター・グループ体験が中心だが、1993年から2013年までは、それと並行して「人間中心の教育研修（体験）グループ」がもたれた。福岡の小学校において「目の前のひとりの生徒の成長（精神的自己実現）」を教育目標に「ひとり学習」の実践を積み重ねていた古賀一公の「人間中心の教育」を実践できる教育専門職を育てたいという願いから生まれたグループである。生徒の姿から意味を読み取る「観察カード」や「聴き合い」の実践とともに、「教育理念」「教育目標」「教育方法」「教育内容」「教育研究」「教師養成」「教育制度」の各分野について毎年ひとつずつ研究していく息の長い研修だった。

「有馬研修会」が母体となり、1984年には、「人間中心の教育研究会」が誕生した。機関誌やブックレットを発行し、夏には、２日間のセミナーを開催してきた。「有馬研修会」も、近年は、心理や福祉関係者の参加が増え、2020年には42回目を迎える。

ロジャーズ
ワークショップ
教育・学校・教師
ベーシック
成長 p.4,16/52,62
聴く・傾聴 p.19/46,70
心理・相談・面接
福祉・養護

小学校における人間中心の教育の試み　（大島）

筆者が担任をしていた学級で、学級活動の時間を「話し合い」

ファシリテート

プロセス

語る・物語
p.7,22/53,66

メンバー

コミュニティ

の時間と位置づけ、週に1回45分を活用して、一年間、担任がファシリテーター〔以下Faci〕となり、ベーシック・エンカウンター・グループを実践した。9事例実践したが、その実践を通して見えてきたグループプロセスを概観する。自由に思ったことを語りながら進めていくことを伝えてグループを始め、待ち続ける。子どもたちは、目標（課題）を決めない話し合いにとまどいを見せる。課題を与えられ、取り組むという教育構造に慣らされているからである。とまどいながらも関係を模索していこうと「お楽しみ会をしたい」などの共通課題が提案される。その内容を話し合い、決定していくのに一学期間ほど要する。学級会であれば1時間で決められる内容である。しかし、この話し合いは決めることが目的ではなく、関係性を模索し、関係性の土台を構築していくことを目指している。学級内に関係性の土台が構築されれば、孤立感を感じていたメンバーが思いを語れるようになる。やりとりを通して、相互信頼が芽生え、他のメンバーからもメンバー間の感情的な対立やFaciに対する本音の表明が起こる。そのやりとりを通して、全体に相互信頼が広がる。再度、親密感を確かめる提案がなされ、クリスマス会などが実現する。共有する時間をもつことで、より安心感が醸成され、深い表明が起こり、お互いに深いところで出会う体験となる。また、グループに内在している参加意識や権威の問題も取り扱われ、より成熟したクラス・コミュニティが形成される。教師がFaciという二重性の問題があったが、グループプロセスとともに教師も役割から解放され、メンバーになることができるようになることが見出された。

文　献

畠瀬稔〔1990〕『エンカウンター・グループと心理的成長』〔創元社〕

畠瀬稔・水野行範・塚本久夫編著〔2012〕『人間中心の教育』〔コスモス・ライブラリー〕

古賀一公〔2007〕『ひとり学習のすすめ』〔生活書院〕

ロジャーズ&フライバーグ〔1994〕『学習する自由』畠瀬稔・村田進訳〔コスモス・ライブラリー, 2006〕

医療領域への
エンカウンター・グループの展開

広瀬寛子　Hh: p./ 74

看護教育へのエンカウンター・グループの導入

医療・看護

看護教育にエンカウンター・グループ〔以下EG〕を初めて導入したのは、元日本看護協会会長の見藤である〔見藤, 1991〕。1972 年から看護教員養成の研修生に対し、放課後にグループワークとしておこなわれたのが最初である。看護は患者と看護師との対人関係を基盤としておこなわれ、看護師の人間性や人間観が深く関わってくる。見藤は「理想的人間像を追求するのではなく、現に生きている自分自身を認め、自分のもっている歪みやワクやカラに気づいていくほうが、より確からしく、着実に、自己の人間性を高める道となり、ひいてはその人の看護をより高め、患者に役に立つ」という考えの基に、看護教育にカウンセリングやEGを導入した〔見藤, 1987〕。

人間性

1982年から人間関係研究会のスタッフとなった見藤は、「看護のためのEG」を始めた。筆者は大学の授業で見藤に出会い、このEGを引き継いだ。

スタッフ

医療者のためのエンカウンター・グループ

その後、患者にかかわる全ての人たちが思いを語り合える場を提供したいという思いで、1997年より「緩和ケアに関心のある人のためのEG」に移行し、現在に至る〔広瀬, 1994/2011〕。

語る・物語

医療者は自分の苦悩を語れる場をもってこなかった。参加者の多くは臨床のなかで深く傷ついた体験を一人で背負っていることが多い。グループで話を聴いてもらうこと自体でどれだけ癒やされるかを実感することで、自分の語りを大切に聴いてもらえること自体がケアになるのだということに、改めて気づいていく。

聴く・傾聴

臨床のなかでもファシリテーターとして、EGの精神を患者の治療やケアを検討するカンファレンスや看護師のサポートグループ

ファシリテート

支援・ケア

などに応用することができる。

患者・遺族のためのグループ

医療領域では、患者や家族、遺族が病気や現実を受け止め、困難を抱えながらも生きていく力を得ていくことができるように、グループ療法がおこなわれてきた。

構成的
p.5/44,55
心理・相談・面接

グループ療法には短期型、継続型があり、構成的プログラムや心理教育を取り入れたものも多いが、エンカウンター・グループの精神を取り入れることで、参加者一人ひとりが尊重され、相互理解を促進するグループになる〔広瀬, 1994/1995／都能, 2009〕。

孤立しがちな患者や遺族がグループに参加することによって、「悩んでいるのは自分だけではなかった」と思える。いわゆるヤーロムのいう「普遍性」〔Yalom, 1989〕をまず実感できることが、参加者にとっては大きな救いになる。「同じ体験をしているからこそわかり合える」という気持で、それまで語れなかった気持を吐露し始める。グループ療法は、グループを安心できる居場所として実感できることで、再び外の世界とのつながりを回復していく力を与えてくれる。

文　献

見藤隆子〔1991〕「看護とエンカウンター・グループ」『エンカウンター・グループから学ぶ：新しい人間関係の探求』村山正治・見藤隆子・野島一彦ほか編〔九州大学出版会〕pp.109-120

見藤隆子〔1987〕『人を育てる看護教育』〔医学書院〕pp.113-114

広瀬寛子〔1994〕『看護カウンセリング』〔医学書院〕pp.183-237

広瀬寛子〔2011〕『悲嘆とグリーフケア』〔医学書院〕

都能美智代〔2009〕「がんと共に生きている人たちのためのサポートグループ」『サポート・グループの実践と展開』高松里編〔金剛出版〕pp.33-45

Yalom, I.D., Vinogradov, S.〔1989〕『グループサイコセラピー』川室優訳〔金剛出版〕

第4章

エンカウンター・グループと他のアプローチ

グループ・アプローチの変遷からみた
エンカウンター・グループ
松本大輝

グループと個人面接
松本 剛

グループ・アプローチの変遷からみたエンカウンター・グループ

松本大輝

Md: p./ 70

■ グループ・アプローチの変遷

グループ・アプローチの始まりはPratt, J.H.による「結核患者学級」〔1905〕とされている。結核患者学級では、結核患者を集めた学級が作られ、患者集団に対しての支援がおこなわれた。1930年代にはSlavson, S.R.が、精神分析の理論を集団療法に取り入れた集団精神療法を発展させる。また、ほぼ同じ頃にMoreno, J.L.が即興劇を元にした「サイコドラマ」を展開させている。その後、集団精神療法はBion, W.R.やYalom, I.D.らによって理論がまとめられ、発展していくこととなる。

集団・組織 p.17,31/51,107

アメリカでも、第二次世界大戦を契機として戦争神経症の治療に集団療法が用いられるようになり、集団療法が発展する。そうしたなかで、1940年代ごろから心理的成長を目指すグループが生まれてくる。この時期にLewin, K.とその仲間たちによって、Tグループが始められる。そして、エンカウンター・グループ〔以下EG〕もこうした流れのなかで生まれ、人間性回復運動のムーブメントに乗り、EGも世界に広まっていくこととなる〔本書partI.第1章参照〕。

成長

人間性 p.5,30/62,92

日本でも、1970年ごろからEGを始めとして、さまざまグループが盛んにおこなわれるようなる。産業分野ではTグループ（感受性訓練）が企業研修として広がりを見せ、教育分野でも構成的グループ・エンカウンターや対人関係ゲームとしてグループ・アプローチが広まっていった。1990年代からは行動療法の理論に基づいたSST（ソーシャル・スキル・トレーニング）も加わり、セルフヘルプグループや不登校生徒や親のためのグループ、精神科デイケアやリワークグループなどグループ・アプローチはさまざまな展開を見せながら、発展を続けている。

産業・職場 p.34/88,142

教育・学校・教師

構成的 p.5,41/55,62

セルフヘルプ p.33, 71, 118

家庭・親・子 p.31/86,101

支援・ケア p.36/

■エンカウンター・グループの特徴

これらのグループ・アプローチの変遷のなかで、EGの大きな特徴は、自己と他者の深くて親密な関係の体験〔野島, 2000〕を目指す点であろう。集団精神療法・Tグループとの比較から、「体験にウエイトがかかっている」〔坂中, 2015〕という指摘もある。

ファシリテート
p.4,14/33,50
メンバー
p.4,30/50,67

他のグループ・アプローチと比較して、EGは体験そのものが目的であり、あらかじめ決められたグループの目的は無いことが多い。〈今・ここ〉でのファシリテーター〔以下Faci〕とメンバーの自発的・創造的なやりとりのなかで、Faciは場の安全に配慮しながらも、Faci自身もグループのなかで自分自身であることを目指し、グループ自体がもつ成長可能性を信頼する。グループではファシリテーションシップが分散され、それぞれの違いも尊重されながら、一人ひとりが体験を深め、心理的に成長していく。これらは、EGの独自性である。

PCAグループ
p./55,163

EGの特徴は、その多様な展開にもある。PCAグループ、スローEG、EGカフェなどさまざまなかたちに展開している。こうした多様なあり方が同居するところもまたエンカウンターグループらしさといえるだろう。

文　献

近藤喬一・鈴木純一編〔1999〕『集団精神療法ハンドブック』〔金剛出版〕

野島一彦〔2000〕『エンカウンター・グループのファシリテーション』〔ナカニシヤ出版〕

野島一彦編〔1999〕『現代のエスプリ 385　グループ・アプローチ』〔至文堂〕

坂中正義編〔2015〕「グループ臨床体験を語り合う集い」（日本人間性心理学会第33回大会「グループの可能性と広がり」自主企画）南山大学人間関係研究センター紀要『人間関係研究』14,1-36.

グループと個人面接

松本　剛　Mt: p.6,24/52 *49*

■ 個人面接とベーシック・エンカウンター・グループ

ベーシック p.16,34/55,82

個人面接とエンカウンター・グループ〔EG〕は、人間の成長を考えたとき、そのどちらにも意義を見いだすことができる。

心理・相談・面接 p.23,33/82,118
成長

個人面接では、親密な二者関係のなかで、クライエントはカウンセラーやセラピストにじっくりと自身の思いを理解してもらうことができる。それが、自分自身にもじっくりと向き合い、まだ気づいていない自分のなかにあるさまざまな思いにも気づいたり、方向性を見いだしたりすることにつながる。

一方、EGでは、さまざまなメンバーとの関わり合いを通じて、さまざまな捉え方やフィードバックにふれることができ、それが自分自身のありようを見直すことにつながる。個人面接のようにそれぞれが「話す」「聴く」といった固定された関係ではなくなるため、聴くことと話すことの役割が柔軟になり、広がりや余裕をもった時間を過ごすことができるようになる。いずれの時間も、人を大切にしながら関係を深めていくことが求められる。

メンバー
聴く・傾聴 p.19,38/70,86

個人面接における原則的なセラピストの姿勢は、クライエントの思いや課題に焦点づける関係づくりである。聴き手はあくまで相談者が考えたいことやその存在を受容することを重要視する傾向にある。EGのファシリテーターは、自分自身の思いを語ることも多く、それがグループのプロセスを進めることに役立つことがある。両者が補完的な関係となる場合も多い。カール・ロジャーズが重要視した「自己一致」「受容」「共感的理解」の中核三条件は、個人面接でもベーシック・エンカウンター・グループにおいても重要な対人態度であるといえる。

ファシリテート
プロセス p.14,37/50,64
ロジャーズ p.28,38/54,62
中核三条件 p.10/56,122

■ 個人面接とEGの連携

EGの参加者には、個人面接を受けていたり、参加者自身が個人面接を担当していたりする場合もある。個人面接とEGそれぞれの持ち味を生かすことによって、個人への心理的支援をより充実させることができる。個人面接によってクライエント自身の課題を自身のペースでじっくりと考えることには大きな意味がある。一方で、EGにおいて他者と共に相互理解を進めていくこともまた、対人関係の促進に役立つだろう。

専門家とのあいだで事前に両者の相互利用について相談することを前提とするが、個人面接とEGとを関連させて利用することによって、「深く」自分にかかわることと「広く」自分を拓いていくことのバランスを保ちつつ、対人援助を進める機会を作ることができる。どちらも、自分自身が統合され、一人ひとりが「自分自身である」という感覚を深めていくことに貢献できるものと思われる。

フォーカシング
p./54,100

■ ベーシック・エンカウンター・グループとフォーカシング

パーソンセンタード
p.24,31/82,118

一致
p./82,131

パーソンセンタード・アプローチの流れにあるEGとフォーカシングは、どちらも自分自身の感覚と自己概念との照合を進め、自己一致をめざす場である。個別面接の形式でおこなわれることが多いフォーカシングでは、聴き手が丁寧に話し手の体験過程に関わっていく。どちらも自分自身のありようにふれること、受容・共感の関係性を重要視していることなど、多くの共通点を見いだすことができる。

文 献

ロジャーズ, C.R.〔2007〕『ロジャーズのカウンセリング（個人セラピー）の実際』畠瀬稔監／加藤久子・東口千津子訳〔コスモス・ライブラリー〕

坂中正義編著／田村隆一・松本剛・岡村達也著〔2017〕『傾聴の心理学：PCAをまなぶ：カウンセリング／フォーカシング／エンカウンター・グループ』〔創元社〕

第5章

エンカウンター・グループの研究法と研究動向

エンカウンター・グループの研究法

相原 誠

学生が求めるエンカウンター・グループ

石田妙美　大島利伸　大下智子　法眼裕子　本山智敬　松本 剛

エンカウンター・グループの研究動向

坂中正義

エンカウンター・グループの研究法

相原 誠 Am: p./ 661

事例研究

エンカウンター・グループ〔以下EG〕に関する研究において、記述的データの収集と分析をおこなう質的研究の代表として、事例研究法がある。研究者自身がファシリテーター〔以下Faci〕として参加したEGにおいて、参与観察をおこないながらセッション内外におけるメンバー、グループ全体の様子や変化、プロセスなどが記録・記述され、それぞれの研究者の研究課題に従った視点で分析と考察がなされる。その際に研究対象となるのは、メンバーやグループだけではなく、研究者自身のメンバー体験やFaciとしての体験をもとに検討された研究もある〔中田, 2001他〕。

ファシリテート p.33,45/62,83
メンバー p.30,45/67,84
プロセス p.37,46/64,83

データの収集にあたっては、他にもさまざまな方法がある。メンバーに対してグループ実施前・後やセッション毎に自由記述形式のアンケートが実施されたり、面接法にて、被験者（例えばメンバー）からEG体験についての聞き取りをおこない、逐語録が作成されたりすることもある。集められたデータの分析についても、KJ法などを使って探索的に検討されたり、記述されたデータの内容分析がおこなわれるなど、多様な分析方法が用いられる。

数量的研究

一方で、質問紙などの尺度を用いて数量的データを収集し、統計的分析をおこなう数量的研究も数多く見られる。使用される質問紙については、自尊感情尺度やY-G性格検査などの既存の心理尺度を用いたものや、EGの効果測定のために作成された尺度〔松浦, 2000他〕、パーセンタード・アプローチの視点を参考に作成されたもの〔坂中, 2012〕など多岐にわたる。これらの尺度を使い、EGの実施前・後・フォローアップの時期、または各セッションの区切りのタイミングで被験者に回答を求め、得られたデータの数量的変化が検討される。また、メンバーへの自由記述式のアンケートから抽出した記述データをもとに、複数の研究者間で共通のスケールで評定、得点化することで、質的データを数量化し、分析した研究も見られる〔鈴木ら, 2015〕。

■ エンカウンター・グループ研究の多様性

集団・組織
p.31,44/107,136

教育・学校・教師
p.32,44/67,82

これら以外にも、複数の手法を組み合わせたものも含めてEGの効果や集団・個人の変容プロセスの解明、Faci研究など、多くの研究が蓄積されてきた。また一般人・学生（大学生・専門学生・高校生など）・教師・専門職・組織などを対象とした実践が事例として報告され、その適用可能性もさまざまな研究手法を通して実証されてきている。

EGでは、体験そのものや〈今・ここ〉で起きている現象、個別性などが大切にされる。そのため研究においても、一つひとつの事例を丁寧に記述し、分析していくことが基盤となる。しかし、それは単に事例研究に固執するということではなく、それらの視点を大切にしながらも、研究の目的に応じ、さまざまな手法を用いて多角的な視点から検証・説明していくことで、EGの新たな可能性を見出し、それがEGの更なる発展へと繋がっていくものと考えられる。

文　献

松浦光和〔2000〕「ロジャーズ (1970) の考え方に基づいたエンカウンター・グループ効果測定尺度の構成 : 平山 (1992) を参考にして」人間性心理学研究 ,18(2),139-151

中田行重〔2001〕「ファシリテーターの否定的自己開示」心理臨床学研究 ,19(3),209-219

坂中正義〔2012〕『ベーシック・エンカウンター・グループにおけるロジャーズの中核三条件の検討』〔風間書房〕

鈴木研司・平山栄治〔2015〕「エンカウンター・グループにおいて心理的成長がもたらされるメカニズムについて」心理臨床学研究 ,33(5),426-472

学生が求めるエンカウンター・グループ

石田妙美　大島利伸　大下智子
法眼裕子　本山智敬　松本 剛

It: p.22/ 76
Ot: p.38/82 57
Ot: p.22,30/ 70
Hy: p.14,30/52 77
Mt: p./159 18
Mt: p.24,46/ 49

学生へのエンカウンター・グループ参加についてのアンケート

エンカウンター・グループ〔以下EG〕は、学生に意味のある体験をもたらすと思われるが、費用や日程、参加者が自分たちよりも上の年代ばかりであることなど敷居が高い部分もある。実際の学生の声から、学生が参加してみたいと思えるEGについて考えてみよう。

大学で教えている人間関係研究会スタッフが、EGに関する講義のあと、無記名のアンケートを実施した。311人の学生へのアンケート結果では、「EGに参加してみたい」と思った学生は86.7%であった。EGへの参加に興味を示す学生が多数存在することがわかる。しかし、実際に参加するかということになると、学生には少し心配もあるようである。

スタッフ
p.14,30/107,145

学生が参加してみたいエンカウンター・グループ

「どのようなEGなら参加してみたいか」という自由記述に回答した300人の大学生・大学院生の意見をKJ法でまとめた。その結果、学生たちがEGに求めているものとして多く見られた意見は、日程や金額、メンバーや集団の種類、雰囲気に関するものであったが、自己開示や自己成長を得られる場所であってほしいという意見も少なくなかった。このように、学生がEGにもとめる要素には個人差があるものの、分類してみると大きく次の4つの要素に分かれることもわかった。

メンバー
集団・組織
成長
p.16,38/62,82

- 課題に取り組んだり、共通性のあるテーマを決めたりするなどして、話し合いの雰囲気作りをしてほしい。
- レクリエーション性の高い、気軽で楽しい時間にしたい。
- 受容的共感的な場であってほしい。
- 自己との出会い、自己成長を求めるような展開を期待する。

受容
p.6/82,131
共感
p.7,16/82,132

これらのEGに対する期待の他にも、安心感や相互尊重に基づく話しやすい雰囲気が必要であるという意見もあり、これらはEGに共通して求められているものといえる。

日常
p.30/76,85

これら4要素を「グループの自由度」と「日常・非日常の体験を語る場」という2つの軸【図】から見ると、EGの流れに対する学生の期待が見えてくる。

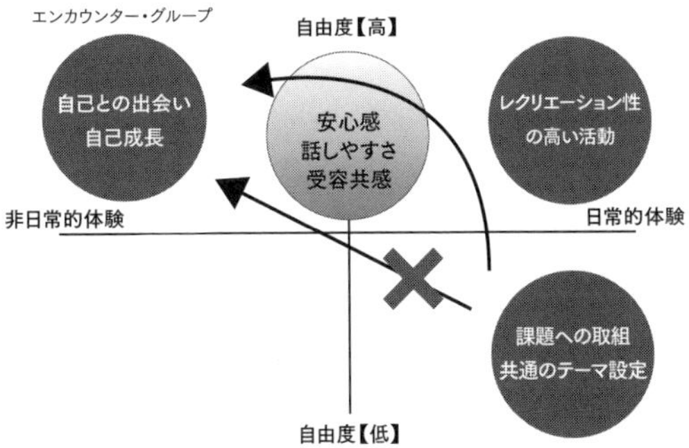

図　どのようなグループに参加したいか

自己との出会いや自己成長を求めているとはいえ、普段、課題達成トレーニング型のグループに慣れている学生にとって、自由な語り合いのなかでゆっくり自分を見つめるような従来のEGにいきなり参加するのは戸惑いも大きい。共通性のあるテーマでの語り合いやレクリエーション性の高い気軽で楽しい時間を取り入れるなど、まずは安心感をもてて話しやすい雰囲気作りへの工夫が求められる。そして、日常性の高いやりとりから次第に受容的共感的な関係が醸成されるなかで、少しずつ自分を語るような流れが期待されているようである。

語る・物語
p.22,39/66,84

EGには参加してみたいが、自分を語ることには怖さがあるという学生の声は多い。学生を対象とするEGを企画しようとする場合には、学生のこのような傾向を知ったうえで、語らない自由も認め、学生が本人のペースで参加できるよう、丁寧にグループを進めるという意識をもつことが大切であろう。

文　献

石田妙美・本山智教・大島利伸・大下智子・法眼裕子・松本剛〔2018〕「学生が参加してみたいと思うエンカウンター・グループ」日本人間性心理学会第37回大会プログラム・発表論文集,40

エンカウンター・グループの研究動向

坂中正義　Sm: p./118 60

〔紙幅が限られているため、文献紹介は最小限にとどめる〕

■ パーソンセンタード・アプローチ全体の研究動向

パーソンセンタード p.24,31/82,118

坂中〔2015〕では、日本におけるパーソンセンタード・アプローチ〔以下PCA〕の発展史を「1950年代まで: 日本におけるクライエント中心療法〔以下CCT〕の黎明期」「1960年代: 普及の時期」「1970年代: CCTの定着とエンカウンター・グループ〔以下EG〕の黎明期」「1980年代: カール・ロジャーズとの別れ、EGの普及、ならびに、フォーカシング〔以下Fo〕の黎明期」「1990年代: CCTの再検討とEGの定着、Foの普及期」「2000年代: 新たな視点も加わったロジャーズ・ルネッサンスとFoの発展期」「2010年以降: PCAの拡張期?」と述べている。2000年代以降は個人アプローチに焦点があたっているといえよう。

ロジャーズ p.38,46/62,82
フォーカシング p.47/100,118

日本におけるPCAに関する文献リスト〔最新版は坂中, 2020〕に収録されている発行文献数の表をによると、1990年代がEGに関する発行文献のピークであるのに対して、CCTやFoに関する発行文献は堅調な伸びを示している。2000年代にEGとFoの発行文献数が逆転していることも確認できる。ただし、EG研究がPCAの他分野に比して低迷しているかといえばそうでもなく、学会では体験報告や実践報告なども多い。それらが研究論文に至らないのかもしれない。

■ これまでのエンカウンター・グループ研究リビューの紹介

EG研究の動向を知るためには文献展望が役に立つ。年代を目安に代表的なものあげると村山・野島・安部・岩井〔1979〕、村山・野島・安部〔1987〕、林〔1997〕、野島〔2000a〕、鈴木〔2009〕、小野・河

ベーシック
p.34,46/82,121

プロセス

ファシリテート

崎〔2017〕などである。これらの文献を概観するとEG研究はベーシック・エンカウンター・グループ〔以下BEG〕と構成的エンカウンター・グループ〔以下SEG〕に大別され、それぞれに「プロセス研究」「効果研究」「適用」についての研究がおこなわれている。加えて、BEG研究においては「ファシリテーター〔以下Faci〕・ファシリテーション研究」が、SEGにおいては「エクササイズ・プログラム〔以下Ex〕研究」がおこなわれている。ここでは、PCAを背景にもつEG研究に焦点を絞り、2000年代以降の研究動向を先述の文献リストを元に駆け足で概観したい。

■ 2000年代のエンカウンター・グループの研究動向

この時期は「①Faci研究の活性化」「②適用拡大と新たなプログラムの模索」「③量的研究から質的研究へ」といった特徴がある。

①について。先述のように研究はプロセス研究、効果研究、適用、Faci研究（SEGではEx研究）と区分できるが、このうちFaci研究はこれまで他に比して多くはなかった。これは研究者の研究・臨床技能が求められる研究であり、他に比してハードルが高いが研究者として挑みたくなる研究ともいえる。そのハードルの高さ故、博士論文に相応するテーマといえる。この時期、少なくとも4名の研究者がEGで博士論文をまとめているが、いずれも、Faciに関わるものであった。その代表が野島〔2000b〕である。これらの研究に刺激され、この時期多くのFaci研究が発表されたといえよう。

②について。適用研究がかなり報告されている。適用は応用的研究といえ、基礎的研究での一定の知見をふまえてこそ発展してくるといえよう。先述の通り、1990年代のEGの定着（研究数という意味でも）があってこその開花であろう。この時期は多文化間、留学生支援といった適用がかなり発表されている。一方、新たなプログラムの模索は従来の区分にとどまらない模索であり、その代表が森園・野島〔2006〕の半構成的EG（非構成、構成をグラデーションで捉える）、村山のPCAグループ（非構成、構成にとらわれずにファシリテーションを支えるPCAの視点を重視する）であり、このテーマ

半構成的
p.4/63

PCAグループ
p./45,163

非構成的
p.5,14/62,100

構成的
p.41,44/62,75

の博士論文提出者もいる。さらにPCAグループにインシデントプロセス法を取り入れ、当初は新たな事例研究法として開発されたPCAGIP法もこの時期に端を発する。これらのプログラムは以降、活発に研究・実践が重ねられ、2010年代の動向も形成していく。 PCAGIP p.32/

③について。①②の研究はどちらかというと質的研究（事例研究）といった研究手法がとられる。従来活発であったプロセス研究、効果研究は量的研究（リサーチ）が多かった。研究手法に注目すればこの時期は質的研究（事例研究）が盛んといえよう。

■2010年代のエンカウンター・グループの研究動向

この時期は先述の「①研究論文の少なさ」はあるが、「②新たなプログラムの定着」「③Faci養成への関心」「④研究・実践のさらなる精緻化に関わる研究」といった特徴がある。

②について。これは前述の半構成的EGやPCAグループ〔村山編, 2014〕、PCAGIP〔村山・中田編, 2012〕に関する研究が着実に積み重ねられていることをさす。

③について。BEGを中心としたFaci養成に関する研究〔松本, 2016など〕が報告されている。これは2000年代のFaci研究を受けての展開ともいえる。

④について。量的研究（リサーチ）自体はやはり少ないが、そのなかでも坂中〔2012〕に代表されるロジャーズの中核三条件の視点からグループを検討する発表がみられる。また、他のグループアプローチとの対話のシンポジウムもおこなわれている。一方、実践面においてはオーガナイザーの役割やグループ主催の意味などがシンポジウムのテーマとなっている。いずれもEGの理解と実践の精緻化に寄与するものであり、研究として昇華されることが望まれる。この流れはある意味、もう一度基本から眺めてみるという意味で原点回帰である。EG参加者の体験報告といった発表もかなりみられる。一つひとつは体験報告であるが、これらを俯瞰的に研究することはメンバー体験の意味することをあきらかにするためには必要であろう。これもまた原点回帰として必要な研究かもしれない。 中核三条件 p.10,46/122,158 メンバー

文 献

林もも子〔1997〕「日本におけるエンカウンター・グループの実証研究の方法論に関する考察」東京大学学生相談所紀要, 10, 24-31

松本 剛〔2016〕「ベーシック・エンカウンター・グループのファシリテーター研修」人間性心理学研究, 34(1), 95-101

森園絵里奈・野島一彦〔2006〕「『半構成方式』による研修型エンカウンター・グループの試み」心理臨床学研究, 24(3), 257-268

村山正治編著〔2014〕『「自分らしさ」を認めるPCAグループ入門：新しいエンカウンターグループ法』〔創元社〕

村山正治・中田行重編〔2012〕『新しい事例検討法PCAGIP入門：パーソン・センタード・アプローチの視点から』〔創元社〕

村山正治・野島一彦・安部恒久〔1987〕「日本におけるパーソン・センタード・グループ・アプローチの現状と展望」九州大学心理臨床研究, 6, 169-177

村山正治・野島一彦・安部恒久・岩井 力〔1979〕「日本における集中的グループ経験研究の展望」実験社会心理学研究, 18(2), 139-152

野島一彦〔2000a〕「日本におけるエンカウンター・グループの実践と研究：1970-1999」九州大学心理学研究, 1, 11-19

野島一彦〔2000b〕『エンカウンター・グループのファシリテーション』〔ナカニシヤ出版〕

小野真由子・河﨑俊博〔2017〕「国内におけるPerson-Centered Experiential Approachの研究分布図：学会誌を中心として」関西大学心理臨床センター紀要, 8,57-65

坂中正義〔2012〕『ベーシック・エンカウンター・グループにおけるロジャーズの中核3条件の検討：関係認知の視点から』〔風間書房〕

坂中正義〔2015〕「日本におけるパーソンセンタード・アプローチの発展：文献史を中心に」南山大学紀要『アカデミア』人文・自然科学編, 9, 167-176

坂中正義〔2020〕「日本におけるパーソンセンタード・アプローチに関する文献リスト(2019)」南山大学人間関係研究センター紀要『人間関係研究』19, 123-149

鈴木潤也〔2009〕「エンカウンター・グループの日本における導入の歴史と今後の発展においての課題」青山心理学研究, 9, 47-59

第Ⅱ部

エンカウンター・グループの多様な展開

第1章

エンカウンター・グループの諸側面

三タイプのエンカウンター・グループ・シリーズ

野島一彦　Nk: p.10,28/ 73

本論に入る前に、三タイプのエンカウンター・グループ〔以下EG〕について述べる。

■歴史的経緯

精神分析（無意識を重視）、行動主義（行動を重視）とともに対人援助の三大流派の一つであるヒューマニスティック・アプローチ（意識を重視）の代表者であるカール・ロジャーズは、米国における1960年代の人間性回復運動のなかで、EGを提唱した〔Rogers, 1970〕。わが国には1969年にロジャーズのもとで留学した畠瀬稔・直子夫妻によって紹介された。その最初の実践は京都でおこなわれた。1970年には畠瀬稔を中心とする人間関係研究会、村山正治を中心とする福岡人間関係研究会が発足し、EGの実践と研究を積極的に推進してきた。

当初は非構成的エンカウンター・グループ *unstructured encounter group*（ファシリテーター〔以下Faci〕と参加者が今、ここでやりたいこと、やれることを自発的にしていくかたちで進む）が中心であったが、1980年前後から構成的エンカウンター・グループ *structured encounter group*（Faciが指示するエクササイズ、ゲームを参加者が体験する）もおこなわれるようになった。その理由は、非構成的グループが自発参加ではなくて強制参加（看護学校での研修参加など）の人たちをも対象とすることになり、展開が難しくなってきたためである。それで構成度が高い構造のグループにして、グループ体験をしやすくする必要性が出てきた。福岡では、筆者はゲーム・エンカウンター・グループという名称でグロース・ゲーム（成長ゲーム）を用いた実践をおこない、その報告をおこなっている〔野島, 1980〕。同じような時期

ロジャーズ p.46,54/82,131
人間性 p.30,44/92,148
非構成的 p.14,55/100,163
ファシリテート p.45,50/83,113
構成的 p.44,55/75,100
医療・看護 p.11,35/
成長 p.38,52/82,118

に東京では國分康孝が構成的グループ・エンカウンター *structured group encounter* という名称のグループ（いろいろなエクササイズを用いる）を提唱している。名称は、正確には *structured group encounter group* と呼ぶのがいいのであろうが、國分は前の三文字の頭文字（SGE）、野島は1,2,3番目の三文字の頭文字（SEG）を便宜的に用いていると考えてよいであろう。ちなみに筆者はこの二つのタイプの比較について論じている〔野島, 1989〕。

半構成的
p.4,55/

2005年頃から、第三のタイプとして、筆者らは半構成的グループ *semi-structured encounter group*（話すテーマを設定し、全員が一定時間発言する）を開発している〔森園・野島, 2006〕。

今日ではわが国ではこれら三タイプのEGの実践と研究がおこなわれている。

■ 筆者のエンカウンター・グループの捉え方

筆者のEGの捉え方について少し述べたい。

目　的

筆者はEGの目的は大きく三つであると考えている。

自己理解: グループ体験により自己についての理解が深まる。

他者理解: グループ体験により他者についての理解が深まる。

自己と他者との深くて親密な関係の形成: グループ体験により自己と他者との深くて親密な関係の形成がおこなわれる。

特　性: エンカウンター・グループの場

EGは、グループのなかで相互に「自己開示」「フィードバック」「触発」をし合いながら、自己との出会い／他者との出会いが生じる場である。

■ コメント

非構成的グループ→構成的グループ→半構成的グループと新し

いタイプが出現したのはどうしてであろうか。

新しいタイプの出現について

①非構成的グループ→構成的グループとなったのは、自発参加ではなく強制参加（研修参加）のグループをおこなう場合の参加者の抵抗を和らげるためであったように考えられる。

②構成的グループ→半構成的グループとなったのは、非構成的グループを経験したFaciが、（ある意味で遊戯療法的な）エクササイズ、ゲームだけでは物足りなくて、（ある意味でカウンセリング的な）言語化を中心にしようとしたためであったように考えられる。

③非構成的グループ→半構成的グループとなったのは、非構成的グループではどのようなテーマで話すかを模索するのにかなり時間がかかるのに対して半構成的グループではすぐにあるテーマでスタートできることと、非構成的グループでは参加者の発言量にばらつきが生じるのに対して毎セッション全員が一定の発言が保証されるようにしたためであると考えられる。

三タイプの特徴について

①参加者の積極性（自発性）: 参加者の積極性（自発性）が最も求められるのは非構成的グループである。非構成的グループは、プロセス・オリエンティッドであり、それには積極性（自発性）が最も必要である。それが少なくてもやれるのが構成的グループである。構成的グループはプログラム・オリエンティッドであり、積極性（自発性）がなくても、それなりに進む。半構成的グループはそれらの中間である。

プロセス
p.46,50/83,119

②難易度: グループの難易度は、構成的グループ、半構成的グループ、非構成的グループの順で上がっていくと言えよう。そのため、その順で、初級コース、中級コース、上級コースとも言えよう。

③効果: 効果という点から見ると、非構成的グループ、半構成的グループ、構成的グループの順で、深く強いように思われる。

④心理的損傷などが生じるリスク: 心理的損傷などが生じるリスクは、構成的グループ、半構成的グループ、非構成的グループの順で高まるように思われる。

このようなことから、構成的グループはローリスク・ローリターン、非構成的グループはハイリスク・ハイリターンと言われることがある。野球に例えて言えば、構成的グループでは多くの人がヒットが打てるが、非構成的グループでは人によってホームラン、ヒット、三振、デッドボールとばらつく。

⑤ファシリテーション：ファシリテーションは構成的グループ、半構成的グループ、非構成的グループの順で難しくなるように思われる。理想的なのは非構成的グループのFaciを体験した人が、構成的グループ、半構成的グループを担当することである。そうなるとプロセスを見る力が付いているので、安心できる。危ないのは、非構成的グループのFaciの経験なしに、構成的グループのFaciだけを担当することである。そうなるとプログラムの展開が中心となりプロセスがよく見えないので、心配である。

三タイプの活用について

ワークショップ
p.4,28/118,156

一般にはひとつのタイプだけでワークショップをおこなうやり方がおこなわれている。しかし、ひとつのワークショップのなかで三タイプを全て組み入れるという活用の仕方も有効であるように考えられる。筆者はときどきそのような機会をもつが、スムーズにグループ体験ができるように思われる。このような言わば「ミックス方式」は筆者以外はあまり実践していないようであるが、その実践と報告が蓄積されていくことが望まれる。

■ 三タイプのEGシリーズ体験プログラム

筆者は、EGには三タイプがあることを紹介し、それぞれの特徴について述べ考察し〔野島, 2018〕。これら三タイプはそれぞれ独立して実践されることが普通であるが、筆者はこの数年、これら三タイプをシリーズとして体験するプログラムを開発し実践する機会が増えてきた。そこで本稿では、その実際を報告し考察したい。

その実際

以下に紹介するプログラムは、某団体のEGを学ぶワークショップでおこなわれた。時間は5時間（10:30-16:30: 昼休み1時間）で4パートで構成された。参加者は12名（男女: 20-60代: 相互に面識なし）。

・三タイプのエンカウンター・グループについての講義〔50分間〕

EGの歴史、目的、特性、三つのタイプ（非構成的グループ: Faciと参加者が今、ここでやりたいこと、やれることを自発的にしていくかたちで進む／構成的グループ: Faciが指示するエクササイズ、ゲームを参加者が体験する／半構成的グループ: テーマを設定して一定時間、全員が発言する）について説明。

・構成的エンカウンター・グループの実習〔50分間〕

Faciはグループに入らず、指示だけをする。次のようなエクササイズがおこなわれた。

① マン・ウォッチング（ゆっくり移動しながら1分間、他の参加者について観察し、感想を語り合う）。

語る・物語
p.39,53/84,111

② 2分間マッサージ（二人組となり、2分間ずつマッサージをし、感想を語り合う）。

③ 背中合わせ（一つの椅子に二人が背中合わせで座り、1分間、背中を通して相手のことをキャッチし、感想を語り合う）。

④ イメージ・フィードバック（二人組となり、一方から他方にファシリテーターが指示する動物などの三種類のイメージを伝える、イメージを受けた人は自分がどのように見られていると思ったかを話し、二人で語り合う。その後、役割を交代して同じことをおこなう）。

⑤「好きな言葉」を添えての自己紹介（自分の「好きな言葉」を添えて2分間、自己紹介をおこなう）。

・半構成的エンカウンター・グループの実習〔50分間〕

予定では「参加者全員が5-6名の小グループに分かれて体験する」としていたが、参加者が12名だったので1グループでおこなわれた。Faciもグループに入った。つまり合計13名のグループとなった。

「私のキーワード」というテーマで3分間ずつ、全員が発言する。3分間の時間を明確にするために、3分間をセットしたタイマーを用いる。自分の番が終わったら、次の番に指名する人にタイマーを渡す。全員一回りしたら、補足、質問をおこなう。

なお、第一発言はFaciがおこなう。Faci（筆者）は、自分のキーワードとして「粘り強い」という言葉を使い、自己紹介をする。

今回の参加者は12名なのでFaciもグループに入ったが、参加者が30名くらいの場合は10名くらいの小グループを三つつくり、Faciはグループに入らず、テーマの指示と時間管理（3分ごとの時間を知らせる）をおこなう。

・構成的エンカウンター・グループの実習〔75分間〕

メンバー
p.45,50/84,124

予定では「参加者から6名程度のメンバーを募り非構成的EGを1グループ実施する／他の参加者は観察学習する」としていたが、このワークショップでは人数がそう多くなかったので、参加者12名とFaci 1名の計13名で1グループを構成した。

セッション時間は75分間である。というのは、筆者は長年統合失調症者の心理ミーティングを毎週実施していた〔野島, 2012〕が、その時間が75分間であり、75分間あれば一定のプロセスが展開するという感覚をもっていたからである。

考　察

・このプログラムの特徴

①このプログラムでは、一日（5-6時間）でEGの三つのタイプについて認知的・体験的に学ぶことができることが大きな特徴である。講義だけでは、知識は学べるが体験がないと理解がしにくい。体験だけでは、実際の様子はわかるが、認知的な理解がしにくい。このプログラは、認知的・体験的の両方を一日で学べることで、教育・研修プログラムとして優れていると言えよう。

教育・学校・教師
p.44,51/82,118

②三つのタイプのEGの難易度について、構成的グループは初級、半構成的グループは中級、非構成的グループは上級と言われることがある。このプログラムでは、初級→中級→上級と進められていくことから、いわばスモールステップとなっており、参加者があまり無理をせずにグループ体験をしていくことができることも大きな特徴である。

・このプログラムの限界

通常は三つのタイプのEGは、それぞれに独立して、長時間（複数セッション）おこなわれる。それだけに、いわゆる深まりが出てくる。それに比べてこのプログラムは1セッションだけなので、深まりという点では限界がある。ただ、三つのタイプのEGを広く浅く知って、その次に自分がどのタイプを選んでさらに体験していくかを考えるのには、いい機会になると思われる。

・今後の展開

筆者は、本稿では一日という枠組で実践された「三タイプのEGシリーズ体験プログラム」について報告し、考察をおこなった。これはこれで十分有意義なのであるが、これをさらに展開させることも考えられる。筆者が修士論文指導をした学生は、数ヵ月間にわたって継続的に三つのタイプのグループを6セッションずつ、合計18セッション実践した〔鑓水, 2020〕。このようなスタイルのEGの実践はユニークであり、新たな知見が生まれることが期待される。

付　記

本稿は、野島一彦〔2018/2019〕をもとにまとめなおしたものである。

文　献

國分康孝〔1981〕『エンカウンター：心とこころのふれあい』〔誠信書房〕

森園絵里奈・野島一彦〔2006〕「『半構成方式』による研修型エンカウンター・グループの試み」心理臨床学研究, 24(3), 257-268.

野島一彦〔1980〕「ゲーム・エンカウンター・グループの事例研究」福岡大学人文論叢, 12(2), 419-454.

野島一彦〔1989〕「構成的エンカウンター・グループと非構成的エンカウンター・グループにおけるファシリテーター体験の比較」心理臨床学研究, 6(2), 40-49.

野島一彦〔2000〕『エンカウンター・グループのファシリテーション』〔ナカニシヤ出版〕

野島一彦〔2012〕「精神科デイケアにおける統合失調症者の心理ミーティング：25年にわたる長期継続グループ」集団精神療法, 28(1), 56-61.

野島一彦〔2018〕「3タイプのエンカウンター・グループについての検討」跡見学園女子大学附属心理教育相談所紀要, 14, 3-8.

野島一彦〔2019〕「『3タイプのエンカウンター・グループ・シリーズ体験プログラム』の実践と検討」跡見学園女子大学附属心理教育相談所紀要, 15, 3-7.

Rogers,C.R.〔1970〕Carl Rogers on Encounter Groups. Harper & Row.『エンカウンター・グループ：人間信頼の原点を求めて』畠瀬稔・畠瀬直子訳〔創元社, 1982〕

鑓水翔太〔2020〕「3タイプのエンカウンターグループ・シリーズの過程と効果に関する研究：塾講師のキャリア意識と職場の人間関係の変化に焦点をあてて」跡見学園女子大学人文科学研究科修士論文

実践的ファシリテーション論

Nn: p./ 54

永原伸彦

ロジャーズ

ここでは、ロジャーズが創始した「エンカウンター・グループ〔以下グループ〕」〔1970〕によって生み出され、発展してきたファシリテーションについて自由に論じてみたい。

■ファシリテーションとは

ファシリテート

メンバー

ファシリテーションを短く定義すると、以下のようになるだろう。ファシリテーター〔以下Faci〕は、グループ全体の雰囲気に気を配りつつ、

1. グループ参加者〔以下メンバー〕個人の自己理解を援助する。
2. メンバー間の相互作用を支援する。
3. ファシリテーターだけがファシリテーションを独占するのではなく、メンバーからのファシリテーションを大切にする。
4. グループから滑り落ちる人、一斉攻撃を受ける人などを守り、支援しようとする。

さて、このような定義は、Faciの役割や留意点としては重要である。しかし、実際にグループに臨むときは、このような役割を果たすためにも、その土台となるグループのなかにいる居方、在り方、態度のようなものが必要である。ここでは、この土台となるものについて、私自身がグループ体験を通して学んだことを述べてみたい。

■ロジャーズが重視していたこと

まずは、ロジャーズが前述した「エンカウンター・グループ」

〔1970〕のなかで述べていることで、ファシリテーションの土台となるべきものについて触れておこう。

グループへの深い信頼感

ロジャーズはグループの潜在力や可能性は驚くべきものであると述べている。ロジャーズのグループへの信頼感は体験を重ねるごとに深まっていったものと思われる。ファシリテーションの土台となるものが、この「グループへの信頼感」であることは間違いないであろう。この信頼感の表れのひとつが、メンバーの表現への傾聴の在り方である。その表現が表面的であっても、抽象的であっても、情緒的に閉ざされているものであっても（特に初期においては）、とにかく傾聴する。あるいは大きな忍耐度をもって聴くというのである。これは、グループのもつ受容力や進展力への深い信頼感から生まれてくるものであろう。

聴く・傾聴
p.38,46/86,113

このようにして、ファシリテーションの在り方は、グループへの信頼感によって大いに支えられているのである。

注釈や解釈を極力控える

ロジャーズは、グループ・プロセスへの注釈や、メンバーの発言の背後にあるものへの解釈は極力控えると述べている。それがもたらす効用よりも弊害の方が多いからである。グループという場の土壌はどのようにして耕されるのか。それは、メンバー同士の、Faci とメンバーとの、こころを分かち合う相互的交流によってである。

プロセス

相互的関係とは、対等にして情緒的に応答し合う関係である。人はそのありのままを受けとめられたいとき、また弱さや至らなさや不完全さもあるこの私を表現できるのは、心理的に同じ地平に立ち、「この思いを分かち合いたい」と感じる相互的関係のときである。注釈や解釈は、それがどのように意味あるものであっても、相互的出会いによる「グループという場の土壌の耕し」を滞らせることが多いのである。この相互的関係を促進するためには、情緒的に開かれたこころからの「応答的ファシリテーション」が大切である。

メンバーへの信頼感

ロジャーズのファシリテーションの土台をなすもののひとつは、このメンバーへの強い信頼感である。グループが困難に遭遇したときにも発揮される、メンバーの支援力に対するロジャーズの信頼感は揺らぐことがないように見える。

しかし私がここで注目したいのは、必ずしも専門的知識をもたず、訓練など受けていない普通の人びとのなかに、特にグループにおいて驚くべき援助力を発揮する力があることを、ロジャーズが繰り返し述べていることである。これは、現代におけるセルフヘルプ・グループやサポート・グループの発展を予見しているだけでなく、ここにロジャーズの人間的洞察の深さがよく表れていると思うのである。それは、人のもつ潜在的支援力への深い信頼感であって、幼いころからの支援される経験によって培われている援助性、あるいは人が生得的に備えている素養としての援助性への信頼感である。それは、誰もが潜在的にもっている、いわば「出番を待つ援助性」のようなものへの極めて強い信頼感である。いずれにせよ、メンバーのもつ援助性に対する深い信頼感は、ファシリテーションの土台をなすものである。

セルフヘルプ
p.33,44/118

■ファシリテーションを支える「グループ」観

それでは、実際にはファシリテーションとは、グループのなかで生じてくる何を大切にしようとしていることなのだろうか。

凝集性

グループの流れのなかで、いま多くのメンバーにとって切実に関心のあるテーマは何であるか、今どのメンバーに焦点を当てることが大切であるか、などについて驚くほどグループはよく知っている。これを「グループにおける凝集性のはたらき」と呼んでもいいだろう。これはグループという場が熟成して来ていることを示すものでもある。この凝集性のはたらきを見逃さず、それに寄り添い、同伴していくためのファシリテーションも大切である。

このファシリテーションとは、必ずしも発言するかどうかということではなく、いま、グループが何を大切にしようとしているかについて感知し、同伴していこうとする態度のことである。

緩急自在性

今述べた凝集性のはたらきとは一見逆の方向に見えるが、グループはそのプロセスの速度や、受け入れられる容量のようなものに関して微妙に調整力をはたらかせるように思われる。メンバーが『少し休みませんか』と言ったり、『わたしはこのスピードについていけない』と述べたりするのは、非常に大切なファシリテーションになっていることが多い。この意味で、ファシリテーションを表す「促進性」という訳語が広まらなかった理由がよくわかる。ファシリテーションとは、もっとグループのもつ緩急自在な調整力に沿ったはたらきなのである。このグループのなかに育ってくる自在な調整力を感知しながら、メンバー個人の内的な声にも耳を傾けていくという複眼的なまなざしは、より懐の深いファシリテーションを生み出していくように思われる。

グループにおけるメンバーの主体性の表れ

グループの初期においては特にそうであるが、メンバーにとって（Faciにとっても）グループのなかにいかにして自分の居場所を見出していくかが切実な課題である。このために使われる内的エネルギーは相当なものである。しかし忘れてはならないのは、それぞれのメンバーによる居場所を求めての不安や葛藤のエネルギーが、一方でグループという場をより深く柔らかく耕しているということである。非構成的グループのひとつの特徴がここにある。 非構成的
メンバーはみずから居場所を探さなくてはならない。与えられる構成的ワークはない。このような内的なもがきやプレッシャーは、 構成的
それゆえに深いところでの自己や他者との出会いを生み出すことにつながっているのではないだろうか。

臨床心理学を専攻する大学院生の松本千尋は、グループにおける初期不安とそれを乗り越えることによって得たものの大きさについて述べている〔松本, 2019〕。非構成的グループへの参加が初めてだった彼女は最初のセッションの沈黙に圧倒される。しかしグループの雰囲気に慣れてきて、沈黙の意味について発言する。しか

し同時になぜか涙が出てきた彼女は、泣いたことを恥じた。しかしグループは『泣いてもいいんですよ』と彼女をやわらかく受けとめたのである。これは彼女にとって実に大きな支えられる体験であった。この体験によって、彼女は自分自身がグループの一員であるとの意識と実感を強くもつことができた。紆余曲折を経てつかんだ「自分はたしかにこのグループの一員である」との生き生きとした連帯感は、それまでの受動的態度から主体性をもつ姿勢へと彼女を変化させたのである。こうして獲得した主体性は、それ以前の言葉として知っていた主体性とは違って、この不完全な自分がたしかに受けとめられたと感じたときに自身の内側から生じてくる主体性である。支えられている、つながっているとの実感によって生まれてくる主体性である。このようにしてグループ体験は、その人が生きていくうえでの重要な主体性や援助性を腑に落ちるように体得させていくのである。それは彼女がこれからFaciをめざすかどうかとはかかわりなく、生きていく上での大切な糧となるであろう。

このようにして、グループは、メンバーの不安や葛藤のエネルギーさえもグループを耕す栄養源にしながら、メンバーのなかに潜在している「主体性」や「援助性」を目覚めさせ、発揮させていくのである。グループにおけるメンバーの「主体性」や「援助性」の表れをしっかり受けとめ、支えていくこともまた、大切なファシリテーションである。

■ファシリテーションの土台をはぐくむもの

ここでは、ファシリテーションの土台となるもののいくつかについて確認しておこう。

応答性

ファシリテーションとは豊かな応答性のことである。応答とは相手の発言内容や気持や存在そのものを受けとめようとすることである。応答はこころのつながりを生みやすく、お互いに応答し合うという相互的関係を生みやすい。応答はまた、受けとめられたと感じることによってメンバーのこころの居場所づくりを助けている。応答性はまさにファシリテーションの基礎をなしている。

相互性

私自身は、この相互性をファシリテーションの土台をなすものとして特に重視している。ロジャーズも述べていることであるが、私たちは注釈や解釈をしているときは、相手を対象化しがちである。そのとき、自分の内面は引っ込んでいる。相互性とは、単に対等であるだけでなく、私を引っ込めず、相手にも出てきてほしい、「出会い」の関係をめざすことなのである。もっとわかりやすく言えば、「わたし」と「あなた」の関係、「わたし」が「あなた」に呼びかける関係である。「あなたをわかりたい」、「あなたに語りたい」という一人称と二人称の関係なのである。ファシリテーションとは、このような相互的関係を生み出そうとするこころの在り方、関わり方でもある。

語る・物語

例えば、グループも終わりに近づく頃、メンバーの人がよくFaciに『〜さんの話ももっと聴きたかった』『〜さんの個人的なこともっと知りたい』と語ることがある。このような発言のひとつの意味は、メンバーやグループのもつ非常に強い「相互性」への欲求ではないか。メンバーは、Faciに対しても可能な限り相互的な地平で出会いたいと願い続けている。その意味でこれらの発言は、Faciを相互的地平に招こうとするメンバーからのこころのこもったファシリテーションといえるのである。このように、グループのもつ相互性への強い希求性もまた、豊かなファシリテーションを生み出す土台をなしているのである。

忍耐性と信頼性

最近では「不確実性への耐性」ということが重視され、オープン・ダイアローグではしばしばいわれることである。エンカウンター・グループ〔以下EG〕のファシリテーションにおいても、「忍耐性」は重要である。その忍耐性を養うときに、さまざまなグループ場面や個別の危機場面などの場数を踏んでいくことも大事だが、それはファシリテーションの土台をどう豊かに耕しておくかということと深い関係があるのである。なぜなら、柔軟な忍耐性の中核にあるものは、グループやメンバーのもつ潜在力への深い信頼感だからである。それは単なる楽観的なものではなく、「どれほどの困難があっても、わたしはこのグループを生き抜く」という、グループの潜在力という豊かな鉱脈を掘り起こし続けようとする粘り強い姿勢のことである。この姿勢もまたファシリテーションの土台となるものである。忘れてはならないのは、忍耐性は信頼性と共に育つものなのである。

■おわりに

構成的
p.55,62/100,121
通い・日帰り
p.14,30/142
コミュニティ
p.9,32/148

EGも構成型、研修型、通い型、多人数のコミュニティ型などのさまざまな展開を見せている。むしろ、このようなときにこそ、ロジャーズたちによって始められたEGやそのファシリテーションについてふり返り、見直すことはきわめて重要なことである。それは汲めども尽きぬ源泉として、今を生きる我々を支え続けてくれるに違いない。そこからの示唆を受けつつ、ファシリテーションの土台を耕し続けることは、私にとって、グループに臨むときの最も大きな実践的支えなのである。本稿を「実践的ファシリテーション論」としたのはそのためである。

文　献

松本千尋〔2019〕「非構成的エンカウンター・グループ体験の報告と検討」日本人間性心理学会第38回大会プログラム，67

Rogers.C.R.〔1970〕Carl Rogers on Encounter Groups. Harper & Row.『エンカウンター・グループ：人間信頼の原点を求めて』畠瀬稔・畠瀬直子訳〔創元社，1982〕

参加者の生活から見る エンカウンター・グループ

村久保雅孝 Mm: p./ 53

■ エンカウンター・グループの非日常性と参加者の日常

エンカウンター・グループ〔以下EG〕はさまざまな意味で非日常的な環境のなかで、非日常的な体験として体験される。したがって、EGについて語るとき、多くの研究は、EGそのものを取り扱っている。たとえば、その過程や展開に関する研究、個人やグループの成長や変化に関する効果研究、ファシリテーター〔以下Faci〕のありように関する研究、Faciやメンバーらとの相互作用に関する研究、EGに見られる諸要素や諸条件に関する構造研究、EGの事例研究、EG研究に関する論考などが挙げられる。

日常 p.30,53/85,126

成長
ファシリテート
メンバー

他方、参加者にとってのEG体験は、日常から切り離された特殊なカイロス的時間（時計が刻む時刻としてのクロノス的時間に対して、質的な意味を強調する「時」としての時間）としてだけではなく、その人の日常に位置づく連続したカイロス的時間でもある。EGへの参加者は、一回から数回にとどまる人もいれば、継続的に何度も参加する人もおり、なかには人生の糧として大切に参加を続けている人もいる。特に後者のような参加者にとって、EGはそれ自体がどのようなことなのかということに加えて、その人の人生においてEGがどのように位置づいてきたのか、また、どのような意味をもってきたのか、そして、その位置づけや意味はどのように変化していくのかということが、その人にとってのEGであるといえよう。それはその人個人の主観的体験にとどまるという見方もあるだろうが、EGに多少なりとも参加した体験をもつ者であれば、なにがしかの主観の共有が可能であるとも考える。この、主観を共有することによって、EGを参加者の日常から物語ることが可能になると思われる。

語る・物語

Rogers〔1970〕は「EG体験がその人の普段の生活のなかでその人の日常に役立つのでなければ、あるEG体験がその人に豊かな体験を提供できたとしても、それで十分とは言えない」といった主旨のことを述べている。このことは、EG自体を取り扱うことに加えて、EG体験をもつ人の日常の暮らしを考察することや、その人の生活からEGを物語る方向性の重要さを示唆しているように思われる。

■エンカウンター・グループを語る人へのアクセス

EGを物語る人は、単に物語を提供してくれる人ではない。EG体験の物語は、物語にのみ関心をもつのではなく、物語る人へも関心をもつことが重要である。したがって、そのような人（物語る人）との出会いが重要になってくる。「物語ること」と「語られた物語」、そして「物語った人」は、ナラティヴという言葉でひとくくりにとらえることができよう。そこには、EG体験を物語る人の物語を聴く人とのあいだの物語は、物語る主体とは切り離せないという当然のことに加えて、物語る人と聴き取る人との相互作用でもあることを示している。物語る人は、聴く人を得て物語れるようになることは、おそらく確かなことであろう。物語る人は独白しているのではなく、聴く人も事柄だけを聴取しているのではない。

聴く・傾聴

樽味〔2006〕は、〈私〉に関する〈他者〉による記述について「記述の妥当性は、『書かれた本人である私にとっての妥当性』ではなくなり、『記述した〈他者〉とそれを見聞きする〈他人〉にとっての妥当性』として構成されなおす」と論じた。事柄に執着すると語ったその人から離れてしまう。物語る人に出会い、純粋にその人に関心をもつことで、物語る人の事柄としての体験と、聴き手がその主観的体験からの実感を得、主観が共有されることにつながっていくことに貢献できるのではないだろうか。そうすることで、語られたことの意味が確保されるように思われる。

■ナラティブ・アプローチの可能性

EGにおける個々の物語を客観化や一般化から離れて個々の物語そのものとして提出することは、ナラティブ・アプローチによって具体化できると思われる。

私は、EG体験の非日常性と日常をつなぐ試みとしておそらく20年以上にわたって継続的にEGに参加している方々との対話の場をもったことがある。そこでの対話は、EGに軸足を置いて語るというより、暮らしのなかにEGがある人の暮らしを語るというところからEG体験がどのように語られるか、あるは私と語り合われるかという時と場となった。それは、結果として、EG体験の日常とのつながりを探求することにつながっていったように思われる。

しかしながら、このことを伝えようとするとき、実際の対話の場面で私が実感した「EG体験がある暮らしをした人の実存感」を伝えきれないもどかしさがある。それはたとえば、私が語り合った人の一人の、暮らしのなかにEGがある暮らしを語るということが、ほかならず、EGとともにあったその人の人生の一端を語ることであったといえることに対して感受することのようである。いわば、ライフ・ヒストリーもしくはライフ・ストーリーとしての観点が求められ、そこに応えることがナラティブ・アプローチの可能性といえるのではないだろうか。聴き取った「私」が単独で、ないしは一方的に「語り」を取り扱うのではなく、語ったその人と協同することが求められる。

EG体験を語るその人とともにその物語を記述することをとおして、参加者の生活から見たEG体験を検討することにもつながっていくと思われる。

■参加者の生活からみる
エンカウンター・グループの意味や価値

ここに提案してきたようなEG体験の記述は、いわゆる「研究」

としては客観性や一般性の貧弱さゆえにおそらく「科学的」ではないと判断されるだろう。しかし、物語った本人だけでなく、その人やその物語に関心をもった誰かによって意味や価値が見いだされるならば、その本人や関心をもった誰かにとっては意味や価値があり、その意味や価値は限定的ではあるが「研究」としての意味や価値があるといえないだろうか。研究自体が自立してもつ意味や価値ではなく、本人と関心をもつ誰かによって意味づけられ価値づけられる意味や価値も研究の価値と考えられないだろうかと思う。EGの「文学的」意味や価値として論じ得ると思われる。

文　献

Rogers, C.R.〔1970〕Carl Rogers on Encounter Groups. Harper and Row
樽味伸〔2006〕『臨床の記述と「義」』〔星和書店〕

第2章

さまざまなエンカウンター・グループ

小学校教育のなかで実践できる エンカウンター・グループ

大島利伸

Ot: p.38,52/ 57

筆者は、2010年まで学級担任をしており、ベーシック・エンカウンター・グループ〔以下BEG〕を学級において実践する研究を続けてきた（本書第I部第3章で実践の紹介をしている）。2011年から私学の小学校に替わり、小学校において心理ケアを中心に担当する立場になった。2012年からは、学級担任ではなく、学校全体の心理ケアを担っている。そこで、小学校全体の心理ケアにBEGを活用してきた。その内容について紹介する。

ベーシック
p.46,55/121

教育・学校・教師
p.51,67/118,142

心理・相談・面接
p.33,46/118,146

BEGのベースになる考えは、パーソンセンタード・アプローチ〔以下PCA〕である。これは、カール・ロジャーズが創始したクライエントセンタードから発展し、心理療法の枠を超え、関わる全ての人（パーソン）に対して、実現傾向を信頼し、受容と共感的な理解をもって、裏表のない純粋な態度（自己一致）で関わることにより、成長促進的な雰囲気を醸成し、その人のなかにある実現傾向を発動するのを助けるアプローチである。簡単に述べるなら、自分のこころに開かれている人が、相手を理解しようとかかわることで、相手がみずからのこころの声に耳が傾けられるようになるということだ。そうすれば、相手のこころは動き出すといってもよいかもしれない。このような状態をロジャーズは、十分に機能する人として表現した。

パーソンセンタード
p.31,54/118,142

ロジャーズ
p.54,62/131,146

受容
p.6,52/131,157

共感
p.16,52/132,156

一致
p.46/131

成長
p.52,62/118,153

学級担任ではなくなってからも小学校の子どもたちにはもちろん関わるが、それ以外に保護者や教員に関わる場面が増えた。そこで、保護者と教員に対してBEGを活用し、心理的な成長を助ける試みをしている。

■保護者へのBEG

南山大学との小大連携でグループを実施する意義

南山学園は、「人間の尊厳のために」を教育モットーにしている。その初等教育を担当している本校では、子どもたちにわかりやすく、「人間尊厳のために」を「かけがえのないあなたと私のために」という言葉で伝えている。筆者は、人の実現傾向を信頼し、お互いに自己理解や他者理解を促進するBEGは、まさに教育モットーを体現する在り方ではないかと考えている。

また、南山大学には、人間関係研究センターがあるが、昨年度よりPCAの公開講座も始められた（筆者も講師をしている）。また、人文学部心理人間学科では、南山短期大学の流れを汲み、今でも体験学習を中心に授業がおこなわれている。その取り組みの体現のひとつとしてTグループがある。このグループ・アプローチは、南山大学が日本の中心のひとつである。エンカウンター・グループ〔以下EG〕は、Tグループと比較されることがよくある。社会心理学から発展してきたTグループと臨床心理学から発展してきたEGでは、目的など違う部分もあるが、自分のこころの声にみずからが気づいていくプロセスなど似ているところも多い。そのため、南山大学には、グループ・アプローチに対するリソースが存在している。

プロセス
p.50,64/119,155

そこで、南山大学人間関係研究センターと連携し、2013年度から希望する保護者を対象にして、BEGを活用し、子育て支援グループを実施している。南山大学には、EGのファシリテーター〔以下Faci〕ができる専門家が二人おり、筆者とそれぞれに2グループ実施することが可能だった。本校は、初等教育のモデル校を目指し2008年に開校した。子育て支援グループによる保護者支援は、初等教育の新しいモデルを提示する取り組みになっていると自負している。そして、その試みは、本校や本学園の教育モットーともつながっている。総合学園であるからこそできる小学校と大学との連携事業になっている。

ファシリテート
p.50,62/113,121

子育て支援グループの構造

それでは、子育て支援グループの募集案内に書かれている内容について紹介しよう。

「グループでは、保護者の皆様が、子育てについて感じている思いを自由に語り合うことを通して、お互いに支え合える関係性を醸成することを目指します。子育て支援グループの話し合いは、各グループ10名ほどの人数で、あらかじめ話題を決めることなく、自由に感じたことを伝え合うことを中心におこないます。それによって、お互いが、安心して心を開き、支え合いができるグループにしていきたいと思います。 語る・物語

このようなグループをベーシック・エンカウンター・グループと言います。また、南山大学の楠本和彦先生は、Tグループを専門とされておられ、ベーシック・エンカウンター・グループも理解していただいております。〔筆者一部修正〕ファシリテーターとして参加させていただく南山大学の坂中正義先生、そして本校の大島も、ベーシック・エンカウンター・グループの実践研究を専門としています。ファシリテーターとは、何かを教える存在ではなく、お互いが安心してかかわっていけるようにグループの話し合いを促進する存在です」。

子育て支援グループの構造は、参加保護者のプライバシーを守れるようメールシステムを使って募集し、月1回2時間のセッションを年8回実施する構造になっている。場所も小学校で実施するとメンバーの安全感を守りにくいと考え、小学校以外の学園の施設（教会関連施設や大学）を使うようにしてきた。 メンバー p.50,67/124,142

ファシリテーションの工夫

Faci二人で、毎回のセッションごとに1時間程度の振り返りをおこなっている。

①2時間のグループの流れを振り返りながら、
②メンバーが語られた思いを受け止めることができていたか
③メンバーが語りたいことが語られているか
④グループに参加しにくく、苦しまれているメンバーはいないか
⑤Faciとしてレスポンスしたときの気持のシェア
などを点検している。

このときに私たちで気をつけていることは、メンバーから専門家に質問するかたちで、答えを求めようとする動きが起こること

がよくある。この質問にそのまま答えてしまえば、専門家が保護者の質問に答えるという知的交流に終始してしまう。このような動きに対しては、私たちは、質問したい気持に焦点化し、その思いが語れるように動く努力をしている。この動きに対しては、Faci同士もお互いに慎重になり、自分の動きを振り返りながら、真摯に話し合う場をとっている。

また、筆者にのみ役割の二重性の問題がある。楠本先生や坂中先生は、小学校での役割はないので、Faciとしてのみ、その場にいることができる。筆者は、Faciである前に小学校教諭としての役割がある。もちろん、参加保護者にも、当然そのように映っている。そのため、グループのなかで、学校のことに関して、先生に質問するような内容が出てくるときがある。筆者は、このような質問がでてきたときには、Faciをもう一人にお任せし、先生として答えるようにしている。もちろん、先ほど述べたように質問に対して知的に交流するのではなく感情に焦点化していきたいと思っているが、日常生活のなかで子育てをしているため、具体的な質問が出てくるのも当然と考えている。それだけに終始することにならないように注意しながらも学校の具体的な質問に普通に答えることはしている。

日常
p.53,76/126,142

逆に、小学校教諭としての二重性があることを意識して、先生的な役割を壊し、できるだけ自分自身として、その場に居ようとする努力もしている。本校は、教員は、体育の時間以外はスーツを着用する流れがある。グループのなかでも、大島はスーツでいるが、グループのプロセスのなかで、自分の子どもとの関係や家族の話など、できるだけ先生ではなく人として、その場に居ようとする努力をしている。

子育て支援グループの効果

今まで7年にわたって14グループ展開してきている。そのグループが終了するたびに、参加していただいた保護者からグループに対する思いをアンケートで答えてもらった。そのアンケートの内容を概観しながら、どのような効果があるか紹介していきたい。

グループは、希望参加のため全く面識がない保護者が集まることになる。そのときの思いを「最初は不安のなかからの始まりでした……」「普段とは異なる少人数でのグループでの活動に戸惑いもありましたが」と表現している。かなり緊張感がともなう始まりだということだろう。

それが、「回を重ねるごとに安心感が出来てきました」「回を重ねるごとに、毎回同じメンバーという安心感のなかで、自分の気持、悩みをお話することができました」「先生方やグループの皆さんが肯定的に話を聞いてくださるうちに、グループが安心できる場に変わっていきました」など、お互いの話を受け止め、理解しようと聴き続けるなかで、安心感がうまれてくるようだ。

聴く・傾聴
p.46,70/113,118

そのような雰囲気が醸成できると、「普段は話せない深い話をできる」「自然に自分のことも話せる」ようになることがわかる。

安心感のなかでメンバーそれぞれのペースで自分を味わい見つめる時間がもてると、「一度止まって、自分の子どもへの接し方や自分の気持を見つめる貴重な時間となりました」というように子育てや自分の気持に気づいていかれる場になる。自分への気づきは、いろいろな面で起こるが、ここには三つ例をあげたい。

子どもへの接し方を振り返る：「子育てに頑張りすぎて、子どもの気持に目を向ける事ができていなかったり、ついつい期待ばかりしてしまったり、そんな自分を振り返りながら……」。

親としての姿を振り返る：「日々の忙しさのなか、あまり振り返ることのなかった自分の親としての姿に向きあう時間が作れたように思えます」。

家庭・親・子
p.31,44/101,146

人としての自分の姿を振り返る：「実はこころの奥深くに悩みがあって自分のなかでスルーしたい気持が強かったのか重要視せずに目を背けていた事に気がつきました」。このように自分を受け止め、理解してもらえるという安心感のなかであれば、感想で述べられているように、構えず、自分自身をさらけ出すことができる。そして、ますます、自分のこころに開かれていくと、その人の実現傾向が動き出し、ありのままの自分を肯定的に受け入れられるようになる。

振り返った後で自己受容する姿

「自分や子どもたちの現状を受け入れる『肯定感』を毎回感じることが出来ました。お友だちや家族に話すのとは違い、他者との比較による劣等感や焦りを感じることなく、自分は自分。我が子は我が子！と自然に考えが至るようなサポートを頂きました」。
「子育ての悩みは尽きませんが、グループに参加することにより、悩むのは当たり前、いつもいい母親でいられないのも仕方ないこと、それでもいいのだと思えるようになりました」。
「グループ内でお話を聞いたり、自分や子どものことをポツリポツリと話したりするうちに、反省と前向きになれる気持が同時に湧いてくる感じがいたしました」。
「毎月のグループ活動後は、子どもの帰りが待ち遠しく、『ただいま』を言って帰って来てくれる当たり前の事に感謝したり、息子を何度もハグしたり出来る温かいこころになれました」。
「自分では悩みとして認識されていないもやもやとしたものがたくさんあることに気付きました。そして同じようなことで悩んでおられる方とお話をすることで、自分なりに整理ができましたし、息子がよりかわいいと思えるようになりました」。
これは、子育ての悩みをなくすことではなく、今の自分や我が子を受け入れられるように変化していることが伝わってくる。この変化こそ、子育て支援になっているように思う。また、自己受容とともに、他者に対してもこころが開かれていく。

他者受容する姿

「悩んでいるのは自分だけでないことに気がつき、こころが軽くなるような集まりでした」。
「同じような思いをおもちのお母様方がいらっしゃることを知ったことは、こころの支えとなりました」。
「『我が子もそうでしたよ！』『わたしもそうでした』など、経験談を伺うと、ほっと安心して、また前向きに子育てを頑張れる気持になりました」。
「共感してくれる仲間がいるとこころが明るくなるように思います」。
「皆様と仲間のような連帯感も感じられました。また、同じ悩みを抱えていらっしゃる方もおみえになるのだと、どこかこころ強く感じ、励みにもなり、アドバイスを頂き解決へと前進もできました。気付きがたくさんありました」。
このように、仲間と深いところで繋がる体験になるように思われる。

■ 教員へのBEG

グループの意義と構造

昨年度から二年目であるが、希望する教員を対象にして、児童理解相談会を開催している。月1回45分という時間枠を確保し、BEGで実施している。たった月1回45分での実施であり、グループ・プロセスの進展は望めないが、この時間にグループに訪れた教員が、自分のこころの声に耳を傾け、味わう時間になれば、少しでも実現傾向が発動するのではないかと考えている。実際、5名ほどの教員は積極的に参加してくれている。今年度末のグループの振り返りから、グループの効果について考察していきたい。

グループの効果

「日々『～すべきこと』に追われてしまう私たち教員ですが、こういう時間がもっと取れるとラクになれると思います」と語っている。まさに、すべきことに追われて、自分のこころの声を聴くことが難しい日常を象徴している言葉である。

そのなかで、安心して自分の思いを味わうことができれば、自分のこころを少しでも感じられるのではないかと思い、始めたグループだった。

「自分が考えていることや思っていることを素直に話せる場につながり、『誰がどんな発言をしてもよい』という雰囲気のなかでの話し合いであると感じた」。

「思いに寄り添って意見を聞いてくださる場だったので、感じていることをそのまま話せる場であった。話しやすい雰囲気の場とは、このような場のことをいうのだと実感できた」。

このように何でも素直に話せる安心感を実感してもらえているメンバーからの感想があり、嬉しく思う。そして、このような安心して素直に語れる場の意義に気づかれたメンバーもいる――「その人が、考えていることや思っていることを素直に出せる場である。すなわち円滑なコミュニケーションができる場であることが、職場においてそれぞれが協力し仕事をスムーズに進めるために必要な最上位の目的・目標であると思います。それが失われれ

コミュニケーション
p.4,28/155
産業・職場
p.34,44/142,158

ば、私たちの職場の生産性は低下し、結果として子どもたちの人間力や学力の向上にはつながらないのではないでしょうか。それを確かめるためにおいても、児童理解相談会は、私にとって有意義な時間であったと思います」と述べている。

自分を語れる場を味わうことが、職場のなかで生き生きできるエネルギーになることを実感されたのだろう。そして、そのような安心できる場は、「子どもとの関わりで迷ったとき、素直に話せる場があるということで凄くありがたかった」と語っているメンバーがいるようにお互いの交流の促進につながる。そして、教師の経験があるかどうかではなく、人として認め合う交流がはじまる。

「私が若く未熟であるから悩むのかといったらそうではなく、先生方それぞれが、それぞれのレベルで子どもとの関係に悩んでいるのだと分かった」。

「数回しか参加できませんでしたが、参加したときには有意義な時間がすごせました。それぞれの先生方の困りごとをみんなで考えるいい機会だったと思います。人の話を聞くと、自分も同じことで悩んでいるなどとわかることもありました」。

安心感のなかで互いにこころを開き語り合うことで、互いを理解し深いところで繋がる体験になっていく可能性を感じている。

■本実践の意義

学級でのBEGから保護者や教員に対する実践に変化してきた現状について紹介した。教育現場では、やるべきことに追われたり、母親らしさや教師らしさという価値観に押しつぶされそうになったりしている。そんななかで、安心できる場でゆっくりとこころを味わい、自分のこころを受け入れていく場を提供していくことは、こころが生き生きと動き出すために有効なアプローチではないかと感じている。

エンカウンター・グループと創作体験

村田 進

Ms: p. *68*

テーマと問題の所在

創作体験とパーソンセンタード（人間中心）を結ぶ「糸」について

パーソンセンタード

エンカウンター・グループ〔以下EG〕に創作体験を導入したのは、話し合い聞き合うというベーシックな人間関係のなかに、物語るという人間固有の機能があり、それは書くことも同様であるという根拠によるものである。創作体験は、心理療法的構造の「枠づけ」をもつ設定のなかで、登場人物が会話や独白をおこなういくつかの場面を空白にして、被験者がそこに自由にセリフを埋めてゆく「書くこと」（創作）を通して体験過程に触れてゆく方法である。本論は、ロジャーズの「不一致の図」より、有機体経験と自己概念のあいだにズレがありそれが継起する場合、そこに「ねじれ」が生じるという考えに基づいている。先行研究〔2019〕は、そのねじれた形態的特徴を、その病理的な一面だけではなく、バネのように形状反発する復元的特質をも象徴していると考えた。すなわち、「ねじれ」は、体験過程の停滞を「推進」して通常に戻す作用をもち合わせる回復力を備えていると考えたわけである。本論は、性格論の見方からウルフ『灯台へ』〔1927〕の作品人格とEG創作体験に参加したケースを取り上げて、臨床的にねじれ回復を裏づけたい。

ロジャーズ
一致

目　的

ディルタイは、文脈に（意図に反する）「引っ張る力」が作用することを見出したが、これこそ文脈をつくる「すじ」の展開と登場人物の行為をつなぐ目に見えない「糸」（ライン）である。創作体験における登場人物の発言や行為は、「すじ」に沿って予め決められたとおりになされるのではなく、創作者が書きながらに文脈を構成していくなかで「登場人物」は、考え、発言し、行為する「作品人格」になる。そこに創作者自身にも意外性があるリアルな「すじ」（ストーリーライン）が展開すると想定して、それを臨床の場で人格変化に応用したいと考えたのである。

方　法

『灯台へ』のYG性格プロフィールによるストーリーライン・アセスメント

まず、『灯台へ』の原作のストーリーライン・アセスメント〔以下SLA〕を通して、作家自身の作品人格と創作体験について考察する。作品の登場人物は、個人性と社会性の2軸から、YG性格プロフィールに照らして典型型と評価される基準により分類される。その結果、概してジェームズ（息子）（B型）、母親ラムジー夫人（D型）、父親ラムジー（C型）、懊悩しウルフの分身と目される知人の画家リリー（E型）、それに、姉のキャムや詩人のカーマイケル（A型や亜型）が作品のなかでそれぞれのポジション（役割）をもって登場し、かれらの関係性をつなぐ働きをしている。しかも、それらが、YG性格プロフィールの典型型性格と一致していると考えられる。その根拠は、情緒性と社会性の2軸から成るYG性格プロフィールの構成と交互作用を考えると、ウルフの作品の登場人物も同様な、A（平均型）、B（不安定・積極型）、C（安定・消極型）、D（安定・積極型）、E（不安定・消極型）の5つのタイプに分類することができることである。A平均型は、他の性格の標準形でさまざまな性格の平均的な指標と考えれば、実際には、4つの典型型性格が登場人物のプロフィールとして作品を構成していると考えられる。そこで、YG性格プロフィール図を時計盤になぞらえれば、平均型ゾーンであるA型は、他の類型の平均的な「ひな形」として、それぞれの性格との共通性・融通性を特徴づける「指標」となるであろう。それは、2軸（有機体経験と自己概念）の交差する一致度の高い領域をも示す。すなわち、A「ひな形」は体験過程の中心にある一致ゾーン（回路）にあるだけではなく、人びとのあいだを「つなぐ」役割があると考えられるのである。したがって、人格的特質についていえば、A型は温かい融通性：B型は神経質：C型はクール：D型は思いやり：E型はいたみポシションを表すと考えられる。

次に、体験過程のステージをタテ軸に個人性（情緒性）、横軸に社会性を表す2軸からなる構成図に表して2軸の強弱を考え合わせると、『灯台へ』の登場人物の性格が織り成すストーリーラインは、【B（ジェームズ、息子）－E（リリー、作家の分身、懊悩する人）－C（ラムジー、父）－D（ラムジー夫人、母）】という配列でそれが時計回りの独楽のように構成されていく作品人格となる。そして、斜めの二つの交差軸は、内包的な「いたみ」（人間性）軸と外延的な「いたわり」（ホリスティック）軸とが「いやし」の条件を満たす一致度の高い交差ゾーンを中心につくりつつ推進してゆくと想定した。『灯台へ』は、そのような「ストランズ」（糸束：ロジャーズ）のように体験過程の「個人的な経験」や社会的な「関係性」の「撚糸」（要素）をより合わせるような力動に収束する図に喩えられる。あるいはまた、ジェンドリン「プロセス・モデル」のように、「生起」が「暗在」に一致する円環的な力動図により喩えられる。これらは、体験過程の「いやし」の構造として、「内」と「外」の両方向に螺旋的（フォーカル）に回転しながら推進してゆく力動を描いたものである。本論では、『灯台へ』においても同様な構造があると考えて、体験過程のモードとYG性格プロフィールの考えから典型型性格に照らしてストーリーラインをコード化してその有機的な仕組みをケースからも明らかにしてゆきたい。

人間性
p.44,62/148

プロセス

通常コードは、A平均軸から、性格プロフィール図上を指針のごとくなぞれば、【(A)－E－B－C－D－(A)】と低次から高次にそしてまた、元のAの位置に戻る循環図（コルブ）を描く。これが「通常回路」である〔拙論, 2019, p.117「経験と観念の2軸のマトリックスにおけるYG典型型性格の位置づけ」〕。しかし、『灯台へ』の登場人物たちの「思考の流れ」〔ウルフ〕は、上記のように通常コードとは違う順で綴られている。それは、BとEの順位が倒置（反転）しており、それをカバーするように、図の中央を交差する図が出来上がる。すなわち、BからCと息子ジェームズと父ラムジーを結ぶ「いたみ」（人間性）のコードがあると想定すれば、いわばその当面の危機を母親（ラムジー夫人）がとりなす場面に続く「いたわり」の軸が交差するかたちで「いやし」をもたらす文脈になっている。かくて、第1章の物語が、雨模様の対話から始まって、ジェームズの心理バランスの危機（いたみ）とそれをとりなす母親の「いたわり」の「いやし」のテーマが浮かび上がってくる。これが通常回路とは異なる、危機に直面してそれを回避する「危機回避」のモード（体験様式）である。それをコード化すると、危機回避コードなる【B×E－C－D】（×は、BとEが「反転」するに伴い「交差」が生起する様を表す）となる。このように、『灯台へ』は、作家自身の危機回避の体験様式が「すじ」となっているとアセスメントできる。この方法により、EG創作体験を経験したF君のSLAを具体的に見ていきたい。

結果と考察：事例研究

【事例1】F君のEG創作体験とアセスメント〔本稿は拙論, 2019, 第6章: 事例pp.131-146〕のその後である。

F君のエンカウンター・グループへの参加の動機

EG前のカウンセリングにより、F君は、引きこもりの状態から積極的に外出するなどかなり変化を見せ始めていたが、この驚くほどの変化に、病院では双極性障害の躁状態と診断、かなりの量の薬物投与がなされた。本人はショックを受け、うつ状態から引きこもりの状態になって、当カウンセリング・ルームを再び訪れた。そこで、EG経験と、2日目の午後のセッションに計画された関心課題別グループにおける創作体験をここに取り上げて、F君のその後について振り返ってみたい。

経　過

まず、EG経験は、F君にとっては最初の経験であり、議題がないことや発言の仕方が自由で、戸惑って沈黙が長くなる傾向があった。そのようなときにF君は、誰かに発言を促すような質問でその場を何とか回避しようとしていた。しかし、少し慣れてくると、このグループは、ある意味で対人関係を築く「実験的な機会」になると理解して、「間」（沈黙）を置くグループの在り方になじんでいく体験のプロセスがあった。そして、F君は、そのなかで経験した対話と沈黙のなかで「意思疎通の深み」を見出し「自分自身の在り方」について考えることができたと後の「自己評価」で書いた。また、それを2日目の創作体験に反映できたと語っていた。

■F君の創作体験の作品

〔第1場面〕息子「父さんが「雨だろう」と言ったから本当に雨になっちゃったじゃないか。ひどいよ。せっかく楽しみにしていたのに」。

夫人「雨が降ったのは仕方ないけれど、ジェームズがかわいそうだったわね。いつか灯台に行けるといいわね」。

夫「……」(別に何も思わず普段と同じ)

その他、画家でラムジー家に出入りしているリリーが風景を描きながら、「真ん中には紫色の三角形を描きいれましょう。」と言い、筆を入れながらラムジー夫人のことを思い描いている。

〔第2場面〕リリー「穏やかな家庭だなあ」。

第2章〔中略〕

第3章「灯台」〔筆者注:10年の歳月が流れ、戦争があり、ラムジー夫人亡き後、家族は灯台に向けてボートに乗り組む〕

やがて、ボートは島につき、父親はジェームズに「よくやった。」とねぎらいのことばをかける。〔中略〕

〔第8場面〕ジェームズ「やっと父さんに認めてもらえた。うれしい。自分にもできるんだ。やった」。

父「幼いと思っていたがジェームズも生育し、たくましくなったなあ。私も年とるはずだなあ」(寂しさとうれしさがいりまじり、それに自分の老いへの自覚と怖れが少々の気持)。

このとき、丘のリリーの絵には中心が入る。

〔第9場面〕リリー「ああ、やっとこの家族は、一人ひとりが自分を持って生きて、それで皆でいられるようになったのだなあ」。

F君の作品のストーリーライン・アセスメント(SLA)

まず、YG性格検査をEG2ヵ月後、2回目の面接時に実施した結果、F君の性格型は、B型であった(詳細は省略)。これは、F君が創作体験後の「自己評価」で述べた、「自分はジェームズである」と述べたことと符牒が合う。もしB型であるとすれば、C型の父親ラムジーと相補関係にあり、F君が創作作品のなかで「父親が主人公です」と述べたこととも符牒が合う。これは、「いたみ」のB-Cストーリーラインと考えられた。一方、F君と母親は、来談時、新築のために一時、仮住まいしている祖母と父親に失望しているみずからの「いたみ」を、カウンセラーに語った。このカウンセリングによるカウンセラーとF君自身のエピソードをD-Eストーリーラインとすれば、これら2つの（B-C、D-E）コードの交差が「いたみといたわり」をめぐるF君の「いやし」の物語であると仮説を立てた。

治療方針と結果と評価

パート1「ねじれと危機回避」

二度目のF君の来談時の様子は、薬の副作用もあり、家族についての見方も悲観的で、抑うつポジションに陥っていると思われるものであった。そのときの「自己評価」によれば、家族像が「分断」されたままであった。創作作品からは、第1章における父親の「無言」はそれを象徴しているようであった。それは、父のわからない態度として本人は「いつもそうだ」と否定的にとらえている沈黙であった。しかし、その意味のヒントを、EGのグループ・セッションの沈黙の場面でF君は見出した。そこで経験学習した沈黙の深い意味から、彼は第3章では、打って変わったように父親の家族への思いやりを表現していたのである。F君が父親を主人公に見立てているのは、父を理解し受け入れようとする態度から来ており、創作体験が父親理解の糸口になることを先験的に示していることがわかるのである。実際、創作作品の終盤の〔第8場面〕では、息子ジェームズが「やっと父さんに認めてもらえた。うれしい。自分にもできるんだ。やった」と思い、父親も「幼いと思っていたがジェームズも生育し、たくましくなったなあ」と親子ともどもに愛しみ合う場面となっている。一方、リリーもホッとして、最後の〔第9場面〕では「ああ、やっとこの家族は、一人ひとりが自分を持って生きて、それで皆でいられるようになったのだなあ」という感慨になって表現されている。これは、EG創作体験によりF君が当時の家族関係の修復の道筋を見通していたことを先験的に物語っていると考えられる。SLAからは、危機回避②から通常回復①に戻るプロセスを暗示する「すじ」であった【表1】。

ケースに見る体験過程の通常コードとねじれコード

〔①通常〕【E（祖母）－B（子）－C（父）－D（母）】

夫婦関係を基礎とする親和的な父子、嫁姑関係

〔②回避〕【B（子）×E（祖母）－C（父）－D（母）】

ねじれに対する自助的な構え：EGと創作体験による学び

〔③介入〕【E（祖母）－B（子）－D（母）×C（父）】

ねじれに対する危機介入的支援：交差的な父子、嫁姑関係

〔④危機〕【E（祖母）＝C（父）｜B（子）＝D（母）】

祖母と父および母と子の共依存関係、交差がない。

（ただし、－親和的、＝共依存的、×交差的、｜遮断的関係）

パート2「危機と介入」

次に、「いたみ」をになうリリー（E型）のポジションが以前のように縁の下の力持ちの役割を果たしていた祖母である場合である。そこでは、【(B←E)／C－D＼E】（ただし、←は、反転：／は、いたみ：＼は、いたわり：―は通常のコードを示す）反転から交差に至る「方程」が成り立つ。この反転と交差はほぼ同時に生起するので、方程式は、自力的な②「危機回避」の図【B×E－C－D】とイコールである。

次に、リリーのポジションに母親がいる場合、負担がかかる事態を母親が引き受けることで、危機がのしかかり、介入が必要となった場合である。当時、新築という家族計画があり、いきおいそれが家計を支える妻の肩にのしかかってくる事態があった。母親がF君に伴って来所したのは、そのようなときであり、自身もクライエントとして相談したいという思いがあった。そのとき、母親は、「薬によらないカウンセリングをお願いします」と付け加えたのが印象的であった。母親は、息子の問題は、心因的なものであり、自分にも関係があることをうすうす察知していたからではなかったかと思われる。

心理・相談・面接

まず、本人とのカウンセリングによると、このときのF君の危機感は、家族の別居は、すべて自分の引きこもりのせいであるというものであった。しかし、実際には、新築のために家族が一時的に別居せざるを得ず引っ越しがあったことをF君は、誇大解釈

していたのであるが、問題は、それが彼の心理的不安定を助長していたことである。事実は、(仕方なく）夫婦一緒ではなく父親と祖母が一緒に同居するかたちで、母親は、引きこもりのF君とアパートの1階と2階で別居していた。それがF君には不安を感じさせるものであり、それは到底受け入れられない事態であった。そこで自分が引きこもったせいでそうなったと思う合理化があり、抑うつ状態になったのではないかと思われた。確かに、目の前でアパートへの引っ越しがあり、父親と祖母がいなくなるとこれまで精神的支えとなっていたものがなくなったと思ってもおかしくなかった。そして、古い母子関係が強化される一方で、F君と母親の方も一室に取り残されて同様であった。そのために、夫婦関係はおろか、B-C父子関係も「いたみ」を伴う危機であったことが察せられた。

F君の引きこもりは、これまで、母と祖母の「いたわり」の構図である「D-E相補関係」により庇護されていた。しかし、引っ越しによる物理的な距離感が広がるにしたがって、相談室に来た時点では、互いに敬遠し合う関係に後退していたと思われた。かくて、家族は、祖母と父親および母と息子の二つの共依存関係が互いに「交差」しにくい、本人が「分断」という言葉で表現したような状況になっていたと推察される。F君の2回目の面接は、まさに、このような危機の場面④と危機介入が必要な場面③で始まったのである。

危機介入とねじれ回復

母親とのカウンセリグの結果、息子の不安の原因には、自分自身の家族のなかの主婦の立場と結婚して以来、長いあいだ休んでいる自身の才能とのあいだに葛藤があることが述べられた。そして、将来家業をまかせられたときに「きっと役に立つ」と思われるプロの職業選択の道を志したい意向が根強くあって、それが暗々裏に働いて家族との折り合いを悪くしているのではないかと話された。そこで、家族が互いにオープンに話し合う機会を母子共々に提案すると、F君がEGを手本に自分たちの将来について話し合う場をつくり家族同志が話し合った。すると、父親がF君に家業の手伝いを頼み、それに手当てをつける提案があった。また、母親が長年こころに温めていた才能発揮の機会が実現した。このように、カウンセリング後は、父子関係が改善し、F君の立ち直りを促すとともに、母親が当面は、家業はそのまま祖母に任せるかたちでプロの道を究めることになったのである。その結果、祖母もこれまでどおり、家族の切り盛りをサポートする一方、両親納得ずくで、母親はプロの道に励み、F君は家業を手伝うかたちで引きこもりからの自立を計り、家族全体が見る見るうちに③から②さらには①の通常のモードに向けて「ねじれ回復」してゆく展開になった。それは、別居が象徴するような2つの母子関係がそれぞれ孤立して「遮断」されている状態から、新築を境にして再び父子関係と嫁姑関係が「交差」し交互作用に発展してゆくプロセスであった。これは、祖母から父親の世代へと主導権がゆずりうけられていくなかで、暗々裏の危機に直面した夫婦は、対話して協力関係へと「ねじれ」を撚り戻してゆくプロセスであった。そして、それは創作作品で述べられてあったように家族全体の自己実現が図れ「一つになる」図であった。SLAからは、これが③のような他力的な危機介入のモードから、②のような自力的なモードに切り替わる「反転」と「交差」の道筋であったと評価できる。かくて、夫婦関係を骨子として成り立つ親和的な家族像が回復するなかで、F君は親の信頼とサポートを得て自立してゆく一方、創作体験でみずから描いた新たな家族像のシナリオから「手がかり」と、その実現に「手ごたえ」を得て、カウンセリングの終結をみずから希望した。これらの一連の回復過程は、④→③→②→①のように進み体験過程が通常コードに収束してゆく「いやし」のプロセスであった。

そこで、創作体験を振り返れば、［第9場面］のリリーのつぶやきは、親子3世代が受け継いできた家業の継続とそれぞれの自己実現の道筋を、創作体験を通してF君が先験的（アポリオリ）に見出したものであると思う。それは、「すじは行為に一致する」という創作体験の奥義を示すだけでなく、そこに3世代を貫く自己実現の「糸」があったことを「追体験」を通して後から（ポステリオリに）わかるのである。このつぶやきこそ、かつて父親が示し、F君がEG創作体験で見出した、「沈黙」に込められたF君なりの答えであった。それは、親子に共通する世代交代の一抹の不安と家族への一途の思いであった。本論では、この自由かつ安全なEGのなかで作られた創作作品が自分たちの将来の見通しを示し、SLAでそれがEG後も実現してゆく様を「ねじれ回復」のプロセスとして詳解し示した〔①〜④〕。

文　献

Kolb, D. (1999) The Kolb Learning Style Inventory, ver.3. HAYGroup.

村田進〔2019〕『いたみといたわりをめぐる人間中心の心理学』コスモス・ライブラリー

八木俊夫〔1889〕『新版 YG テストの実務手引き』日本心理技術研究所

フォーカシング指向グループ・アプローチとグループ事例

伊藤義美　ly: p.8/ 45

ジェンドリン〔1926-2017〕が創始したフォーカシング *Focusing* は、治療・予防・開発にと広く用いられる〔Gendlin, 1978 et.al〕。フォーカシング〔以下Fo〕は、他の方法ともフォーカシング指向というかたちで結びつくことによってその方法の効果を促進できる〔Gendlin, 1996〕。人間関係研究会の1980年代のプログラムにおいてグループ・アプローチへのFoの導入が模索された時期がある。増田實、新田泰生、伊藤義美などによって「Foによるエンカウンター・グループ〔以下EG〕のプロセス促進」や「Foとグループ相互の交流」が数年のあいだ図られた。グループ参加者の体験過程の進展には、生きた他者がそのそばに存在（プレゼンス）し、参加者の内的過程と対人的過程が一体となって連動する動きが必要である。しかし参加者は、ややもすると個人的内的過程（Fo）に力点を置くものと対人的過程（EG）に関心が強いものに分かれがちだった。

学校場面におけるFoは、これまで児童・生徒の個別の心理相談やクラス単位でのメンタルヘルス向上にこころの空間づくり（クリアリング・ア・スペース）を中心に用いられてきている〔伊藤, 1994 et.al〕。児童・生徒のみならず、その保護者に対する心理支援や心理教育的かかわりも重要となってきている。保護者が対象の心理教育は、クラスやグループ状況を利用したものである。これはいわゆる成長志向のグループ・アプローチである。成長志向グループは、さらに非構成的グループ（パーソンセンタードEG）〔伊藤, 2005〕、構成的グループ（構成的グループエンカウンターまたは構成的EG）、ソーシャルスキルトレーニング（教育）、および対人関係ゲームなどに分かれる。構成的グループエンカウンター、ソーシャルスキルトレーニング、対人関係ゲームでは、目的や目標に応じた演習（エクササイズ）を採り入れておこなわれるのが特徴である。

こうしたグループ・アプローチにFo（フェルトセンス／実感を重

フォーカシング p.47,54/118
プロセス
心理・相談・面接
教育・学校・教師
成長
非構成的 p.55,62/163
パーソンセンタード
構成的 p.55,62/75,121

視するアプローチ）を適用するフォーカシング指向グループ・アプローチ *Focusing-Oriented Group Approach: FOGA* によって、構成的グループの効果をさらに向上できると考えられる。非構成的グループ・アプローチ（EG）へのFoの適用は、伊藤〔1999〕によって検討されている。また伊藤〔2002〕では、準構成的グループにおいてエンカウンターのセッションの他にエクササイズのひとつとしてFoを用いている。

本稿では、小学生の保護者を対象に心理教育プログラムを用いておこなわれたフォーカシング指向の構成的グループ・アプローチを紹介し、その効果と問題点を検討する。なお、本フォーカシング指向グループ・アプローチは岐阜県海津市立高須小学校において実施されたもので、同校からは公表の承諾を得ている。

■フォーカシング指向グループ・アプローチの事例

フォーカシング指向グループ・アプローチの実際

小学 4 年生の保護者心理教育プログラムを用いてに実施されたフォーカシング指向のグループ・アプローチ事例を検討する。心理教育プログラムは、フォーカシング指向の構成的グループ・アプローチによって実施された。

家庭・親・子
p.44,86/146

研究協力者: 小学校 PTA 4 年家庭教育学級「お母さんのための『小 4 こころの発達』対応講座」の参加者で、協力が得られた小42クラスの保護者32 名（女性 31 名／男性1名）と家庭教育学級の関係者4名（教員2名／PTA関係者2名）である。保護者は、この直前の時限に 4 年生児童の授業「十年後のぼく、わたしへ」を参観している。授業参観の後に、希望者が保護者向けの家庭教育学級に出席しており、このとき児童は各クラスで正規の授業を受けている。

場所: 小学校のワークスペース（3階）。参加者全員の椅子が用意されている。

講座（心理教育プログラム）の構成: 講話（小4こころの発達）と演習（「子どもの『いいとこ』ビンゴ」）で構成された。講話の後で、4 グループ（1グループは7-8名）に分かれて「子どもの『いいとこ』ビンゴ」がおこなわれる。「子どもの『いいとこ』ビンゴ」は、「いいとこさがし」を筆者が保護者用に改良したものである【図1】。

図1　講座の風景

実施時期と所要時間: 家庭教育学級は、201X年2月上旬の午前10:40-11:30におこなわれ、このうち筆者の担当時間は、午前10:45-11:15であった。所要時間は30分（講話10分と演習20分）である。

用意するもの: 出席者全員分の資料、「子どもの『いいとこ』ビンゴ」カード（A5サイズ）、HBの鉛筆。

講話の概要: 子ども（10歳）のこころの発達段階（10歳の壁、児童期の終わりと思春期の開始）の全体的諸特徴（身体的、感情的、認知的、心理的、対人的、運動能力的特徴）。子どものこころの発達は、親・家族のライフサイクルや発達課題と相互に影響し合う。親が子どもの存在をどのように理解しかかわるか。それを子ども自身が、どのように受けとめるかが重要である。親の理解と対応は子どもとの関係性の発達に影響をあたえ、子どもの成長と自立を育む。また子どもとの相互性は、保護者の親として、大人としての成長発達を育むものとなる。

倫理的配慮: 本プログラムへの参加は保護者の任意であり、いつでも中断することができた。「子どもの『いいこと』ビンゴ」カードは回収しないで持ち帰った。家庭において手続き10をおこなったかどうかも問われなかった。参加者の発言や感想も誰のものか特定化されなかった。

「子どもの『いいとこ』ビンゴ」の実施の手続き

1. 保護者全員が4グループ（7-8人程度）に分かれ、小グループで丸くなって椅子に座る。カード（用紙）を配る【図2】。縦横斜めに子どものいいところの○印が3つそろうとビンゴになる。

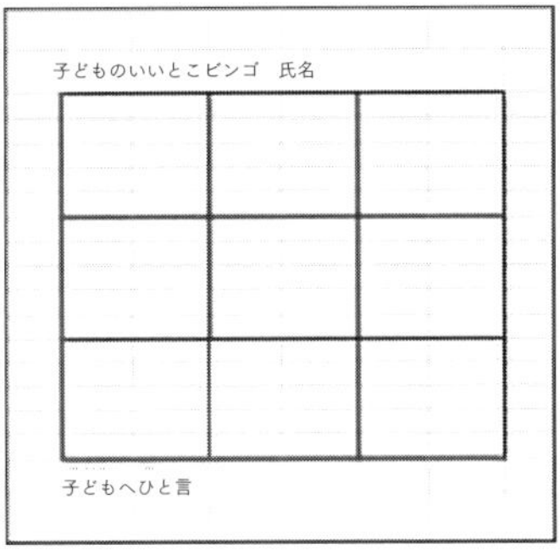

子どものいいとこビンゴ　氏名
子どもへひと言

図2 「子どもの『いいとこ』ビンゴ」カード

2. まず静かにゆったりして、わが子を思い浮かべる。子どもの「いいとこ（ほめてあげたい、長所、誇れる、自慢できる、素晴らしい、評価している、など）」は、どんなところかなと自分のなかで問いかける。しばらく待って、それに応えて浮かんでくるものを9個（3×3）あるワクのどこかに一つずつ書き込んでいく。ビンゴになる並べ方を工夫して書き込む。これを繰り返していく。すべてのワク（9個）が埋まらなくてもよい。事柄と同時にそれについての感じが浮かんでもかまわない。浮かんだら浮かぶままにする。

3. グループごとに並行しておこなう。各グループで決められた人から時計回りに一つずつ書いた「いいとこ」を読み上げていく。「私の子ども○○○（名前）のいいところは、…です」。書かれた事柄の補足説明をしてもよい。

4. 他の参加者は、読まれた「いいとこ」が自分のビンゴカードにあれば手をあげて、その「いいとこ」にマルを付ける。次に読む人は、まだマルが付いていない「いいとこ」を読み上げる。これを順番に繰り返していく。

5. 縦横斜めにマルが3つそろったら「ビンゴ!」となる。「リーチ!」「ビンゴ!」と言う。ビンゴになった人は立ち上がり、小グループの全員で拍手を送る。

6. 全員が読み上げる。まだ発表されていない「いいとこ」がある人が読み上げていく。こうして記入されたすべての「いいとこ」

が読まれて、全員のカードにマルがすべて付くことになる。

7. 自分が書いた「いいとこ」全体をながめて、自分がわが子のいいところと思っているところを確認する。わが子についてどのような感じがするか自分のなかで感じてみる。その感じを表現してみて、しっくりくるか確かめる。しっくりくるまで表現を微妙に変えてみる。

8. やってみての感想を出し合い、グループ全体で話し合う。

9. いま、わが子に伝えたい「いいこと」（ことばや文）を一つ思い浮かべる。その「いいこと」（ことばや文）を子どもに伝える場面を思い描いて、想像のなかで子どもに言って伝えてみる。どのように伝えるといいだろうか。伝えてみるとどのような感じがするか、からだでじっくりと感じてみる。想像のなかでは、子どもはどのように反応するだろうか。

10. 家庭に帰って、その「いいこと」（ことばや文）を子どもに実際に言って伝えてみる。伝えてみると、どのような感じがするだろうか。はたして子どもはどのような反応をするだろうか（この手続き10は家庭での「宿題」となる）。

「子どもの『いいとこ』ビンゴ」の手続きにおいてFoが適用されているところは、次の個所になる。Foのプロセスは手続きすべてにおいて生じていると考えられるが、ここであげる手続きは、Foを学ぶためのステップ1-6が特に関係するところである。

ステップ1「こころの空間づくり」は、手続き2においておこなわれている。ステップ2「フェルトセンス」は、手続き2, 7, 9, 10においておこなわれている。ステップ3「ハンドルをつける（フェルトセンスの表現）」は、手続き2, 7, 9, 10でおこなわれている。ステップ4「共鳴させる」は、手続き7, 9, 10においておこなわれている。ステップ6「受け取る」は、手続き7, 9, 10でおこなわれている。特にフェルトセンス（実感）を深く感じることが重要である。なお、ステップ5「問いかける」は、使われていない。

■ フォーカシング指向グループ・アプローチの検討

保護者参加型のエクササイズとグループ交流

PTA家庭教育学級の“ねらい”としては、「保護者が小学校4年生（10歳）のこころの発達について知り、それに対してどのように対応していくことが大切なのか気づくことができる。また、保護者同士もグループ交流を通して、いっそう顔見知りとなる機会となるようにする」があげられていた。筆者に与えられた時間は30分間であり、さらに「保護者参加型の内容にしていただけると幸いです」と注文がついていた。

保護者参加型のグループ交流が求められているため、講話（10分）と演習（20分）で構成し、演習に参加型の構成的グループ・アプローチを取り入れることにした。さらに参加者の実感を大事にするために、フォーカシング指向（フェルトセンス／実感に深く触れることを重視する）のアプローチにした。

演習（エクササイズ）として、次のものが考えられた。

(1)「子どもの『いいとこ』ビンゴ（子どものいいところ〔特徴、性格、能力、特技、行動〕を9つまであげる）」
(2)「子どもへの手紙　①がんばったことベスト5　②あげたい賞」
(3)「私がしたいことベスト10」
(4)「10年後の私　①10年後の私は　②『10年後の私』からの手紙」
(5)「ありがとうカード（子ども、夫〔妻〕、家族、友人などへ）」

これらのなかから今回のエクササイズとして「子どもの『いいとこ』ビンゴ」（子どものいいところ〔特徴、性格、能力、特技、行動〕を9つまであげる）とにした。このエクササイズをグループでおこなう体験を通して、保護者が子どもの肯定的な側面を発見する、子どもを肯定的にとらえる、子どもに肯定的な態度で接する、子どもの自己肯定感を育む、保護者同士が親密になる、などが期待された。

保護者にとって、エクササイズは1. 個人での取り組み、2. 小グループでの取り組みと交流、および3. 個人での取組という流れになっている。実際にエクササイズは、楽しく比較的スムーズに進行していったことが観察された。

心理教育プログラムの効果

家庭教育学級のねらいは、「保護者が小学校4年生（10歳）のこころの発達について知り、それに対してどのように対応していくことが大切なのか気づくことができる。また、保護者同士もグループ交流を通して、いっそう顔見知りとなる機会となるようにする」であった。

演習をおこなったことによる影響について、参加者の取り組みの観察、参加者の感想（言語報告）、および家庭教育学級の担当教員2名とPTA担当者2名とのふり返りに基づいて検討する。

参加者の感想: 参加者（保護者、担当教員、PTA担当者）の主な感想は、次のものであった。

①わいわいと楽しくできた。②他の人の話を聞いて、わが子のいいところがたくさん見えた。③当たり前になっているところがいいところだと改めて思えた。自分の見方にも気づくところがあった。④他の保護者を知り、保護者が語る子どもを知ることで、より親近感を感じた。

保護者のわが子理解（肯定感、共通性と個性）と自己理解・他者理解: 保護者はわが子の「いいとこ」を意識してふり返り、「いいとこ」を発見している。「いいとこ」とは、「良いところ、ほめてあげたい、素晴らしい、長所、美点、気に入っている、自慢したい、誇れる、ほれ込んでいる、評価している、認めている、など」の特徴、性格、能力、行動である。子どもの肯定的なところである。子どもに対して肯定感を感じることになる。他の保護者がわが子のいいところを話すのを聞いて、わが子のいいところに気づくことができる。他の子どもとの共通しているいいところ（共通性）とわが子に特有ないいところ（個性）があることを理解する。自分のわが子についての理解、そのような見方をしていた自分についての理解を促すことになる。親の子ども理解と親自身の自己理解および両者の関係性理解である。さらには、他の保護者についての理解、その子どもについての理解および両者の関係性の理解を広げることになる。これは他者理解である。ここで他者とは、他の保護者とその子どもおよび両者の関係性である。

保護者間の心的交流（自己開示とふれあいおよび体験の共有）: わが子のいいところを小グループで話す（披露する）ことで、楽しくおこなうことになる。そしてビンゴになるとグループの参加者から拍手してもらえる。子どもがほめられ、さらに子どものことで自分も承認され、ほめられたような気分にさえなって、うれしく感じると思われる。

保護者の子どもへの肯定感維持の影響: 保護者が「子どもへの肯定感」をもってわが子にかかわることが続けば、子どもはそのように親からみられる自分について自己肯定感をもつことができる。自己肯定感をもった子どもは、他児に対して肯定感を感じて接するようになるだろう。重要な他者から肯定的に扱われると、子どもはそのような自分に対して自己肯定感を抱き、さらに他者（児）に肯定感をもつことができるのである〔Rogers, 1951〕。他者からの被肯定感は自己肯定感を育て、さらに他者肯定感を生むのである。こうした好循環が生起し、維持されていくことが重要である。

心理教育プログラムの実施上の問題点

今回の心理教育プログラムの実施上の問題点をあげておく。

(1) 講話の内容とエクササイズ（「子どもの『いいとこ』ビンゴ」）をどのように関連させるか。講話の「小4のこころの発達と保護者の対応」に適合するような集団でおこなう演習（エクササイズ）のメニューを選ばなければならない。適切なエクササイズがないならば、開発しなくてはならない。児童期を終え、思春期に入る子どもの発達段階の特徴を保護者は理解し、対応することが求められる。子どもの理解を深めることが保護者の理解を深めることになる。子どもを肯定的にみることが保護者を肯定的にみることにもなり、子どもの自己肯定感と親としての自己肯定感を育むことになる。したがって子どものいいところを発見・理解するエクササイズを採用することになった。

集団・組織
p.44,51/136,149

(2)「子どもの『いいとこ』ビンゴ」の手続き（手順）を吟味して洗練化していくことが考えられる。特に手続き10を家庭でおこなうかどうかは、保護者に任されている。保護者が手続き10を実際におこなったのか、どのようにおこなったのか、おこなわなかったのか。家庭でのことまではフォローしにくい。手続き10に関して、フィードバックしてもらう場や方法を考える必要があるだろう。

(3) 演習での取り組みや参加者との関わりにおいて参加者が傷つかないようにケアする必要がある。例えば、子どもの「いいとこ」が少ないことを気にしている場合に、誰がその保護者にどのようにかかわるか。スタッフがグループに入っていて対応することも

スタッフ
p.30,52/145

考えられる。

(4) 今回のプログラムは、フォーカシング指向を組み入れた、短時間・単発のグループ・アプローチのかたちでおこなわれた。これは、グループ・アプローチの新しい展開でもある。こうしたアプローチの試みを積み上げるとともに、エクササイズやフォーカシング指向の効果を実証的に測定することが考えられる。さらにフォーカシング指向に注目すれば、Foを適用しない統制群（実感を重視しない群）やグループ体験群（Fo以外の他の方法と組み合わせたグループ群）との比較が必要となるだろう。

■ 今後の課題

小学4年生の保護者を対象にしたフォーカシング指向の構成的グループ・アプローチのグループ事例を報告し、その効果と問題点を検討した。「子どもの『いいとこ』ビンゴ」を用いたフォーカシング指向グループ・アプローチ（FOGA）の有効性が示唆され、その効果とともに問題点が明らかにされた。今後の課題としては、「子どもの『いいとこ』ビンゴ」の実施手続き（手順）の洗練化とともに効果測定の実証的な検討が必要であると考えられる。

付　記

本稿は『人間と環境』No.10〔2019.8〕に掲載された伊藤義美著「フォーカシング指向グループアプローチ (NOGA) を用いた保護者への心理教育プログラム」を加筆・修正したものである。

文　献

Gendlin, E.T.〔1978, 1981〕Focusing (2ed ed.). Bantam Books.『フォーカシング』村山正治・都留春夫・村瀬孝雄訳〔福村出版，1982〕

Gendlin, E.T.〔1996〕Focusing-Oriented Psychotherapy: A manual of the experiential method. The Guilford Press.『フォーカシング指向心理療法：体験過程的方法のマニュアル』(上)(下) 村瀬孝雄・池見陽・日笠摩子監訳〔金剛出版，1998, 1999〕

伊藤義美〔1994〕「ピクス法フォーカシングの小学生への実践的適用」人間性心理学研究，12(2), 86-95

伊藤義美〔1999〕「エンカウンター・グループへのフォーカシングの適用」『パーソ

ンセンタード・アプローチ：21 世紀の人間関係を拓く』伊藤義美・増田 實・野島一彦編〔ナカニシヤ出版〕

伊藤義美〔2002〕「準構成的なグループ・アプローチ」『ヒューマニスティック・グループ・アプローチ』伊藤義美編〔ナカニシヤ出版〕

伊藤義美編〔2005〕『パーソンセンタード・エンカウンターグループ』〔ナカニシヤ出版〕

伊藤義美〔2019〕「フォーカシング指向グループアプローチ (FOGA) を用いた保護者への心理教育プログラム」人間と環境（人間環境大学）10, 1-8Rogers, C.R.〔1951〕Client-centered Therapy; Its current practice, implications, and theory. Houghton-Mifflin.『クライアント中心療法』保坂享・諸富祥彦・末武康弘訳〔2005〕

PCAジャンクション
グループ実践家自身の内省と語りあいの場

髙橋紀子　押江 隆　足立芙美　梅野智美
坂本和久　田畑優介　藤田洋子　鐺水翔太

Tn: p.20,36/ *61*

■ことのはじまり

私たちは、なぜグループをしているのだろうか。

グループをしたいからする、それでいいのだろうか。

この問いは、みずからグループを企画するようになってから、うっすらとこころのなかにある問いだった。その問いの存在に気づきながらも、正面から向き合ってはこなかったように思う。PCAジャンクションは、こうした問いと向かい合う機会としての試みでもあった。

きっかけは、押江の第1回日本人間性心理学会奨励賞〔平成27年度〕受賞に遡る。受賞後、次の年の大会で、押江は受賞記念講演をおこなった。髙橋は当時学会理事をしていた関係で、大会期間中を忙しく過ごしてしまい、この講演を聴けなかった。それがたいへん心残りだったのもあり、後日Skypeで、この受賞記念講演の内容を話してもらったということがあった。

人間性

受賞記念講演で押江は、これまでの人生で体験したこと、そしてその経験からその後の活動や生き方において大切にしていることを話していた。それはとても個人的な事柄で、大勢のなかで話すのはきっと相当な勇気と覚悟がいったであろうと感じるものであった。

講演という一人で話す形式のなかで、これほどまでに場を信じて、自分の体験を自分の言葉で話したことに、髙橋は押江の凄みを感じた。その姿勢は、日頃、飄々とユーモラスな態度を見せつつも、相手のペースや表現を徹底的に尊重する彼の臨床実践に通じるように感じた。

そして私たちは、お互いこういったことを話していないし、聞いてもいないということに気づいた。グループ実践をする人たちは皆何かしらのそれぞれのストーリーがあるだろうと話した。

温泉にでもつかりながらそういう話をしながらグループ実践家で交流をする場を設けることにしようと、髙橋と押江の二名で企画をたてることにした。それが、PCAジャンクションのことのはじまりである。

■「なぜ、そのグループをするのか」についての自己理解、分かち合い

多様なグループが各地で展開されるなか、主催者のそのグループを実践する思いや背景を知る機会は少ない。またグループ実践家自身も、自分の経験と主催するグループとの関連について必ずしも自覚的であるとはいえない。したいからする。それで良いのだろうか。

本稿では、これまでの人生における経験とグループをおこなうきっかけ、そしてグループをするうえで大切にしていることを語りあう「PCAジャンクション」の実践を報告する。この報告を通して、グループ実践家が自身とグループの関係について自己理解を深め、分かち合いの場をもつことの意義を提案したい。

語る・物語
p.66,84/125,147

これまでにも個人が自身のプロセスを原稿などにまとめるものはあった。しかし対話の場を設定し実施するのは初めての試みであろう。そのため、本稿では実施までのプロセスを詳細に紹介することとする。

プロセス

■構　造

参加者の集め方

2泊3日の合宿型形式。参加対象を「パーソンセンタード・アプローチの視点をもちながらグループ・アプローチをやっていこうと思っている人」とした。

パーソンセンタード

日頃Facebookで交流のあるグループ実践家に対しては、企画の段階から主旨を伝え経過を共有するFacebookページを開設し、経

過を共有した。日程や会場が決まった後は、案内フライヤーを作成し、企画者が対象者に個別に直接声をかけた。

そのため参加者は、企画者のうち少なくともどちらか一人とは面識がある者となった。

参加費は、おさえることのできた部屋数に限りがあったこともあり、三段階の価格設定とした。

①セッション室が居室となる人20,000円、②セッション室と居室が別になる人25,000円、③セッション部屋と居室が別になり企画運営する人20,000円。結果的に、①の枠は学生となった。

参加者はスタッフ3名（男性2名／女性1名）、参加者7名（男性3名／女性4名）となった。スタッフは企画者2名（髙橋・押江）と共に、事前準備の打ち合わせや当日の会場設営を一緒におこなった。 スタッフ

オリエンテーション

進め方はオリエンテーションの時間に参加者で集まり話し合った。オリエンテーションのみ会議室でおこなった。オリエンテーションの進行は企画者が担当した。

企画主旨と会場のスケジュールの確認: オリエンテーションでは、まず、企画者が企画主旨と、居室および食事の時間や場所などの会場に関する事務的なアナウンスをおこなった。その後にオリエンテーションで話し合うことを検討した。

参加者の関係性の共有と途中参加者への対応: 参加者の提案で、まず、お互いの関係性を共有することとした。参加者の話を聞きながら、書記的な役割をする参加者1名がホワイトボードにそれを視覚化した。

続いて、遅れて参加する人が入りやすくするためにすると良い工夫について話し合った。途中参加者にとって初対面となる人は誰かを確認すると共に、オリエンテーションの内容を伝える担当を、送迎の車や居室の相手などから確認した。

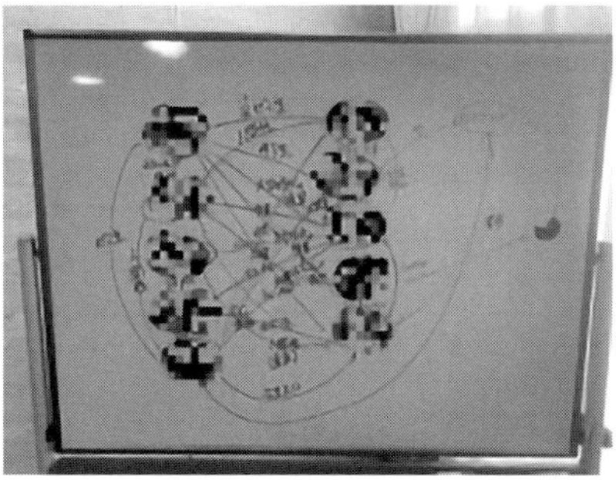

図　参加者の人間関係図

グラウンドルール: 企画主旨の説明の際に、企画者は「エンカウンター・グループをしようとしているのではない」「グループをするわけではない」といった発言をした。

しかしそれぞれの臨床実践や活動地域が異なることから、何が「グループ」で、何が「グループではない」のか、イメージのすり合わせが難しいことが明らかになった。どのような場を作りたいのか話し合うなかで、「徹子の部屋のようなイメージ」という発言があった。

「徹子の部屋」を共通のイメージの起点として、連想的に具体的な場の作り方を共有していった。

聴く・傾聴
p.70,86/118,131

① 全員に対して話すというより、聴き手一人に対して話すようなイメージで、他の人は基本的に話を聞きながら、聞きたいことがあったら聞くというスタンスでいる。

ファシリテート
p.62,83/121,147

② 聴き手はカウンセラーでもファシリテーターでもなく、話す人に関心をもって聞いている人。徹子のように自由に、その人にとって自然な聴き方で聞く。

そのようなイメージで、聴き手役は「徹子」と命名した。

役割分担: セッション毎に、徹子は交代することにした。最初のセッションの話し手は、この企画のはじまりでもある押江が話すことについては企画者同士であらかじめ打ち合わせをしていた。オリエンテーションでは、その後のセッションの話し手をどのようにするかを話し合い、「話さなければいけない」とプレッシャーを受けるような場になるのは避けたいこと、話したいときに話すのが良いこと、無理に話さなくても良いこととした。

プロセス

タイムスケジュールを示す。

表　PCAジャンクションのタイムスケジュール

日　程	時　間	内　容
1日目	16:00	ホテルチェックイン
	16:10-18:00	オリエンテーション
	18:30-	夕食
	20:45-21:45	This is me　#1
	-22:30	休憩
2日目	7:30	朝食
	9:00-11:50	This is me #2
	12:30-	昼食
	14:00-15:20	This is me #3
		休憩
	16:10-18:00	This is me #4
	18:30-	夕食
	20:30-22:30	This is me #5
3日目	7:30-	朝食
	9:00-9:50	クロージング
	10:00	チェックアウト

最終的に全員が自分とグループとの関わりについて話をした。

■ PCAジャンクションを体験して

参加者の語りを通して、グループ実践の背景には個人の経験があり、それがファシリテーションやグループの目的にも深く関連することが明らかになった。

白井〔2016〕は「臨床と人生とはつながっていて、あるセラピストのセラピーを振り返ることはその人の人生を振り返ることに行き着き、人生を考えることはセラピーを考えることに通じる」と述べている。同時に、実践年数に関わらずグループを大切にする共通性と、一人ひとりの個性が際立った。グループ実践家同士が互いを理解し尊重する関係づくりとしての機能も示唆された。

今後の課題としてこのような機会が各参加者のグループ実践に与えた影響を分析するなどして、PCAジャンクションの有効性について検討したい。

文　献

白井祐浩〔2016〕「初学者セラピストのセラピスト・センタード・トレーニングから見えてくるもの」志學館大学大学院心理臨床学研究科紀要, 10, 11-18.

第3章

トレーニングとしてのエンカウンター・グループ

パーソンセンタード・アプローチ・ワークショップ

坂中正義

カウンセラーの態度の育成と
ベーシック・エンカウンター・グループ

山田俊介

パーソンセンタード・アプローチ・ワークショップ

坂中正義

Sm: p.54/ 60

エンカウンター・グループ〔以下EG〕やフォーカシングといったパーソンセンタード・アプローチ〔以下PCA〕に関わるワークショップは、毎年かなりの数、実施されている。いずれも心理臨床家を含む実践者〔以下実践者〕が自己研鑽として参加したり、それらを目指すものが研修として参加することも多い。これらのワークショップのもつ教育機能は従来から指摘されているように豊かである。ただし、これらは実践者の育成を直接ねらったものではない。その射程はもっと広く、また、PCAの実践者の育成を考えた場合、これらのワークショップで十分であるともいえない。

フォーカシング p.54,100/
パーソンセンタード p.54,82/142
ワークショップ p.28,65/156
心理・相談・面接 p.82,96/146
教育・学校・教師 p.67,82/142

このPCAの実践者育成という軸とした体系だったプログラムはそれほど多くなく、また、従来から実践されている育成に焦点をあてた傾聴トレーニングなどを伴う課題もある（このあたりは坂中〔2017〕を参照)。パーソンセンタード・アプローチ・ワークショップ〔以下PCAワークショップ〕とは、私が近年実施しているPCAの実践者育成を軸としたプログラム群をさす。

聴く・傾聴 p.86,113/131,142

坂中〔2017〕では、実践者育成をめぐって、a. PCAの心理臨床家育成という縦軸の設定、b.導入期の学習プログラムの改善・開発、c. スーパービジョン・事例検討会・逐語検討会の事例報告・研究の充実、d. メンテナンスや成長のためのセルフヘルプグループ、e. 心理臨床家育成におけるグループの意義の再評価・再検討、の5つを提言した。そこでは心理臨床家にターゲットをしぼって論じたが、心理臨床家の部分を実践者に置き換えても差し支えない。

成長 p.62,82/153
セルフヘルプ p.44,71/

ここで紹介するプログラム群はこの5つの提言をふまえた展開である。aの軸のなかでb,c,dを具体的にどのように実践している／もしくは実践しようとしているか、都度eについて言及しながら、PCAワークショップの概要を紹介していく。

プロセス
p.64,83/155

■めざす実践家像と学習プロセス

具体的プログラムの概要を述べる前に、いくつかの前提について述べておきたい。

パーソンセンタード・アプローチの実践家像

実践者育成のためのプログラムを考えるには、めざすPCAの実践家像とその学習プロセスについてのある程度のイメージアップが必要であろう。前者については多くのPCA関係者が「自分らしい実践」をあげている。しかし、これではパーソンセンタードのニュアンスが十分に表現できているとはいえない。私は「自分らしいパーソンセンタード（自他尊重）なありよう・実践の探究」と表現している。ワークショップなどでパーソンセンタードを「自他尊重」と表現することも多い。これは私なりのパーソンセンタードの意訳である。パーソンセンタードは人間中心と訳されるが、ニュアンスは人間尊重であり、つい抜けがちな自分も含めたという表現が自他尊重に込められている。ありようと実践を並記したのは分かちがたいものであり、探究とは、この実践家像のありようは動的なプロセスで終わりがないといったニュアンスのためである。

学習プロセス

このような実践家像をイメージしつつ、プログラム構成のためには道のり、すなわち学習プロセスのイメージが必要である。「自分らしいパーソンセンタード（自他尊重）なありよう・実践の探究」という方向性は、はじめからなんの手がかりもなくできるものではない。そこにはいくつかの段階があり、そのなかで徐々に「自分らしい実践」が育まれよう。従来のPCA関係者の主張はめざす実践家像は示すが、そのプロセスを言及しないという弱さを感じていた。坂中〔2017〕では「守破離」という芸能などの学習プロセスを引用しつつ、導入期・発達期・発展期という学習プロセスを想定し、育成の補助線とした。坂中〔2017〕ではそれを学習者側の視点から「まずは体験・学習してみる」「おそるおそるの実践」「実践を積み重ねる」「自分らしい実践の模索」と解説した。

一方で、各学習者においては個別のプロセスがあり、一般的な学習プロセスと個々の学習プロセスにはズレがある。両者の視点から学習者にとってのプログラムの意味を理解してゆく必要があろう。

■基本的な視点

前述のようなめざす実践者像と学習プロセスを意識したPCAワークショップは3つの基本的視点をもっている。

自身との対話の姿勢を涵養する〔坂中, 2017〕

自分らしいパーソンセンタード（自他尊重）なありよう・実践の探究のためには、自身との対話は不可欠である。学習という視点でいえば、理論学習、体験学習、実習・実践といった体験と自身とを対話させ、その意味を問うと言い換えることもできよう。この姿勢は導入期から意識されることが必要である。この姿勢は一朝一夕に身につくものではないこと、理論が全て、自分の体験が全てというドグマチックなありようとはじめから距離をとることが重要とかんがえるからである。ただ、はじめから完璧な姿勢を目指さなくてよい。坂中〔2017〕では「おぼろげながらでも身につける」と表現した。その感覚で試行錯誤すれば対話の質（マナー）も、対話によって得られる学習者なりの理解・意味（コンテント）も深まると考える。その深まりこそ、発達・発展であり、かつそうなるのは学習における実現傾向の発現が期待できるからである。

（正解よりも）余白を大切にする〔坂中, 2019〕

余白とは学習者による展開の余地である。まだみぬ可能性といってもいい。自分らしいパーソンセンタード（自他尊重）なありよう・実践の探究のための余地ともいえる。この余白は、学習がすすめばすすむほど拡がる。逆に初期にはあまり実感できないことも多い。その原因のひとつが正解へのこだわりであろう。正しさには余白がない。だからこそ、特に導入期においては強調したい。

余白を大切にできるのは先述の学習における実現傾向への信頼があればこそである。自身との対話の姿勢によって拡がる可能性といってもよいだろう。そのようなことを強調することによって、一つの解に固執するのではなく、色んな可能性に開かれるようになる。

構成的
p.75,100/163

ファシリテート
p.83,113/147

パーソンセンタードな雰囲気や風土を醸成する〔坂中, 2017〕

EGなどではまさにここがねらわれるものの、構成的なワークや事例検討などでは影になりやすいポイントである。学習は何を学んだか（コンテント）以上にどのように学んだか（マナー）の影響を受けやすい。PCAの学びはここ抜きには語れないだろう。この実現には坂中〔2017〕のe、すなわち学習におけるグループの視点が重要である。おおよそ全ての学習にはグループがついて回る。◯◯会とは◯◯グループと換言可能であろう。EGのような集中的グループ経験のみがグループなのではなく、グループはすべての人のそばにある。そして、会（グループ）の運営にはファシリテーター〔以下Faci〕としての力量が問われるし、このような体験を賦活するような構造化やファシリテーションの工夫が必要である。だからこそ、これらが主題となるEGなどの集中的グループ経験に豊かなヒントがある。

■ 各種プログラムの概要

以上に述べたような視点を重視してPCAワークショップは構成されている。これまで実施してきたものは以下のとおりである。

ベーシック
p.55,82/

1. PCAワークショップ〈ベーシック〉

これは坂中〔2017〕のaに対応したもので、PCA学習の導入という明確な目的をもった構成的な体験学習プログラムである。標準的な日程は2日間連続で、1日目にPCAの基礎としての、自身との対話、実現傾向や体験過程の推進、パーソンセンタード（自他尊重）な態度・ありようなどを体験的に扱い、2日目に1日目に学んだ事をふまえたパーソンセンタード・リスニング〔以下PCL〕にふれ、現時点での自分なりのパーソンセンタード（自他尊重）なありかた・実践を位置づける。具体例は坂中〔2018〕を参考にされたい。ただし、対象や展開によってエクササイズやワークはかなり柔軟に運用される。そのなかで新たなワークも生み出されたり、従来のねらいとは別のねらいで同じワークが利用されたりもする。

いくつか解説を加える。

中核3条件の各条件は、パーソンセンタード（自他尊重）な態度・ありようの見る方向によって浮かび上がってくる像と位置づける〔坂中編, 2017〕。自他尊重の態度やありようは、多少なりとも各学習者自身の体験として持ち合わせている（自他尊重の態度も実現傾向によると考える）。それを育てていくというイメージをもつと、中核三条件がどこか彼岸にあり、あるべきそれにすりあわせる（正解さがし）のではなく、既に体験している自分なりの自他尊重の体験を手がかりとして自身との対話をしながらありようの模索が促される。

中核三条件
p.46,56/158

PCLとは傾聴、もしくはアクティブ・リスニングのことである。あえて、PCLという名称を用いるのは、「傾聴という用語はなじみすぎていて、かつ、誤解、曲解も多いので（初学者向けワークショップでは）あえて別の表現にした方がよい」という髙橋紀子氏のアドバイスを受けたこと、従来の基本的応答の意義は理解しつつもあまりに技法的な印象も強く、もう少し態度・ありようによった視点・関わり〔坂中編, 2017〕を強調したり、各学習者の持ち味を活かした関わりなども大切にしたいというニュアンスをもたせた名称にしたいという思いからである。しかし、そのようなものが本来的には傾聴とも考えているので、ややトリッキーな名称ではある。

初学者向けプログラムでは、前述の「自身との対話の姿勢を涵養する」ということをかなり丁寧に伝えていく必要がある。丁寧に伝えていくというのは、正確・完璧にということではない。「なんとなくこんな感じ」「おぼろげながら」といった感覚の丁寧な理解、そこに信頼をおくことの意味の丁寧な伝達である。なんとなく、おぼろげながらは、「余白を大切にする」といったことにもつながる。

「余白を大切にする」、すなわち、「こうしか考えられない」ではなく「こうも考えられる」を賦活する工夫の一つは「他の学習者との対話」である。ここでのワークの多くは二人組でおこなうことが多いが、小グループで体験のシェアリングも適宜実施している。この体験はいわゆる「色んな意見があるんだな」「色んな人がいるんだな」というところで落ち着く体験以上のものであろう。新たな意見に触発され、自身の新たな見方が育まれたり、意見に納得する・納得せずの体験から、自身の価値の条件に光があたったり、相手の意見を聴くときに自身の聴き方の癖がみえてきたり、同じ見解でもニュアンスの違いを発見したり、などなど。まさに余白を体験できるのがグループであろう。ただし、そのような体験となりうるには、パーソンセンタードな雰囲気や風土と共に体験される必要がある。そもそもPCAを学ぶために参加していること、取り扱うテーマも自他尊重にかかわることという構造が、これらの雰囲気や風土を醸成しやすくする。また、小グループに1名、学習促進者が入り、丁寧な相互作用を見守り、促進するといったことも実施している。全体的な枠組は構成的グループであるが、このフェイズはEGのセッションのようであったりする。

2. PCAワークショップ〈ショート〉

これは、1日や半日、短いものは90分でPCAの体験的学習を提供してほしいというニーズに応じたものである。時間的制約から全てを伝えることはできないため、参加者層を勘案し、都度どのテーマを取り上げるかを考えてきた。この構造では、扱えることはごくわずかで、後は学習者の自身との対話による展開にゆだねることになる。どのプログラムもそういうものであるが、それが如実となるのがこのプログラムである（よって、このプログラムには「はじめの一歩」というタイトルをつけることが多い）。必然的にこちらがPCAの学習で最低限取り扱うこと、伝えたいことは何かを考えさせられることになる。今のところそれは、実現傾向に裏打ちされた自身との対話の重要性、その姿勢と同様の姿勢を他者との対話にも活かす（自他尊重はパラレル）といったあたりと思っている。これがいわゆるパーソンセンタード（自他尊重）な態度・ありようということになろう。この制限あるなかで何ができるかを考えることで、PCAワークショップ自体の意味がより明確になったり、新たなワークが生まれてきたりもした。

3. PCAワークショップ〈ベーシックEG〉

これはEGそのものである。学習プログラムを意識すれば、1で学んだことをふまえつつ、グループでのありようを体験しながら探究するというプログラム化も可能である。その場合、学習の促進だけでなく、通常のEGよりも安全度の高いグループが構成されるメリットはある。しかし、一方で、実践者育成プログラムよりもレンジの広い体験を志向しているEGとは趣の異なる体験になってしまうというデメリットにもなる。今のところ、EG自体の体験をもつことの意義の方が重要と考えて、あえて1への参加を前提としていない。

また、EGは学習プロセスのどの段階で体験しても、何度体験しても、その意義はあると考えており、その意味でも、系統的学びの外においておくことがよいのではないかという感覚をもっている。

4. PCA実践者のためのセルフヘルプ・グループ

これはPCAワークショップと掲げていないが、坂中〔2017〕であげた「メンテナンスや成長のためのセルフヘルプ・グループ」であり、その意味ではPCA実践者育成に関わるプログラムである。

周囲のPCA実践者が月に約1回2時間のセッションをもつ（2020年3月の時点で30回を重ねる）。セッションで話す内容は特に決められていない。継続型のEGともいえる。日々の実践上、抱える問題や各自の課題関心などをシェアすることで、自分らしいパーソンセンタード（自他尊重）なありよう・実践の探究の一助となっている。

学ぶプロセスには仲間が重要である。仲間と定期的に集まり、語る／聴く場としてのグループはグループの意義のひとつともいえよう。

5. PCA実践者のための事例検討会

4のメンバーを軸として事例検討会を年に数回開いている。事例検討会は、ともすれば発表者の傷つき体験となることも多いと

メンバー
p.67,84/142

いわれている。「正解探し」「経験や権威を示したい顕示性」などがその要因といえよう。そうではないパーソンセンタードならではの雰囲気や風土をもつ事例検討会のヒントは、EGにあるのではないかと考え、会を模索してきた。回を重ねるごとに参加者も増え、その意義も共有できつつある。

おそらくこの事例検討会の安全度は、パーソンセンタードというオリエンテーションを共有している仲間を中心に実施していること、安全な事例検討会をもちたいという目的の共有、4のメンバーが中心となっているので、4のなかで培われているパーソンセンタードな雰囲気や風土が前提として事例検討会が展開できる構造になっていること、EGなどのFaci経験がある人がその回のFaciを担当し、Faciは持ち回りで担当すること、事例検討の後に、今回の会についての感想や安全な事例検討会とは何かについて丁寧にシェアしていること、あたりが関わっているのではないかと考えている。

■ PCLワークショップ

以上が現在おこなっているPCAワークショップであるが、1をふまえたPCLワークショップも計画中である。

当初、導入期のワークショップを考えていたとき、1の内容とPCLをあわせて3日間の日程で計画していた。実際にやってみると1の内容だけでかなり濃密な体験とボリュームになり、3日間のプログラムは不適切であろうと判断した。しかし、1で導入にとどめたPCLを中心に体験的に学ぶことは、PCAの導入期の学習としては必要と考え、そこを独立させ計画するに至った。内容としては、1で述べたようなPCAの基本的視点もふまえつつ、2日間、聴き手、語り手の体験を繰り返しもちながら、自分のリスニングの特徴や自分なりのリスニングの模索を試みるというものである。ベーシックである1を前提としているのでアドバンスという位置づけになるが、学習プログラムとしては導入期のものである。

語る・物語
p.84,111/147

ここで、ワーク・エクササイズにおける語り手の体験に焦点をあててみたい。1にもいえることであるが、リスニングを検討するには当然、語り手が必要となる。語るテーマは指定されることが多いが、この語る体験も、学習の大きな意義がある。語ることで自身のさまざまな側面に焦点があたり自己理解がすすむ。また、聴いてもらうという体験がどのようなものであるかも身を以て体験することができる。リスニングトレーニングという枠組のなかで語るということ自体が、パーソンセンタードな雰囲気や風土を体験しやすい構造となっている。まさに教育カウンセリング的効果をもつといえよう。

教育・学校・教師

継続的なPCLワークショップ

リスニングトレーニングは前述のような集中的におこなうだけでなく、継続的におこなうこと、そしてその際には逐語記録を用いた検討も重要な学びとなることもあげておきたい。リスニングの学習は繰り返し繰り返し体験すること（聴き手、語り手、他のペアのやりとりを観察し味わうこと、いずれも）でその意味が深まり、日常の合間にその体験をもつことで、自身の実践に緩やかに波及しやすい。その意味では、継続的なリスニングトレーニングは、1や集中的なリスニングトレーニングは前提としつつも、学習プロセスのそれぞれの段階においても意義のあるプログラムといえる。

日常
p.76,85/142

逐語検討について

逐語検討は事例検討会以上に「傷つき体験」となって、もはや禁忌とされる風潮さえあるが、自身の関わり（リスニング）を検討するための重要な学習プログラムである。この学習は逐語検討会（事例検討会のように参加者全員で提出者の逐語を検討する）にばかり焦点があたるが、その前段階、すなわち録音を聴き、逐語化することに大きな意義がある。録音を行きつ戻りつ聴きながら、やりとりを文字に起こしていくことは、自身の関わりを対象化し、さまざまな可能性に思いを巡らすための有効な学習である。逐語検討の意義は八割はここにあるとさえ思っている。

逐語検討は、自分の担当した事例を用いることもあるが、学習プログラムとしては、上述の様な聴き手、話し手の役割を決め、ロールプレイングしたものを逐語化し検討することが多い。この方法の特徴は、検討の際、その逐語の語り手がそこに存在する点である。これは、語り手にそのときどう感じた・体験したのかをリアルに確認していくことができるというメリットもある。ワークショップという枠組ではないが、私のゼミでは毎回固定したペアでの短時間のリスニングの時間をもち、ある程度の回数実施したのち、逐語記録作成、逐語検討を語り手と聴き手でのみおこなうというワークをおこなっている。固定したペアで繰り返しリスニングの機会をもつことで、ペアの安全感を醸成したうえで、また、都度のふりかえりで思ったこと感じたことを伝えあうという体験をふまえたうえでのペアでの逐語の検討は、傷つき体験を伴わないかたちでの、聴き手の特徴の理解や今後の課題の検討を可能にしている。その内容がラフであったり、ややずれていたりしても（指導者からの都度のだめだしなどがなくても）、同一人物の三年時と四年時の感想などを比較すれば、学習における実現傾向の信頼を高めてくれるようなのびはしっかり感じられる。

全体での検討をもつ逐語検討会であったとしても、継続型のリスニングプログラムのなかに位置づけることや、7名前後のメンバーサイズでの実施により学習促進者がEGのFaciのような役割をとることが可能な構造とすることなど、安全な逐語検討会のもち方の工夫は考えられる。逐語検討は、自身のあり方、相手の理解の可能性を広げる意味で非常に有用で、自分なりのパーソンセンタード（自他尊重）なありようを模索し続けるための有効な学習であり、ワークショップのなかにしっかり位置づけたい。

■おわりに

以上、私が模索してきたPCAの実践者育成を軸としたプログラム群である。これまで発表してきたもの、あまり発表してこなかったもの、プランニングにとどまっているものさまざまであるが、これが現時点での実践の概要である。

ただし、今回は全体像やおおよその内容の紹介にとどまり、個々のプログラムの詳細については紙面の都合上言及できなかった。各プログラムはどのように構成され、学習者はどのような体験をしているのかといった具体的内容について、今後機会があれば報告していきたい。

今回、こうして自身の実践を振り返ってみたこと自体、まさに自身との対話であり、個々の実践を丁寧に言語化し報告、検討していくことの必要性を感じるよい機会となったと思っている。

文献

坂中正義〔2017〕「パーソンセンタード・アプローチの実践家を育てるための視点と提言：心理臨床家に焦点をあてて」南山大学紀要『アカデミア』人文・自然科学編, 14, 65-90

坂中正義〔2018〕「初学者向けパーソンセンタード・アプローチ・ワークショップの試み：自身との対話をベースとした中核３条件と傾聴の体験的理解をめざして」南山大学人間関係研究センター紀要『人間関係研究』17, 24-54

坂中正義〔2019〕「かかわる・つなぐ・ゆだねる：PCA のなす『対話』」『私とパーソンセンタード・アプローチ』飯長喜一郎・園田雅代編〔新曜社〕

坂中正義編著／田村 隆一・松本 剛・岡村達也著〔2017〕『傾聴の心理学：PCA をまなぶ：カウンセリング／フォーカシング／エンカウンター・グループ』〔創元社〕

カウンセラーの態度の育成とベーシック・エンカウンター・グループ

Ys: p./ 64

山田俊介

パーソンセンタード
成長
中核三条件

カウンセリングの学習においては、知識や方法・技術の修得だけでなく、カウンセラーとしての態度を身に付けることがたいへん重要である。特にパーソンセンタード・アプローチにおいては、個人の成長を促進する三つの条件として、一致・純粋性、無条件の積極的関心、共感的理解の態度を挙げている〔Rogers, 1977〕。そして、カウンセリングの体験学習の代表的な方法に、カウンセリング・ロールプレイ、試行カウンセリング、実際のケースの担当とそのスーパービジョンがある。こうした経験を通して、カウンセリングを実践する力を育成しようとしている訳であるが、そのなかで、カウンセラーの態度の修得が進んでいくということはなかなか容易ではないように感じられる。

その背景としては、一つには、クライエントをどのように理解し、どのように対応するかということに重点が行きがちで、カウンセラー側の経験をじっくりと丁寧に見直していく余裕がもちにくいということがあるように思われる。もう一つには、カウンセラーとしての態度は、その人自身の在り方と密接に結びついているため、助言などで簡単に変わるものではないということがあるであろう。

ベーシック

それでは、カウンセラーの態度はどのようにして育成されるのであろうか。筆者自身のことを振り返ってみると、ベーシック・エンカウンター・グループ〔以下BEG〕への参加経験が、現在の私の態度に大きく影響していると感じられる。私は大学二年生のときにBEGに初めて参加して以来、大学院生のとき、その後と継続して参加してきたが、BEGでの経験を抜きにして現在の私を考えることはできない。このように、BEGへの参加はカウンセラーとしての態度を修得するうえで重要な経験となる可能性をもっている。そこで、ここではBEGでの経験がどのようにカウンセラーとしての態度の修得につながるかについて考えてみたい。

■自分の内面の動きを丁寧に感じる

日常生活では、多くの人が忙しい生活に追われて、立ち止まってゆっくりと“自分を感じる”あるいは“自分を振り返る”機会をもつことが難しくなっている場合も少なくない。また、日常生活では、「店員としての自分」「心理学を学ぶ大学生としての自分」「サークルの後輩としての自分」「母親としての自分」など、そのとき自分が置かれている役割・立場を意識して、その役割・立場に従って考えたり、行動したりしている時間・場面が多いのではないであろうか。その際には、役割場・立場上「〜あるべきである」「〜あらねばならない」という意識がはたらいていることもしばしばある。そのような時間・場面を多く過ごすうちに、役割や立場からではない、“生身の”“素の”自分がどのようなことを感じているのか、どのような感情、欲求、願望をもっているかを感じ取ったり、気づくことが難しく・乏しくなっている場合もあるように思われる。 日常

日常の忙しさ、スケジュールの決まった生活、自分の役割や立場などから離れてみたときには、自分はどのようになり、何を感じるのであろうか。普段の生活では気づきにくくなっていたり、尊重できていない、自分の内面の動きを感じる可能性もある。BEGへの参加は、日常生活から離れた時間・場に自分を置いてみることになる。そして、BEGでは基本的には決められたように行動しなければならないということはなく、自分の気持やペースによって動くことが認められている。

したがって、グループへの参加においては、そのときそのときに自分がどのようなことを感じ、どのような気持があり、どうしたいのかということがとても大切になるし、それが問われることにもなる。そのため、グループが進むにつれて、参加者の多くは少しずつ落ち着いてくるとともに、自分の感じていることや気持に目を向けるようになる。さらに、次第に「自分を振り返る・見つめる」あるいは「自分のなかで起こっていることを丁寧に感じ

取ろうとする」といった態度が生まれてくる。このように、BEGでは、自分自身について、ゆっくりとまた丁寧に感じ取ったり、振り返ったりすることができる。

一致
p.46,82/
ロジャーズ
p.62,82/146

この経験は、一致・純粋性の態度を培うことに密接につながる。カール・ロジャーズが「私は、自分が真実でありうるとき、また自分の内面で起こりつつある事柄がどんなものであろうとそれに触れることができるとき、満足を感じることを見出します。自分自身に耳を傾けることが出来たその自分が好きです。ある瞬間に於て、そのとき自分が経験しつつある事を知るのは容易ではありません。けれども、もう何年もその努力を重ねてきて、何か力づけられてきたのを感じるのです」〔Rogers, 1980〕と述べているように、自分の内面で起こりつつあることに耳を傾けようとする経験、努力は、一致・純粋性を育成するうえで不可欠である。

語る・物語
聴く・傾聴
p.113,118/142

■ 他の参加者の語りを聴く

BEGでは他の参加者の語りを聴く機会が数多くある。その際には、聴いているのは自分一人ではないので、自分が中心となって受け応えをする必要は必ずしもない。その点が、カウンセリングを学ぶ者がカウンセリング・ロールプレイや試行カウンセリングでカウンセラーの立場で相手の語りを聴く場合とは、大きく異なる。それらの場合では、自分がクライエントの語りを受け止め応じていく必要があるため、語りを理解し応答することで精一杯という状態になりやすい。そのため、クライエントの語りを聴いて、自分の内面ではどのように感じているのか、何が起こっているのかということに注意を向け、感じ取る余裕はもてないことが多い。これに対して、BEGでは、聴き手は自分一人ではないので、自分の内面に目を向ける余裕をもちやすくなる。このため、他者の語りを聴いて、自分の内面ではどのように感じているのか、何が起こっているのかということにじっくりと注意を向け、丁寧に感じ取っていくことに取り組みやすい。

受容
p.52,82/157

これに取り組むことは、多くの発見や気づきをもたらす。たとえば、無条件の積極的関心や受容が大切であることを知的には理解していても、他者の語りを聴いて、暖かい気持が起こるのではなく、戸惑い、恐れ、怒り、嫌悪感などの気持が起こることがあるかもしれない。あるいは、共感的理解の大切さを知的には知っていても、他者の語りを聴いて、他者の気持に近づこうとする態度が生まれるのではなく、状況把握や事実確認ばかりに注意が向いていたり、自分の視点から評価（「この人の〜点は良いが、〜点は良くない」「この人はきっと〜という性格に違いない」など）や判断（「もっと〜すればよいのに」「そうなっている原因はきっと〜だ」など）をしていることがあるかもしれない。自分が他者の語りを聴いて、どのような気持の動きが起こり、どのような態度が生まれてくるかは、話をしている相手、話の内容や話しぶり（表情や態度）、あるいはそのときの自分の状態によって、変わってくるであろう。自分はどのような相手や話の内容、話しぶりの場合に、どのような気持の動きや態度が生まれやすいであろうか。あるいは、自分がどのような状態の場合に、他者の語りを聴いて、どのような気持の動きや態度が生まれやすいであろうか。このような、自分の特徴、傾向を知ることは、聴き手として成長していくうえで、とても重要である。

共感
p.52,82/156

　これは、ありのままの自分に気づき、ありのままの自分を受け止めたうえで、そこから出発することにつながり、一致・純粋性を大切にすることになる。また、どのような場合に、自分が他者の語りを暖かく受け止めることが難しくなるのか、他者の気持に近づこうとする態度をとりにくくなるのかに気づくことにもなる。無条件の積極的関心や共感的理解という態度をより育てていくうえでの、自分の課題を自覚し向き合うことができる。

■さまざまな関わりに触れる

　BEGのなかである参加者が何らかの語りをおこなえば、他の参加者（メンバーやファシリテーター〔以下Faci〕）はそれに対して何らかの態度を取ったり発言をしたりといった関わりをおこなう。それぞれの参加者の関わり方は、その人の個性が表われており独自なものである。同じ語りを聴いても、どのように感じるか、どこに

メンバー
ファシリテート

目を向けるか、あるいは、どのような態度をとったり発言をするかは、一人ひとり異なっており多様である。BEGでは、このような関わり方の独自性や多様性を実感することが多い。また、どのような関わり方が語り手やその人の語りにどのように影響し、その後の展開がどのようになっていくかという実際の過程に触れることができる。たとえば、関わり方によっては、いつの間にか話の中心が別の参加者に変わっていたり、語りの焦点が不明確になり語り手が「何を伝えたいのかわからなくなった」り、語り手が安心感やわかってもらえている感じがもてず話したい気持が弱くなったりといったことも起こる。一方、関わり方によっては、語り手が安心感をもち、よりこころを開いていったり、自分の気持や伝えたいことがより明確になりさらに深い語りが展開したりといったことも起こる。そのような過程に触れることは、語り手が安心して、自分の内面に触れながら、自分が話したいことを自分のペースで語っていくことができるためには、他の参加者のどのような関わりが重要であり鍵となるのかに、実感をもって気づく機会となることができる。このなかで、一致・純粋性、無条件の積極的関心、共感的理解の態度がどのような意味をもち、どれだけ重要であるのかについても、実感を伴って吟味することができる。

また、BEGで多様な関わり方に触れるなかでは、自分と他の参加者の関わり方（話し手の語りに対してどのように感じ、どこに目を向け、どのような態度を取り、どのような発言をするか）の違いが自然と浮き彫りになる。そこから、自分の関わり方の特徴、独自性に気づくことにつながる。先に触れたように、自分の内面に注意を向け丁寧に感じ取っていくことを通しても、自分の特徴、傾向の気づきにつながるが、それとはまた別の道筋を通して、自分の特徴、独自性に気づかせてくれる。そして、この気づきは、聴き手として成長していくうえでとても重要である。

さらに、他の参加者の関わりに触れて、感銘を受けたり、魅力を感じたりする場合も少なくない。時には、自分もそのような感じ方・受け止め方ができるようになりたい、そのような視点で見ることができるようになりたい、そのような表現ができるようになりたいといったように、自分のモデルとなるような態度や関わり方に出会うこともある。場合によっては、そのようなモデルとなる人と何度かBEGで接するなかで、いつの間にか自分がその人の態度や関わり方を取り入れており、似たような見方や関わり方をしているというようなことも起こる。このように、他の参加者のさまざまな態度や関わり方のなかに、自分がこれから目指したいモデルや方向性を見つけ出す場合もある。ちなみに、ロジャーズは共感的理解について、「共感性は共感的個人から学びとられる」〔Rogers, 1980〕と述べている。

■ 他の参加者の大切な経験やありのままの気持に触れる

日常生活においては、その人が現在どのようなことを感じ考えながら生活し生きているかといったことを、家族やごく親しい友人など以外から聴く機会はかなり少ない。BEGでは、その参加者の大切な経験、現在真剣に考えたり悩んだりしていること、あるいはグループのなかでの今のありのままの気持などが語られることが多くある。それを通して、他の参加者の人生の重要な一端に触れたり、その人のありのままの姿に接したりすることは、たいへん貴重な経験といえる。そのなかではさまざまなことが感じられる。たとえば、今のありのままの気持に触れ、「話を聴く前と印象が大きく変わった」り、大切な経験を聴き、「苦しい経験をされながらも本当に精一杯生きてこられたことを強く感じた」りする場合もある。また、「自分はこれまで人を表面的に見ていた。今回、人間は奥が深いものだと感じた」、「人が生きていく上で、何が大切かを考えさせられた」といったように、人間や人生に対する自分の見方・とらえ方が見直される場合もある。これらの例のように、その参加者の大切な経験やありのままの気持を聴くことは、その人に対する見方・感じ方、あるいは人間や人生に対する見方・とらえ方を見つめ直し、深めていくことにつながる場合も多い。さらに、こうした経験を積み重ねることを通して、相手の人柄や内面を外面的・表面的な特徴から決めつけたり判断したりすることが少なくなる、相手の言動を外側から判断・評価するのではなくまずはその人自身の気持や感じ方に目を向けるようになる、相手の現在の状態をこれまでの人生のプロセスのなかで理解しようと

プロセス

するようになるといった変化が生じてくることもある。そして、見方・とらえ方がそのように変化することは、無条件の積極的関心や共感的理解の態度を促進すると考えられる。このように、人間や人生に対する見方・とらえ方を見つめ直し深めていくことは、カウンセラーとしての態度にも影響を与える。

■自身について語る

BEGのなかで、普段から悩んだり考えたりしていることや、他の参加者の話に触発されて思い浮かんだこと、あるいは、グループのなかで今自分が感じていることなどについて話してみたい伝えたいという気持になることがある。こうしたときにも、一方では、自分の話が他の参加者にどのように受け止められるだろうか、このタイミングで自分の話をしても他の参加者の邪魔にはならないだろうかといった不安が起こり、話すことをためらったり迷ったりする場合もある。このように、自分自身について率直に語ることや、自分の今の気持を素直に開示することには、勇気が必要なことも多い。また、語り始めても、言いたいことがうまく言葉にならなかったり、他の参加者にちゃんと伝わっているか心配になる場合もある。そして、自分が話を進めていくと、他の参加者からさまざまな関わりが自分に向けられてくる。この関わりは、自分のそのときの気持の動きに大きく影響し、自分の語りにも影響を与える。たとえば、関わり方によっては、戸惑いを感じ次第に自分の伝えたいことが自分でもわからなくなっていったり、批判されているように感じ防衛的な気持になり自分の話を早く終えたくなったりというようなことも起こる。一方、関わり方によっては、わかってもらえていると感じ、より深い気持を伝えたくなったり、暖かく受け止められていると感じ受け入れてもらえた安心感や喜びを感じるといったことも起こる。以上のように、語り手の立場でさまざまな気持の動きを実際に経験し、実感することはとても重要な経験であり、語り手の気持の動きにより敏感になれることにつながる。また、他の人のどのような関わりが語り手にとって支えや助けとなり安心感や語りの促進につながるのか、逆にどのような関わりが戸惑いや脅威となり、不安感や抵抗感を引き起こし語りを困難にすることにつながるのかを、語り手の立場で実感をもって気づくことが可能となる。そのなかで、一致・純粋性、無条件の積極的関心、共感的理解の態度のもつ意味や重要性をはっきりと感じることも多い。

■他の参加者やグループに対する感じ方や気持の変化

BEGに参加して他の参加者と出会った時点から、それぞれの参加者に対して何らかの印象や気持が生まれる。そして、グループが進むなかで、それぞれの参加者の語り、表情、姿勢や仕草、自分や他の参加者に対する態度、グループに参加する姿勢などに接することになる。それに伴って、それぞれの参加者に対する見方、感じ方、気持は変化する。グループが終わる頃には、「初めははっきりした気が強い人だと思っていたが、次第に傷つきやすく繊細な人だと感じるようになった」「堅そうで近づきにくく感じていたが、やさしく面白いところもあり、親しく話せるようになった」など、初めの頃の感じ方とは大きく変わる場合も少なくない。このようにBEGでは、多くの場合、数日間のうちに他の参加者に対する見方、感じ方、気持が明確に変化していくことが経験される。これは、日常生活ではなかなか経験しがたい。また、BEGではグループが進むにつれて、グループの雰囲気、居心地、話される内容などが大きく変化していく。初めの頃は、参加者どうしのつながりは弱く、警戒心や緊張感が生じやすく、落ち着きにくいことが多い。時間が経つにつれて、多くのグループでは、次第に安心感が増し緊張がほぐれ、参加者どうしの親密感も強くなり、落ち着いてのびのびといられるようになってくる。グループの終盤には、それぞれの参加者の持ち味・個性が発揮されながらも、グループ全体としてのつながり・まとまりが生まれ、一人ひとりの参加者がグループにとってかけがえのない存在に感じられ、とても安心できる暖かい場となる場合も少なくない。「初めの頃とはグループの雰囲気が全然違い、とてもリラックスして安心していられる」「参加者どうしの距離がずいぶん小さくなり、近い存在に感じ

集団・組織
p.51,107/149

られるようになった」など、集団が数日間のうちにダイナミックに変化していくという経験は、日常生活においてはなかなか無く、とても新鮮で印象深い経験である。また、「それぞれの人が自分らしさを尊重しながら、同時にお互いを尊重することができており、温かいつながりが存在している」というような人間関係、集団の在り方があり得ることを経験することは、多くの人にとっては大きな発見であろう。さらに、グループの安心感、親密感が高まっていった場合には、それぞれの参加者に対して、肯定的な感じ方が強まり、一人ひとりがとても大切な存在として感じられるようになる場合が多くある。このような経験は、人間に対する信頼感や肯定的な見方・感じ方を高め、無条件の積極的関心の態度を促進することにつながる。ただし、BEGでは常にグループの安心感、親密感が高まっていくというわけではない。グループによっては、参加者が互いに分かり合い、尊重し合うことの難しさを感じながら終了する場合もある。こうした場合であっても、どのようなことから分かり合い、尊重し合うことが難しくなったのか、よりわかり合い、尊重し合えるようになるためには何ができたのかを丁寧に振り返ることから、大切な気づきや学びをもたらしてくれることも多い。

■自分らしい態度、関わり方を模索する

BEGに参加する動機、目的は本当にさまざまであるが、そのなかには、自分としてのテーマ、課題を意識して参加する場合もある。たとえば、「もっと人の気持をわかれるようになりたいので、このグループでは他の参加者の気持に近づけるように集中していきたい」「普段は周りに合わせて行動してしまうことが多いが、もっと自分らしさを大切にしたいと思うようになり、このグループでは自分の気持やペースを大切にしていきたい」「身近な人には自分の本音は言いにくいが、このグループでは自分の感じたことをできるだけ率直に表現していきたい」などである。このように、BEGにおいては、自分の課題に取り組んだり、自分の新しい可能性を試すこともできる。カウンセリングを学ぶ者が試行カウンセ

リングや実際のケース担当の場で、新しい可能性を試してみること（たとえば、クライエントに対して自分の率直な気持を伝えてみたい、あるいは、もっとありのままの自分として関わっていきたいなど）は、クライエントの福祉・利益が最優先であることから、慎重にならざるをえない。それに対して、BEGの場はメンバーは援助者として参加しているわけではないこと、また、参加者どうしの関わり合いにFaciからの支援が期待されることから、挑戦すること、試みにやってみることが比較的おこないやすい場である。もちろん、このような取り組みをおこなってみて、自分が期待していたようには展開しない場合もあるであろう。たとえば、自分の気持や感じたことをできるだけ率直に表現してみようと取り組んでみたが、相手が戸惑いや脅威を感じてしまうというような状況も起こるかもしれない。こうした場合には、表現したことそのものが望ましくなかったのか、それとも表現のタイミングあるいは表現の仕方が適していなかったのかなどを吟味することが大切になる。このように、課題や新しい可能性への取り組みをおこなってみて、その結果を吟味し、自分の行動を見直し修正を加えながら、再び取り組んでみるという試行錯誤を重ねることがたいへん重要である。しばらくのあいだ（場合によっては、一回のBEGのなかだけではなく、何度かBEGに参加し）、試行錯誤を続けることによって、自分にぴったりときて、納得のできる態度や関わり方が次第に育成されていくと考えられる。

■おわりに

これまでみてきたように、BEGにおいては、カウンセラーとしての態度について、気づきを得たり、吸収したり、吟味したり、試行錯誤したり、練磨したりする経験をすることが可能である。ただし、BEGで実際に話される内容、雰囲気、展開の仕方などはそれぞれのグループによって異なり、まさに一回限りのものである。また、グループごとの違いだけでなく、同じグループに参加した参加者一人ひとりによっても、どのような経験となるかはかなり異なる。個人ごとの違いは、その参加者がどのような気持で参加し、グループでどのように在り、動いたかということが大きく関係する。このように、BEGは参加しさえすれば、それだけで一律に良い経験が得られるというような性質の場ではない。逆に言えば、BEGは自分次第でさまざまな参加の仕方が可能であり、それによってさまざまな経験が生まれる可能性がある。カウンセラーとしての態度を培う場としても、ぜひBEGを活用していただきたい。

文 献

Rogers,C.R.〔1977〕Carl Rogers on Personal Power: Inner Strength and Its Revolutionary Impact. Delacorte Press.『人間の潜在力 : 個人尊重のアプローチ』畠瀬稔・畠瀬直子訳〔創元社, 1980〕

Rogers,C.R.〔1980〕A Way of Being. Houghton Mifflin.『人間尊重の心理学 : わが人生と思想を語る』畠瀬直子監訳〔創元社, 1984〕

第4章

現代社会とエンカウンター・グループ

通いのエンカウンター・グループの現代的意義

大築明生

エンカウンター・グループは暴力を乗り越えられるのか

水野行範

これからの時代の個と集団の関係とは

本山智敬

通いのエンカウンター・グループの現代的意義

大築明生

Oa: p./ 59

日本に導入されて以来50年にわたり全国で実践されてきたエンカウンター・グループ〔以下EG〕だが、現代社会ではEGのエッセンス（大切にしていること）が軽視され、人びとは生きづらさを感じている。私たちが現代社会を安心して生きる上で、EGのエッセンスを日常に生かすことが大切だと筆者は感じており、本稿では、そのための工夫である「通いのEG」について述べてみたい。

社会・地域 p.18,28/166
日常 p.85,126/
通い・日帰り p.30,75/

EGのエッセンス

EGは対話のグループであり、その対話のエッセンスは次のようなものだと考えている。またそれは、パーソンセンタード・アプローチ〔以下PCA〕の基本姿勢でもある。

パーソンセンタード p.82,118/

① お互いを尊重する雰囲気
② メンバーの発言に真剣に耳を傾ける姿勢
③ 話されたこと・起きている事態の意味・自分の感情などをていねいに味わえる時間的余裕
④「何か大事な意味」を共に見つけようとする仲間意識

メンバー 84,124/

①は、お互いを「自分らしく生きようとする内的な力と願いをもつ存在」として敬意を払う雰囲気である。それはグループでの対話を通して醸成されるものであり、メンバーには柔らかく温かなものとして感じられる。一方現代社会は、経済的成果をどれだけ生み出すかで人を評価しがちであり、教育現場でも職場でも、人を個人として尊重するまなざしが希薄になっている。

教育・学校・教師 p.82,118/
産業・職場 p.44,88/158
聴く・傾聴 p.118,131/

②は、①を醸成するための方法ともいえるが、話を真剣に聴き理解しようとする姿勢自体が、相手を尊重しようとする行為である。真剣に話を聴いてもらえた人は、自分を大切にされたと感じ、自分が存在し生きることに深い安心感を覚える。一方、現代社会では、生の対話が減り、話を聴き相手の事情や気持を理解するこ

とより、急いで結論を出すことや議論して勝つことが求められる。

③は、「休まず効率を上げ、早く成果を出す」ことを求める現代社会では考慮されない。例えば働く人のうつが深刻化しているが、うつになるにはその事情と思いがある。しかしそれを理解しようとはせず、「症状をなくす」ことのみが求められる。でも服薬や休職だけではこころは容易には回復しない。一方カウンセリングで症状や事態の意味を本人と一緒に考えていくと、「症状は命を守ろうとする大切なサイン」と感じられ、本人は「これからどうすれば安心して生きていけるか」を考え始める。このように「安心して生きる」ためには、事態の意味や自分の気持をていねいに味わうための時間が必要なのである。

④は、筆者が「グループの力」を感じる点である。一対一の関係を超えたグループでの多声的な対話（議論ではない）をていねいに重ねると、初めは見えなかった事態の意味や問題への対処方法などが見えてくる。それは、問題を背負う本人だけでなく、対話に加わったメンバーにも深い喜びになる。これは「オープンダイアローグ」でも強調されたが、実はEGが一貫して大切にしてきたものと言えよう。一方、現代社会は成果主義を強要しお互いを競争相手にすることで、問題や困難に対して共に考える人間関係を壊してきた。

以上のようにEGのエッセンスは、現代社会で生きづらさを抱える多くの人にとって、安心を取り戻すための力となると思う。

EGの形態の変化と内容への批判

前述したエッセンスを有するEGは、実施形態としては、3泊4日や4泊5日という宿泊形式が長いあいだ主流だった。それは、対話を通して自己理解・他者理解が深まるためには、一定の長い時間・日数を共に過ごす凝縮された体験が必要と考えられていたからだと思う。しかし2010年頃から宿泊型EGへの参加者が徐々に減りだし、以前は「10人近くいないとグループ・ダイナミックスは生じない」と言われていたが、参加者が5-6人（時には4人）でも実施するようになった。また3泊4日が無理な人が増え、以前は「不十分な長さ」と言われた2泊3日のEGが増えた。しかし実際にやってみると決してダメではなく、短期間でも少人数でもそれなりの貴重なグループ体験ができることがわかってきた。

またEGは当初は自由な雰囲気だったと思うが、長い年月のうちに、「EGはこうあるべきだ」とパターン化する傾向も生じた。例えば「沈黙に耐えなければダメだ」とか、「涙が出るほどの感動場面がなければEGではない」などと、強い思い込みをもつEG経験者が出てきた。そうした人が影響力をもつと、EGが「沈黙の我慢比べ」になったり、参加者が（勇気をもって）話した日常的な話題を「表面的な話だ」と軽んじられることも生じた。こうした教条的とも言えるEGでは、自由な雰囲気は失われ、参加者から「苦しい沈黙があるだけで何も得られなかった」という声すら聞こえた。

PCAの理念に共感した人びとに支えられ全国に広まったEGだが、前述した宿泊型EGへの参加者の減少や、教条化（硬直化）したEGへの批判などにより、さまざまな面で変革を求められたと言えるだろう。

EG参加者を取り巻く社会的状況の変化

前述した状況は、社会の変化と無関係ではないだろう。東西の冷戦が終焉した1990年代以降、世界を席巻したのは米国主導の新自由主義（グローバリゼーション）であった。新自由主義の市場原理・競争至上主義・効率化・成果主義が主力になった社会では、貧富の格差拡大と貧困層の増加、長時間労働やパワハラなどの労働環境の悪化、不安定な非正規労働者の激増、疲弊した労働者のうつや過労自殺などが深刻な社会的問題になってきた。こうしたなかで、仕事で疲れ切り休日も満足に保証されず経済的な余裕も奪われた人たちには、宿泊型EGへの参加は厳しくなったと思う。

一方で、新しいニーズを掘り起こすためのさまざまなEGが工夫され始めた〔本書第Ⅱ部参照〕。そうした取り組みを通して、一定の枠組（グループの進め方やテーマを決める、過ごし方を工夫するなど）を導入することで、参加者に安全感や充実感をもたらすこともわかってきた。これは、行き詰まりも見えたEGの中身をよく吟味し、本来めざしていた自由な発想のEGを模索し、EGのエッセンスを多様なかたちで現代社会に取り入れる試みだった。だから宿泊型EGへの参加者減少は、EGのエッセンスのニーズの減少ではなく、現代社会に合ったEGの形態が求められていると理解すべきだと思う。

EGのエッセンスが、人びとが安心して生きるために役立つならば、なるべく多くの人が参加できる方法を考えるべきだろう。その意味で「通いのEG」を、現代社会で実施しやすくかつ宿泊型に劣らない内実をもつEGとして紹介したい。

■通いのEGの特徴

通いのEGの特徴について、宿泊型EGと比べて説明する。

・**参加者**：宿泊型EGも通いのEGも、決まったメンバーでおこなうクローズド・グループであり、セッション（話し合いの時間）ごとに自由に参加者が出入りするオープン・グループではない。ただしこれは私が実践している通いのEGであり、研究会の他のスタッフが実施しているオープン型のEGは、それぞれ独自の意味とニーズがある。

スタッフ
p.52,107/

・**参加形態**：宿泊型EGは、プログラムの期間中参加者が宿泊生活を共にするが、通いのEGは宿泊をしない。共に時間を過ごすのは、その話し合いのセッションだけである。そして定期的（毎月1回など）に開催されるセッションに、文字どおり「通ってくる」。セッションの回数は、あらかじめ決めている場合と決めてない場合がある。

宿泊型EGは、「日常生活→EGでの宿泊生活→日常生活」というパターンだが、通いのEGは、「日常生活→EG（宿泊なし）→日常生活→EG（宿泊なし）→日常生活」のパターンである。つまり宿泊型EGでは、日常生活とEGがはっきりと区別されているが、通いのEGでは、日常生活の一部としてEGがある。

通いのEGの利点と意味

宿泊しないので仕事や家庭を長く空けられない人も参加しやすいし、宿泊代がないので経済的に余裕がない人には助かる。

また、宿泊型EGのように集中的に連続したセッションはもてないが、それが逆に通いのEGのメリットにもなる。例えば毎月

1回のEGでは、1ヵ月間、前回のセッションで話したことや聴いたことを反芻し味わい、日常生活で新たな体験もして再び参加する。日常生活の感覚から離れず、定期的に自分を見つめ他者の生きる世界に耳を傾ける時間と場所をもつのである。そしてメンバーが固定しているために、セッションごとに対話や関係性を重ねることができ、その場に自分が存在し語ることへの安心感が育ち、グループとしての相互理解・仲間意識が醸成される。

こうした通いのEGは、定期的なカウンセリングに似ている。1ヵ月ごとにカウンセリングに通い、その間の職場や家庭など日常生活での体験や気持を話し、その体験の意味を、カウンセラーと共に見つめ味わう。筆者は、クライエントが「人生の主人公としての自分」(カウンセラーに指導される自分ではなく)を感じるためには、みずからの責任と力で生きる日常生活の時間と体験が必要だと思う。またそのようにクライエントと付き合うと、カール・ロジャーズの言う「誰もが自分らしく生きようとする内的な力を有している」ことを実感する。通いのEGは、カウンセリングに近いことを、カウンセラーとではなくEGのメンバーとの対話を通しておこなっているように思う。

家庭・親・子
p.86,101/

ロジャーズ
p.82,131/

■通いのEGの実際

通いのEGの実例として、私が所属している(公財)茨城カウンセリングセンターのプログラムを紹介したい。

茨城カウンセリングセンター〔以下、当センター〕は1996年に、茨城県と県内の産業界が協力して、働く人と家族のこころの問題を取り扱う公益的な機関として設立された。主な活動は、県民を対象としたカウンセリング(面接相談)やカウンセリング講座、職場や地域でのメンタルヘルスの研修・講演などである。面接相談は年間約2000回おこない、県内50以上の企業や自治体とカウンセリング契約を結んでいる。また前身の組織から40年続くカウンセリング講座には毎年150人を超える人が参加し、人生へのまなざしや生きる安心を学ぼうという意識が高い。こうした活動を通して当センターは、こころの相談機関・教育機関として地域の人びとの

心理・相談・面接
p.96,118/

信頼を得てきたと思う。本稿で紹介する「通いのEG」は、当センターのカウンセリング講座・体験学習コースとしておこなわれており、その特徴を述べる。

・**参加者**：カウンセリング入門コース（基礎コース）を修了した人が募集対象であり、傾聴の大切さを学んだ方々である。参加人数は12名以内であり、何年も講座に在籍している人も少なくない。

・**EGの回数・頻度**：このEGは、毎年秋から月1回土曜日の午後2-4時の2時間、合計10回おこなわれる。会場は、当センターがある茨城県産業会館というビルの会議室である。ファシリテーター〔以下Faci〕は2名で、筆者と当センターのカウンセラーである。

ファシリテート

EGの進め方

2時間を前半と後半（休憩をはさみそれぞれ約50分）に分け、あらかじめ担当に決まっている参加者が話題提供をして始まる。提供する話題は、日ごろ感じていること、気になっていることなど自由である。担当者の話題提供を受け、あとはFaciも含めた参加者全体で自由に話し合う。これ以降は通常のEGと同じ展開となる。そして終了時間が来るとFaciが促し、話題提供者が感想を述べる。これが1クールである。

宿泊型EGのセッションでは話題提供者を決めずに自然の流れで話し合いが始まるが、通いのEGでは、話題提供者を決めておき、参加者は必ず1回は担当する。その理由は、参加者が平等にセッションの主人公になる機会を保証することにある。普段はあまり発言しない参加者も、自分が話題提供者になると生き生きと自分の世界を語り、他の参加者からの積極的な応答（質問や感想など）があると、とてもうれしいようだ。これは、自分が周りに大切にされている感覚だと思う。宿泊型EGでは、主人公の交代（皆にスポットライトが当たる）が比較的生じやすいが、通いのEGはセッションの間隔が長いため構造的な配慮が必要だと思う。

語る・物語
p.111,125/

セッションを重ねるごとに参加者同士の親密度が増し、安心感や仲間意識が育っていくのが感じられる。これは、参加者が固定しているクローズドなグループゆえのメリットであろう。また、そうした温かな雰囲気は、仕事や家庭の事情、体調などで欠席する参加者を気遣う関係にもなっていく。

参加者の感想

はじめは緊張していた参加者も、次第にEGがお互いを大切にする場であると感じられ、安心感を抱くようである。その安心感とは、自分の思いを話したときメンバーがちゃんと聴いて受け止めてくれるという安心感であり、またそれぞれの違いを大切にする雰囲気による「自分は自分でよい」という安心感であるようだ。

何人かの感想を紹介すると、「ここでは急かされずにゆっくりと自分の感情を味わうことができる」、「1ヵ月に1回、日常生活で背負う重さを下ろす場があることがうれしい」、「普段はなかなか言えないことを、秘密を守るEGはで安心して話すことができる」、「いろんな人から応答をもらうことで、問題や生き方について、以前とは違う見方ができるようになる」などがある。

グループを継続する過程では、さまざまな葛藤が生じることもある。またEGのあり方に違和感をもつ人や、自分の気持を正直に表現しにくいと感じる人も出てくる。そういうとき、Faciが何とかしようとするのではなく、参加者の思いに他の参加者が耳を傾け、みんなで一緒に考え、各々が自分の思いを表明するのが大切だと思う。またそういうことができるのも、対話をていねいに重ねてきたグループの力だと感じる。

当センターでは、これまで「夢をテーマとしたEG」〔日本人間性心理学会第35回大会口頭発表〕を通算6年、「通いのEG」を2年おこなってきた。そして改めて感じるのは、筆者も含めて多くの人が、安心して自分を話し他者と交流できる場を日常生活のなかに求めているということである。

人間性
p.62,92/

■これからの通いのEGの可能性

通いのEGは、EGのエッセンスを日常生活のなかで生かせるものであり、さまざまな場で応用できると筆者は考えている。

コミュニティ（地域）でのEG

コミュニティ
p.32,75/

当センターでおこなっているような地域の人びとを対象にした

通いのEGであり、その地域で社会的信頼を得ている組織が主催・運営することが、参加者の安全を守ることにつながる。また参加者は年齢、生活領域、EGの経験もさまざまなので、経験をもつスタッフがFaciとして役割を果たすべきだと思う。

開催案内や参加者募集にあたっては、EGの安全な運営や参加者の安全を考慮して、参加条件を考えるべきだと思う。またEGの参加者数、開催の頻度、セッションの時間、回数などもコミュニティのニーズを見極める必要があり、グループの熟成や安全性を考えると参加形態はクローズドが基本であろう。話題提供者を順番にするとか、EGのテーマ（子育て、生きがい、夢など）をあらかじめ決めておくなど、枠組も考慮すべきである。

職場でのEG

職場で何か問題が生じたときは「対策会議」が開かれるが、会議は「〜であるべき、〜すべき」という正論が主導権をもつ傾向にある。そのため、話し合いが対話ではなく議論（討論）になり、正論では括れない参加者の微妙な気持が表明しづらくなる。そして釈然としない人が少なくないなかで「結論」が決まるときもあり、これでは本当の意味で問題解決や職場改善にならないだろう。

こうした場合、EGのような対話を取り入れると相互理解を深める対話ができると思う。「〜の問題をどう解決すべきか」の前に、当事者や関係者が「どういう思いだったのか、どんな事情があったのか」を安心して話せるようになれば、当初はわからなかった事態の意味も、問題への対応の方向もおのずと見えてくるだろう。当センターの初代理事長の大須賀発蔵氏は「一人ひとりの違いを大切にしたとき、みんなのこころは一つになる」と言ったが、会議ではなくお互いの思いを聴き合う対話が組織のまとまりを作っていくと思う。

集団・組織
p.107,136/

職場でのEGは、職場で自殺者が出たなどの事態に対する危機対応としても役に立つ。以前ある福祉施設の入所者（利用者）が自殺したことで、職員に苦しみ・動揺・混乱が生じ、業務にも支障が出始めた。それを心配した施設責任者の依頼で、筆者が職員のこころのサポートを目的とする話し合いグループを設けた〔日本人間性心理学会第36回大会で発表〕。

福祉・養護
p.33,137/

自殺の1ヵ月後に関係する職員（12人）に集まってもらい、EGのように輪になって座ってもらった。初めに「遺された人のこころの回復」というミニ講話をした後、「今の気持をお互いに分かち合ってみましょう」と呼びかけ、①自殺が生じたときの気持、②それについての今の気持を、座った順番に話してもらった。その際、仲間の話を真剣に聴く、発言の中身を批判しない、発言の秘密を守ることをお願いした。グループが始まると、全員が自分の気持やそのときの行動の意味を率直に話し、他の参加者も真剣に聴いた。一通り参加者の話が終わった後、仲間の話を聴いた今の気持をもう一度順番に話してもらった。参加者は、「自分の思いを正直に話せ、それを他の人に真剣に聴いてもらいうれしかった」「まだ事件のことはこころに重く残っているが、今までよりは少し安心して働けると思う」などと発言した。この対話のグループの後、職員の相互理解が深まり、業務も徐々に正常化したということであった。これは私にとって、EGが有する相互支援の力を確信させてもらった出来事であった。つまり「EGは困ったときに役に立つ」と。

そして問題が生じたときだけでなく、通いのEGのように、定期的に職場でEGを開催して、お互いのこころの交流の場を設けることができれば、多くの人が相互理解を深め安心して働けるようになると思っている。

EGのエッセンスを日常生活で生かすことは、人が社会で安心して生きることにつながると思う。そのためEGの実施にあたっては、なるべく多くの人が参加できる方法を考えるべきであり、通いのEGは、現代社会におけるEGのあり方として、さまざまな地域や分野で活用されるとよいと思う。

文　献

セイックラ, J & アーンキル, T.E.〔2016〕『オープンダイアローグ』〔日本評論社〕

エンカウンター・グループは暴力を乗り越えられるのか

My: p.30,38/ 51

水野行範

聴く・傾聴

エンカウンター・グループ〔以下EG〕は、決められたテーマもなく複数の人びとが狭い空間で長時間対面し、話し合い・聴き合うという人工的に作られた不自然な場である。ところが、見知らぬ他人同士が何日間か共に過ごすうちに、意見の相違があろうとも相互理解を深め、終わるときには「今、ここに、ともに生きている」というしみじみとした共通感覚を味わう体験することが多い。

ロジャーズ

ロジャーズは、EGを「20世紀最大の発明の一つ」と自賛した。そこには、人と人とが出会い、対話を重ね、相互理解を深めることで、戦争の世紀といわれる20世紀を平和の世紀に導きたいという願いがこめられている。

平和・暴力・差別 p.6/

しかしながら、21世紀に入っても、戦争・ハラスメント・校内（施設内）暴力・体罰・いじめ・DVなど、国家間・集団間・個人間の対立を暴力によって解決する動きがいっこうにやまない。暴力の多くは閉じられた空間での人間関係から生まれている。EGもまた閉じられた空間で長時間、複数の人間が過ごす。にもかかわらず、そこで暴力が振るわれることはない。

集団・組織

EGは暴力を乗り越えることができるのか、乗り越えられるとすればどういう条件が必要なのか、相互理解による平和的な解決の道を開く手がかりを探っていきたい。

■いじめから考える

教育・学校・教師

筆者は、現在、スクールカウンセラーとして週3日、中高生の面接をしている。悩みのほとんどは教室やクラブでの人間関係に関するものである。いじめを巡る訴えも多い。

ある生徒は、昼休みの時間ひとりで弁当を食べていたが、協調性のない変わった子として視られているようで居づらくなったという。「友達を作らなければならない」「他の生徒と話を合わせなければならない」などの同調圧力によって、クラスの誰とも視線を合わせられなくなってしまった生徒や、これ聞こえよがしに言われる悪口に耐えきれず教室に居られなくなった生徒もいる。そして別室教室に通う生徒たちは総じて、グループが苦手である。いじめではみんなとは違う「変わった」子が標的になりやすい。個性的であることが認められない。「みんなちがってみんないい」は日本の学校でもよく言われるが、なかなか実現しない。

女子大生は口をそろえて三人問題のむつかしさを語った。女子が三人いると一人がはじかれがちになるそうである。二人だけの話題で盛り上がり続ければ、もう一人の存在は消され、たやすく排除されてしまう。三者関係から社会関係が始まる。「我-汝」の二者関係が「彼（女）」を排除せず、配慮し包摂することができるならば、「我-汝-彼（女）」が対等に尊重し合う、風通しのいい三者関係が生まれる。

福岡「ひとり学習」の会の古賀一公は、自分が担任をしていた小学校の学級でも教師の研修会の場でも、三人での「聴き合い」を基本に相互理解を深めていった。豊かな三者関係を積み重ねることで望ましい社会性を身につけてほしいという思いがあった。

社会性こそは人類を繁栄させてきた基本的な属性である。霊長類学者の山極寿一は、「類人猿と進化の道を分けてから（人類に）成功の道をもたらした集団の力が絶滅の危機をもたらしている」として、「われわれはもう一度、（権力者を生み出さない分かち合う）この共同体から出発し、上からではなく、下から組み上げる社会を作っていかねばならない」と提唱している。

教育社会学者の内藤朝雄は、いじめの大きな要因として、学級という閉鎖空間での長時間の固定した人間関係を指摘している。「今、ここ」で関わり合うことが絶対的に正しいという感情共同体の強制により、自立的な個人であることが否定され、いじめを生むという。解決のためには学級制度を廃止すべきだとまで提案している。

確かに、人間だけではなく多くの生物においても狭い空間に密集させられるとストレスが大きくなり攻撃性が増すことが知られている。

しかし、日本より少人数教室で運営され、ゆとりのあるはずの欧米の教室でもいじめが起こっている。密度の高い教室空間は、感情共同体によって強制される日本型いじめの要因のひとつではあろうが、普遍的要因とまでは言い切れないのではないか。

EGは長時間、閉鎖空間で対面して過ごすが、攻撃性が高まるどころか、相互理解が深まり親和性が増すことがほとんどであることから考えると、学級を解体しなくとも生徒たちの人間関係を深めていく可能性はありそうだ。ただ、日本の40名学級は、教師が一人ひとりの生徒の姿をよく見て成長のための工夫をしていくのには多すぎる。教員の負担を減らし過労を防ぎ、いじめを減らすためにも、先進諸国最低の教育予算を大幅に増額し、せめて欧米並みの20人から30人定員の学級を実現すべきである。

成長
p.82,118/

EGにおいても、内藤の言うように、感情の発露だけが強調されて個人が尊重されなければ参加者が傷つくおそれがある。1980年代、「自己改造セミナー」「出会いのセミナー」と呼ばれるグループ・ワークが高額の参加費を徴収して盛んにおこなわれた。そこでは、ファシリテーター〔以下Faci〕とは名ばかりの独善的なスタッフが参加者に対して「仮面を脱げ」「ほんとうの自分を見せろ」と強要し、深い傷を負った参加者もいた。マスメディアも批判的に報道した。その影響もあるのだろうか、集団的な圧力に恐怖感を感じ、グループへの参加をためらう心理専門職も多くいるようだ。

ファシリテート
スタッフ
心理・相談・面接

1970年代に学生運動を体験した世代なら、「連合赤軍」の自己批判と総括による痛ましいリンチ事件を思い出す人も多いかもしれない。「人間が解放される自由で平等な共産主義社会」をめざした20代の青年たちが国家権力に追い詰められ、指導者によって自己批判と総括を強要され、仲間にリンチをおこない死に追いやっていく姿は、グループのもつ危険性をあらわしている。

グループの圧力で個人の能力を引き出し、成果をあげていくやり方は企業でのノルマ競争や学校での班競争など現在でもよく見られる。グループ間、グループ内で競争させられ、つるし上げられ、集団圧力によって個人が追い詰められ、壊されていく場合も多い。

いじめにおいてはグループの力によって個人が自殺にまで追い詰められることもある。

精神科医の中井久夫は、いじめを見分ける最も簡単な基準として「相互性」をあげている。遊びでも、対等な「相互性」がなく権力欲を満たすためにおこなわれればいじめになるとしている。中井は自身のいじめられ体験をふりかえり、いじめは政治的隷従・奴隷化の過程として「孤立化」「無力化」「透明化」の三段階で進行していくと分析している。

まず、いじめの対象者を「孤立化」させ周知させることで、それ以外の者は「自分は標的から免れた」「自分より下の者がいる」と認知し安堵する。次に、被害者は自分を価値のない人間と思い込み、時に暴力を振るわれ「無力化」していく。そして、いじめが日常化し、周囲の目に見えなくなり、「透明化」していく。中井は、対策として、被害者の安全の確保・孤立感の解消と孤立させないという大人の責任のある保障の言葉と実行が重要であり、被害者が抱かされてしまった劣等感や卑小感や道徳的劣等感を軽くしていくことを最初の目標としてあげている。

大阪からだと心の出会いの会の松井洋子は「いじめから抜け出す道は一つである。誰でもいい、誰か一人でも、いじめられるつらさ、あるいはいじめなければおさまらない心と体を受け止めてくれる人がいる事が大切である。自分を受けとめてくれるその人との間に、子どもは『居場所』を見出すことができる。そして、いじめの連鎖を断ち切り、人と人とが柔らかくつながっていく道が開ける」と、受けとめてくれる人、つながる第三者の意義を強調している。人間はひとりでは生きていけない社会的存在である。寄り添ってくれる他者がいればそれだけで支えられることもある。

いじめは加害者の道徳性の低さに原因があるというような単純なものではない。中井は、いじめの原動力になっているものは権力欲であり、いじめの加害者はいじめの手口の多くを自分の家庭での夫婦関係・親子関係・学校での教師の態度などから学んでおり、「権力欲の快感は、思い通りにならないはずのものを思い通りにするところにあり、教育も治療も介護も布教も権力欲の道具として使われている。権力欲そのものをなくすことはできないが、個人、家庭から国家、国際社会まで、人類は権力欲をコントロール

家庭・親・子

する道筋を見いだしていない」と論じている。

EGにおいて権力者はいない。Faciも部外者や指導者ではなく参加者の一人としてグループにかかわる。ただ、参加者同士のあいだの対立を暴力に発展させず、相互理解に向かうためにはFaciの態度がとても重要になってくる。

かつて畠瀬稔は「クラスはグループであり、教師は生徒の管理者ではなく、生徒一人ひとりの成長を促すFaciである。だからこそ、エンカウンター・グループにも参加し、できればFaci経験を積んでほしい」とよく話していた。

教師自身が、学校制度のなかでもたされている自分の権力性を自覚しながらも、生徒一人ひとりを対等、平等な人格をもつ存在として尊重し、Faciとして関わることが求められている。

コミュニケーション
p.28,88/

■非暴力コミュニケーションの四要素

プロセス
p.83,119/

ロジャーズとともに研究と活動をおこなったマーシャル・ローゼンバーグは、非暴力コミュニケーションのプロセスを四つの要素から成り立つと考え、Faciとしてさまざまな対立や紛争の現場に赴いた。

第一の要素は、判断や評価をまじえずに状況を観察し述べること。人は、なにかの出来事や人と出会うときすぐに判断を下しがちであるが、それを棚上げにして、ありのままを観察する（観察*observations*）。評価漬けの現代社会において、「評価をしないでありのままを観る」という態度は、発想の転換と意識的な訓練をしないとなかなか身につかないかもしれない。ただ、その態度を習得すれば、日常生活のなかで、ありのままを受け入れて感じる楽しさを享受できるようになるだろう。

日常

第二は、相手の行動を観察したときに、相手がどう感じているか、自分がどう感じているか、例えば、傷ついている・怯えている・わくわくしている・面白がっているなどを受けとめ、表現すること（感情*feelings*）。

非暴力運動の実践家でもあるベトナム人の禅僧ティク・ナット・ハンもまた、怒りが起こったときには、赤ん坊を抱くように怒りに意識を向け、受け入れ、認識し、怒りがどのように生じたのか、その本質を深く観ることを提唱している。ローゼンバーグは、「怒りの核には人生を豊かに知るための手がかりがある」と、怒りが破壊的な暴力につながらずに人生を建設的に築く手助けになると言っている。

第三は、自分が何を望んでいるのか、何を必要としているからそのような感情や考えが生み出されたのかを洞察し、明確にすること（ニーズ *needs*）。

第四は、相手に対して具体的な要望を伝えること。そうすべきだという命令や押しつけではなく、その要望を受け入れるかどうかその選択権は相手にゆだねられている（要望 *requests*）。

パレスチナにあるイスラム教徒の難民キャンプにユダヤ系アメリカ人として「人殺し」と非難されながら、対話を通して根気よく彼らのニーズに触れることで夕食の招待を受けたり、「荒れた学校」で反発していた生徒たちとのあいだに対話を成立させたり、まさに体を張ってローゼンバーグは非暴力活動を長年にわたって続けた。

「観察」「感情」「ニーズ」「要望」という非暴力コミュニケーションのプロセスは、対立や紛争の場面のみならず、EGやカウンセリング、さまざまなグループにおいて、人と人とが出会い相互性を深めていくときに活用できる。

ロジャーズもまた、1970年代後半から異文化間の紛争の解決のために積極的に乗り出している。80歳を超えてからも、アパルトヘイト下の南アフリカでの黒人と白人が参加するワークショップなどに赴いた。その先駆けをなすのが、70歳（1972年）のときに参加した、北アイルランドで敵対するカトリックとプロテスタントの住民によるワークショップである。いずれの参加者もテロが横行する過酷な体験から生じる自分の感情を「鋼鉄のシャッター」によって封じ込めていた。それがグループ体験によって少しずつ開いていく。恐怖の体験は「敵」への憎悪のことばとして吐かれたりもするが、やがて自分と同じ過酷な体験をした者同士として、「敵」であるはずの相手に共感をいだくようになり、個人と個人としての信頼関係を築いていった。このワークショップはその後の北アイルランド紛争解決に一役かったともいわれている。

ワークショップ p.65,118/

共感 p.52,82/

暴力は怒りの発露としてふるわれる場合もあるが、感情を抑え冷徹にふるわれる場合もある。ナチスによるジェノサイドや障害者施設「やまゆり園」で2016年に起こった殺傷事件のように、後者の方がより残酷さが増すように思える。人間的な思いやりの感情をもてば暴力を振るうことに制限がかかる。相手を「自分と同じかけがえのない存在」としてみなさず、「敵対する（無用の）抹殺されるべき対象(物)」という認識が大量殺戮を可能にする。「鋼鉄のシャッター」のビデオは、抽象的な対象化された「敵」ではなく、自分と変わらないテロの恐怖に震える具体的な人間として「敵」にであうことで、思いやりの感情が生まれることを示している。

■ まとめ

EGでは、最初の遠慮がちな当たり障りのない話に続いて、「批判や怒りの感情の表現」がなされることがよく見られる。ロジャーズはそのことを「自分のグループだと認識し始めたため」と、肯定的な意味づけをしている。重要なことは、否定的な感情の表明が他の参加者によって受け入れられるかどうかである。他の参加者に受け入れられない場合は、Faciが受容的な発言をして受け入れる。それがなければ、参加者同士の敵対的な対立が進行してしまいかねない。

受容
p.82,131/

暴力とは、その人が合意していないにもかかわらず、無理矢理に思い通りにしようとすることである。怒りだけではなく、無力感や孤独から暴力がふるわれる場合もある。正義の名の下に冷酷に振るわれる場合もある。いずれの場合も、そこでは、力が強いものが弱いものを支配する権力構造、差別構造が生じている。

EGではなぜ暴力が生まれないのか。EGは、水平的な非権力構造の中で、対等・平等な参加者が自由に話し合い・聴き合い、ありのままの自分と他者の存在を尊重し、考えと感情を深く洞察し、さまざまなことに気づいていく「出会い」のプロセスである。他者への否定的な感情や意見が表現されることがあっても、暴力的な方向に走ることがないのは、一人ひとりが存在として尊重されているからである。

一人ひとりを大切にするパーソンセンタード・アプローチの精神と、「偽りのないありのままの自分でいること（自己一致、純粋性）」「無条件に積極的な関心を相手に寄せること（無条件の積極的な関心）」「相手の気持を思いやり理解しようとすること（感情移入的理解）」という三つの態度をベースとしてすすめられるからである。Faciはこの三条件を意識し、持とうとしていることが重要になってくる。

パーソンセンタード

中核三条件
p.56,122/

学校や施設・職場やさまざまなグループにおいて、パーソンセンタードの精神と三つの態度・非暴力コミュニケーションの四つの要素を意識することによって、個人をつるし上げたり、いじめたりするのではなく、相互理解を深めながら平和的に問題を解決していく新しい人間関係が作り出されていく可能性が拓けてくるのではないだろうか。

産業・職場
p.88,142/

文　献

KNC（関西人間関係研究センター）制作〔2003〕ビデオ《鋼鉄のシャッター》

松井洋子〔1996〕「『居場所』のない子どもたち」『季刊仏教№37: いじめと癒し』〔法蔵館〕

内藤朝雄〔2012〕「いじめをどう見るか〈いじめ学〉入門談義」『現代思想』40(16)〔青土社〕

中井久夫〔1997〕「いじめの政治学」『アリアドネからの糸』〔みすず書房〕

Patric Rice〔1978〕The Steel Shutter『鋼鉄のシャッター』畠瀬稔・東口千津子訳〔コスモス・ライブラリー, 2003〕

Rogers.C.R.〔1970〕Carl Rogers on Encounter Groups. Harper & Row.『エンカウンター・グループ：人間信頼の原点を求めて』畠瀬稔・畠瀬直子訳〔創元社, 1982〕

Rosenberg. M.B.〔2015〕Nonviolent Communication: A Language of Life, 3rd Edition. Puddle Dancer Press『NVC: 人と人との関係にいのちを吹き込む法』安納献監訳／小川敏子訳〔日本経済新聞出版社, 2018〕

坂口弘〔1973〕『あさま山荘』(上)(下)〔彩流社〕

Thick Nhat Hanh〔2001〕Anger. Riverhead Books.『怒り』岡田直子訳〔サンガ, 2011〕

山極寿一〔2007〕『暴力はどこから来たか』〔NHKブックス〕

これからの時代の個と集団の関係とは

Mt: p.52/ *18,52*

本山智敬

集団・組織

エンカウンター・グループ〔以下EG〕を実施するうえでいつも筆者の頭の中にあるのは、「個と集団の関係」をどのように捉えたら良いのか、ということである。EGには「個の尊重」という哲学があり、筆者はこの点にEGの社会的意義があると考えている。一方で、EGが「集団」として成り立つためには、同時に集団全体のあり方についても考えていかなければならない。「個人主義」と「集団主義」の二項対立で必ずしもこのテーマを十分に扱うことはできない。しかしながら、集団を運営する上では、少なくとも両者の関係について自分なりの考えをもっておくことが大事だと思っている。

ここでは、筆者なりに考えるこれからの「個と集団の関係」について、時代による変遷とそこにEGがどのように貢献しうるかという点から述べたい。

■「個人を重視するあり方」と「集団を重視するあり方」

まずは、個人と集団、それぞれを重視するあり方について整理してみよう。

「個人を重視するあり方」とは、「集団においてもそのなかの個人のありようを大事にする」考え方のことを指している。集団に所属する上では、まずは集団がもつ規範というものがあり、それに従わなければならない側面が確かにある。しかし、こうした集団規範に従う意識が強くなりすぎると、その集団に属する個人一人ひとりの存在が尊重されにくい状況が生まれる可能性がある。例えば、「集団規範から外れることは良くないことであって、いったん外れた者は、再びその規範になじむように努力しなければならない」といった考え方は、そうした状況の一つと言えよう。その点、個人を重視するあり方では、集団規範のような「外側の価値観」を認めながらも、一人ひとりの「内側の価値観」を限りなく大事にしようとする。「集団になじめない個人を集団に適応させようとする」のではなく、個人の「パーソナルパワーを解放する」〔村山, 2014〕ことに力点を置いている。つまり、集団に埋没しがちな個人をエンパワメントしようとする考え方である。EGが長年大事にしてきた考え方とも呼応する。

一方、「集団を重視するあり方」はどうかというと、「集団の規律がある程度守られないと集団は成り立たない」という考え方が根底にある。個人を尊重することももちろん大事ではあるが、集団はそうした個人がお互いに配慮し合うことによってはじめて良い集団となる。個性を大事にした個人がバラバラに主張し合うだけでは集団は成り立たないという考えである。あるいは、個人では到底成し得ないことも、集団の中で個々人が協力し合うことによって達成することができるのだ、という考えも、我々は経験を通して持っている。

果たしてこの「個人を重視するあり方」と「集団を重視するあり方」の二つを両立させるあり方というものがあるだろうか。それはつまり、自分らしさを大事にしながら良い集団を作ることは可能か、という問いである。

筆者にとってこの問いは永遠の問いのようにも思える。一方を重視するとどうしても他方を軽視してしまいがちになるし、両者のバランスをとろうとするのはかなり困難なことである。しかし、十分な結論に至らなくとも、この問いについて自分なりに熟考しておくことは、グループのファシリテーター〔以下Faci〕となった際に役立つであろう。 ファシリテート

さらにこの問いに関しては、これまでの日本社会がどうであったのか、そしてこれからの時代を生きる人たちが個と集団の関係をどのように捉えているのかといった社会の動向を踏まえて検討することが重要である。次にその点について考えてみたい。

■日本における個と集団

日本がこれまで「集団主義」を美徳としてきたことは皆が知るところである。戦後の復興、高度経済成長を支えてきたのは、まさに日本人の集団の力である。1968年には国民総生産（GNP）が世界第2位となった。戦後焼け野原となり、何もないところから四半世紀も経たないうちに世界第2位の経済大国にまで上り詰めた国は世界的に他に例がなく、こうした経済成長は「東洋の奇跡」とまで言われた。これらを支えた日本企業は、終身雇用、年功序列といった独自の「日本型雇用システム」を生み出し、「会社人間」「猛烈社員」と言われるような、勤勉な日本のサラリーマンの姿が出来上がった。

ここには、「個人（社員）が集団（会社）に奉仕すると集団（会社）はそれに応えてくれる」という、経済成長に支えられた個と集団の信頼関係があった。人びとは、お金持ちになっていい車に乗ること、マイホームを建てることを目標に一生懸命働いた。そこではあらゆる「滅私奉公」がまかり通っていた。例えば3月末になって突然、個人やその家庭の事情を無視した全国規模の異動が言い渡され、急に単身赴任生活を余儀なくされる。これは今でも起こっていることであるが、海外の人からすると驚くべきことであろう。

しかし、バブルの崩壊によって始まった平成の長引く不況によって、「日本型雇用システム」が大きく崩れ始めた。特に1997年度から98年度にかけての大型倒産は、これまで築いてきた個と集団の信頼関係は決して保証されたものではなかったという現実をはっきりと突きつけた。

■「個」の時代へ

現在は非正規雇用の増大など、雇用の不安定さや低賃金が社会的な問題となっている。また、過労死の問題が顕在化し、「ブラック企業」という言葉が生まれるなど、正社員として働くことが必ずしもいいこととは言えなくなった。今や「集団（会社）は個人（社員）を守ってくれない」と皆が思うようになり、かつての「集団神話」は完全に崩れてしまった。

一方で、ITの飛躍的な向上は、個人の働き方を大きく変化させた。フリーランスで働く人が増加し、「フリーランス白書2018」によれば、現在日本では、国内労働力人口の約6分の1にあたる1,000万人ほどいると言われている。インターネットの普及によって、個人は自分が作った動画や作品を以前よりも容易に公開したり、販売できるようになった。今やYouTuberは多くの子ども達にとって憧れの存在である。インターネットを通してさまざまなアーティストが生まれ、まさにインターネットは自分を自由に表現できる場となった。価値観も実に多様化し、世の中は次第に画一的な「集団主義」から多様性を認め合う「個」の時代に入ってきたと言えよう。

■「個」の時代の新たなつながり方

そうした「個」は、SNSの普及によってワールドワイドにつながることが可能となった。今はスマートフォンを使う若者のほとんどが何らかのSNSを利用している。SNSを通して自分と同じ趣味をもった人と簡単につながることができるようになった。まだまだ危険性が低いとは言えないが、若い世代は私たちが想像する以上に柔軟にSNSを活用し、健全なかたちでの利用の可能性を広げていっている。

では、SNSが発展していけば個人は必ずしも集団を必要としなくなるのかと言えば、決してそうではない。むしろその逆で、人は集まろうとしている。一般社団法人コンサートプロモーターズ協会の毎年の調査によれば、全国でおこなわれるコンサートに出かける人の数は年々上昇している。また、近年は市民が参加する大規模なマラソン大会やさまざまなイベントが各地で企画され、いずれも人気があり、多くの人が集まっている。ハロウィンなどで若者が集まる姿も毎年ニュースになっている。

なぜこのように集まるのか。興味深いのは、彼らは決してお互いに個人的に親密になりたくて集まっているわけではないという点である。同じ趣味をもったもの同士仲良くなることももちろんあるだろうが、少なくともそれを目的として集まっているわけではない。ただ皆と一緒に過ごしたいのだ。決して親密になったり、言葉を交わしたりしなくとも、皆である一定の時間同じ場所に集まり、そのひとときを一緒に過ごす。このように、皆で同じ時間、同じ場所を共有し、その空間を共に楽しむというつながり方を現代の人たちは好んでいるように思われる。ここに、これまでの「集団主義」とは異なる新たな集団のあり方、「個と集団の関係」がうかがえる。

■「個」を尊重したゆるやかなつながり

PCAグループ
p.45,55/

村山はPCAグループにおける7つのコンセプトを挙げている〔村山, 2014〕。それらは【表1】の通りである。

表1　PCAグループ7つのコンセプト（村山, 2014）

1.	はじめに個人ありき
2.	所属感の尊重── その人なりの「つながり方」「参加の仕方」を大切にする
3.	「バラバラで一緒」「一人ひとりで一緒」
4.	心理的安心感の醸成── 一人ひとりの心理的スペースの確保
5.	ワークショップ期間全体と場を、メンバーのふれあいが生まれるコミュニティと認識する
6.	ありのままの自分でいられる場であること
7.	メンバー企画セッションの組み入れ

ワークショップ
メンバー

構成的
p.100,121/
非構成的
p.62,100/
ロジャーズ

PCAグループは従来のEGの「構成／非構成」という枠組に捉われず、ロジャーズのPCAの基本仮説に立ち返って、それをグループの運営やファシリテーションに生かしていこうとしている。この7つのコンセプトはまさにこのPCAの視点を言語化したものである。PCAの基本仮説とは「個人は自分の内部に自己理解や自己概念、基本的態度、自発的行動を変化させていくための大きな資源を内在させている。それらは心理学的に定義可能な促進的な態度に出会うならばそれが出現してくる」〔Rogers, 1980〕というもので、ここで言う「心理学的に定義可能な促進的な態度」はロジャーズの中核三条件のことを指している。グループのなかではFaciや参加者同士のかかわりを通してそうした態度が醸成され、参加者一人ひとりのあり方が尊重される。それは具体的には、その人なりの集団との「つながり方」や「参加の仕方」を大事にしながら自分のペースで参加できること、そして、今の自分の気持を無理に変えようとせずにありのままの自分でいられることを目指し、それによって一人ひとりが心理的に安心できる集団を目指すことで「個の尊重」を実現しようとしているのである。

中核三条件

ここでもう一つ重要なのが、PCAグループのコンセプトの一つであり大切なキーワードでもある、「バラバラで一緒」という言葉である。これはPCAの「多様性（異質性）の共存」を表す言葉でもあるが、「強力な『一体感』よりも『連帯感』を大切にするコンセプト」〔村山, 2014〕であり、「個」と「個」のつながり方について言及している。あるとき、筆者の先輩が冗談で「『バラバラで一緒』はしっくりくるけど、『一緒でバラバラ』は何だか気持ち悪いよね」と言っていて、なるほどと思った。つまり、集団のなかで一人ひとりが尊重されるだけでなく、その個人と個人とがつながりをもっていることが重要なのである。その際、これまでの日本人の集団主義に見られるような「一致団結」や強力な「一体感」ではなく、お互いの違いを認め合いながらゆるやかにつながる、そうした「連帯感」を大事にした考え方である。こうしたコンセプトはこれまでのEGが重視してきたものでもあり、まさにこれからの新しい「個と集団のあり方」を言い表しているのではないかと思われる。

■自殺者が少ない町の５つの自殺予防因子

徳島県旧海部町は、全国でも極めて自殺率が低い町である。自殺率の低い町ベスト10に入る他の9つの町は全て「島」であったのに対し、ここだけ「島以外」で、しかも隣接した町と比較しても突出して低かったのである。その謎を解明すべくフィールドワークをおこない、調査結果からその町の自殺予防因子を見出した研究がある〔岡, 2013〕。その5つの因子が【表2】に示したものである。

表2　自殺希少地域の5つの自殺予防因子（岡, 2013）

1.	いろんな人がいてもよい、いろんな人がいたほうがよい （多様性の共存）
2.	人物本位主義をつらぬく （人を肩書きなどで判断しない）
3.	どうせ自分なんて、と考えない （個人の主体性が発揮される）
4.	「病」は市に出せ （人が助けを求めやすい環境を作る）
5.	ゆるやかにつながる （強い一体感よりもゆるやかな連帯感）

筆者はこの5つの自殺予防因子を見て、EG（PCA）のエッセンスが生活のなかに根付いているコミュニティが実際にあるのだと思って嬉しくなった。1つ目の「いろんな人がいてもよい、いろんな人がいたほうがよい」とは、まさに「多様性の共存」のことを言っている。「どうせ自分なんて、と考えない」というのは「自己効力感」や「主体的な参加」のことであり、筆者がEGで重視している感覚でもある。

そして、最後の因子として挙げられているのが「ゆるやかにつながる」である。自殺率が低い背景にはきっとお互いに密に支え合う関係があるのだろうと普通は思うところだが、この町は違った。近所づきあいに関する質問に、「日常的に生活面で協力しあっている」と答えた人の比率は16.5%にとどまり、その多くは「立ち話程度のつきあい」か、「あいさつ程度の最小限のつきあい」と答えているのだ。ここにはいわゆる密度の濃い、膠着した人間関係はみられない。まさに「バラバラで一緒」のつながり方に近い。

日常

こうした5つの自殺予防因子をもつ旧海部町の特徴は、その歴史に理由があった。この町は、かつて林業が盛んだった頃、材木の集積地として発展した場所であった。そこに労働者や商人など、さまざまな人たちが入ってきて、多くの移住者からなる地縁血縁の薄いコミュニティを形成していった。異質なものを排除していたのではこの町は成り立たなかったのである。長い歴史のある町では一般的に昔からのしきたりを重視し、密接なつながりによって支え合う人間関係を形成していると考えがちである。しかし、この町が自殺率の高い地域に比べて多様性を重視し、しかもはるかにゆるやかなつながりを有しているという事実は、これからの「個と集団の関係」の新たな知見を提供していると思われる。

社会・地域
p.28,142/

■ おわりに

自分らしさを大事にしながら良い集団を作る。そうした「個人」と「集団」のどちらも重視したあり方を実現することは決して容易ではない。しかし、かつての「集団主義」に見られるような強い団結ではなく、個人がゆるやかにつながり合うような新たな集団のあり方を模索していくことが、これからの時代に求められていると言えよう。旧海部町の事例に見られるように、そこには人びとが幸せで健康に生きるヒントが隠されていそうである。それには、これまでEGが大切にしてきたPCAの哲学が大いに参考になると思われる。

文　献

村山正治編著〔2014〕『「自分らしさ」を認めるPCAグループ入門：新しいエンカウンターグループ法』〔創元社〕

岡檀〔2013〕『生き心地の良い町：この自殺率の低さには理由がある』〔講談社〕

Rogers, C.R.〔1980〕A Way of Being, Houghton Mifflin・『人間尊重の心理学：人生と思想を語る』畠瀬直子訳〔創元社,2007〕

編著者（詳細は【出会いの書】巻末）

伊藤義美　人間環境大学大学院人間環境学研究科
松本　剛　兵庫教育大学大学院学校臨床科学コース
山田俊介　香川大学医学部
坂中正義　南山大学人文学部
本山智敬　福岡大学人文学部

kodachi no bunko

エンカウンター・グループの新展開
自己理解を深め他者とつながる
パーソンセンタード・アプローチ
学びの書

2020年7月30日　初版第1刷発行

監修者　人間関係研究会

発行者　津田敏之

発行所　株式会社 木立の文庫
〒600-8449　京都市下京区新町通松原下る富永町107-1
telephone 075-585-5277　faximile 075-320-3664
https://kodachino.co.jp/

編集協力　小林晃子

造　本　中島佳那子

印刷製本　亜細亜印刷株式会社

ISBN 978-4-909862-11-2　C3011

第III部　エンカウンター・グループの未来を拓く
――学会賞受賞記念シンポジウムからのメッセージ

はじめに

シンポジスト1　人間関係研究会は、生きるエネルギーでした

シンポジスト2　時代とエンカウンター・グループ、そして変わらぬもの

シンポジスト3　エンカウンター・グループのこれからについて考える

指定討論　人間関係研究会の歩み五十年に寄せて

まとめ　次代への継承を期して

包括討論　エンカウンター・グループのフロンティアを探る

第IV部　一人ひとりの物語
――パーソンセンタード・アプローチの声をつむぐ

人間関係研究会50年の歩み

自己理解を深め他者とつながる
パーソンセンタード・アプローチ

エンカウンター・グループの新展開

出会いの書　対話とメッセージ　III／IV

木立の文庫

出会いの書——対話とメッセージ

第III部

エンカウンター・グループの未来を拓く

学会賞受賞記念シンポジウムからのメッセージ

はじめに

村山正治

一九七〇年、ロジャーズからエンカウンター・グループ〔以下ＥＧ〕を学んで帰国した畠瀬稔・畠瀬直子夫妻が十日間の通いのＥＧワークショップを京都女子大学で開催しました。これが日本におけるＥＧの〝種まき〟の元祖です。筆者もこのときファシリテイターとして招かれた一人です。

記念シンポジウムの序奏

五十年のあいだに人間関係研究会は〝大木〟に成長し、ＥＧを中心とする活動の、学会はじめ社会への貢献が高く評価され、日本人間性心理学会第三七回大会で学会賞を受賞しました。個人でなく団体の受賞は学会初めての快挙です。翌年の大会での恒例の学会賞受賞記念講演では、私たちは講演でなくシンポジウムの形を選択しました。シンポジストの選択は人間関係研究会のスタッフ会議で決定されました。高松里が書いているように、三つの世代を代表する三人〔畠瀬直子・高松里・本山智敬〕が選ばれました。指定討論者には意見交換の後、森岡正芳が推薦されました。

日本人間性心理学会は一九八二年に学際的な色彩の濃い学会として発足しましたが、その中心の一人が畠瀬稔でした。

改めて畠瀬稔の学会・研究会の創設への貢献に感謝したいと思います。

日本人間性心理学会第三八回大会運営理事会代表の松本剛は、大会のテーマに「人間と社会に貢献できる『新・人間性心理学』の探求と構築」を掲げました。これまでの大会にない斬新なテーマです。新しい人間性心理学の構築をうたいました。とても魅力的でした。松本は「昨今、地球環境や社会のありようの変化、個々の価値観の多様化が顕著になっています。硬直化したこれまでの規範は揺さぶられ、柔軟で変化に対応できるありようが問われているようです」とも述べています。実は筆者もすぐＰＣＡＧＩＰのシンポジウムを応募し、採択された経緯があります。

大会大成功の裏で咲いた花

松本の素晴らしい企画案を実現するうえで、表面に出ていない縁の下の力持ちがたくさんおられます。

髙橋紀子の活躍　新しいスタイルの研究発表に戸惑いもありましたが、髙橋はそれを一気に一人で処理、当日のシンポジウム以外のさまざまな仕事をこなされていました。シンポジウムが実現した大会そのものの実現に大きな貢献をされました。記して感謝します。

永野浩二の活躍　多忙のため本書には寄稿していませんが、唯一、高松里編の日常活動に寄稿されています。前々研究会代表として、五十周年記念ワークショップを企画されていました。私はＰＣＡＧＩＰを申し入れました。しかし、急に本書「記念出版」の話が出てきて企画が薄れてしまいました。また、シンポジウム直前に会場でやっていたシンポジウム関係者の打ち合わせ会に永野さんが参加されている姿が、会場に行く私の目に留まりました。縁の下の力持ちに見えました。シンポジウムには名前は一切ありません。記して感謝します。

シンポジウムは大成功

大会は大成功でした。シンポジウムも二日目の最終時間でしたが予想以上の多数の参加者が集まりました。一般公開だったので内容は人間関係研究会の仕事やＥＧについてが中心ではありましたが、人間関係研究会の枠を超えて私どもの仕事・在り方を公開できた貴重な機会と感じました。

こうして、山田俊介研究会代表の司会による「未来を紡ぐ人間関係研究会の歩み」シンポジウムが実現しました。五十年の大木の枝からさまざまな〝花〟が咲いていることを、そして当日の参加者だけでなく、本書の各章に咲いている花々を、読者の皆さんに堪能していただけることを願っています。

これでシンポジウム導入の序論は終わりです。

シンポジストの皆さんの原稿は当日の発言から大幅に書き直されていて「まったく新しい原稿」とみなすのがよいと判断しました。皆さんの今回の原稿を拝見してとても刺激をいただきました。最後にまた、私のＥＧ〝未来〟論を書かせていただきます。

シンポジスト1

人間関係研究会は、生きるエネルギーでした

畠瀬直子

一九六九年に帰国したとき、学園紛争の只中で、教授会と学生が対立し、研究データを燃やすという暴力行為が生じていました。私たち二人は、自由で開かれた対話を祈る日々が続きました。畠瀬稔はエンカウンター・ワークショップを開きたいと、さまざまな場で語り、賛同者が広がってきました。京都の小学校で、児童中心の教育を実践しておられた中村吉之助先生、神戸の高校で生徒中心の授業を実践しておられた谷口正巳先生は事務方を、関西カウンセリングセンターの受講生だった幸野美雪さんは会計を引き受けて下さいました。人間関係研究会の名称も生まれました。

第一回ワークショップは、京都女子大学を会場に一九七〇年八月に開かれました。アメリカでは会期は三週間以上でしたが、第一回は二週間としました。当時の勤務状況を考えると二週間の会期は無理があり、夏のワークショップは五日間に落ち着いていきました。暑い京都を避けて、摩耶山、大津の西教寺など、会場模索も続きました。

西教寺では、僧侶の方々が、夜遅くまで男女が仲良く語り合うシーンに驚き、継続使用を断られてしまいました。清里を使えることになり、本当に嬉しかったです。

帰国した年の冬、水戸の大須賀発蔵さんが訪ねて来られました。ロジャーズに会いたいので紹介状を書いてほしいと

いうことでした。また、東寺を参詣し、国宝の多聞天は、傾聴を示していると感じたとのことで、私はこの国ならではのアプローチが存在していることを知らされました。カリフォルニアでエンカウンター・グループに参加した大須賀さんは日本でもやりたいと、私たちの強力な仲間となりました。ユング心理学全盛の京都で不安を抱いていた私は、すごく嬉しく、発展の可能性を感じることができました。水戸からは中川紀子さんが加わり、この方から、大正生まれの女性が投げ込まれていた厳しい制約と内面の苦悩を如実に教えていただきました。夫婦が力を合わせてプロジェクトを実践することが、新しいことだと再確認し、研究会の意義は広いと感じました。

真宗カウンセリングを創設した西光義敞先生も、大きな力になってくださいました。住職をされていたので、夏のワークショップで世話人を引き受けることができず、終生、残念がっておられました。渡辺忠・協子夫妻は、事務局を引き受けて下さいました。

村山正治氏がカリフォルニア留学から戻り、九州大学を拠点に活動を展開され、これが人間関係研究会に計り知れない力になりました。野島一彦、高松里をはじめ多くの人材が生まれました。かつて西光先生が『畠瀬さん、日本は女子大学では人材が育ちにくいんだよ。稔先生、がんばってるのに……』と心配されていました。この点を村山さんが補強してくださったと感謝で一杯です。

見藤隆子さんの功績も計り知れないものがあります。見藤先生は、今から五十年前、「看護師は、医師の手足のように使われている」状況を憂慮され、患者に寄り添い支援する人間力のある看護師育てにパーソンセンタード理論を導入されました。看護師協会会長として長年活躍されたので、その意志は今も引き継がれていると思います。

研究会が一丸となって実現した大きな企画は、ロジャーズさんを日本に招いてワークショップを開いたことです。一九八二年、ロジャーズ生誕八十年を祝う国際ワークショップがメキシコで開かれ、私ははるばる飛んでいきました。出会って二十年、ロジャーズさんはお爺さんになっておられました。帰国後、日本の人びとにロジャーズさんに会ってもらいたいと感じ、清里での夏期ワークショップで大須賀発蔵さんに話しました。『直子さん、すぐロジャーズさんに手紙を書きなさい』、急がないと死んでしまうと言うのです。こうして日本でのワークショップが実現しました。一九八三年のことです。ロジャーズさんは八十五歳で亡くなられましたので、大須賀さんの判断は本当に正しかったと思います。ナタリーさんに同道していただいたので、ユニークな芸術療法に触れることができました。

私たちの研究会は、ワークショップを通じて数え切れない人びとと体験をともにしてきました。"Personal is Universal" 個人の内面に焦点をあてて、深く理解することは、人間そのものを深く理解することである。自分自身を深く理解することには、限りなく大きな意味がある。研究会を貫く柱のひとつにこれがあります。

私個人は何を夢見て歩んできたのだろうかと思います。たぶん、人と出会うことは限りなく楽しく、秘密の守られる安心できる場で生まれるものは限りなく大きいことを、実感してもらいたいのだと思います。その実践が、二〇〇〇年の歴史をもつ私たちの社会に深みを薫らせることでしょう。

シンポジスト2

時代とエンカウンター・グループ、そして変わらぬもの

人間関係研究会第二世代として

高松　里

この度、学会賞をいただきました。その記念シンポジウムの話題提供者は、人間関係研究会の第一世代として畠瀬直子さん、第二世代が私、第三世代が本山智敬さん、ということになりました。一九七〇年に日本で初めてエンカウンター・グループ〔以下EG〕が実施され、私の初参加は一九七九年でした。私が人間関係研究会のスタッフになったのは一九九三年のことです。

長いあいだ、EGは私にとって何よりも大事なものでした。大学三年生のときにEGに出ていなかったら、生まれ故郷の北海道を出ることもなかったし、カウンセラーになることもできなかったと思います。EGには人生を転換させるような力があると思います。

また、私にとってはEGはワクワクとした楽しい世界でした。今回の学会賞をいただいてから、そもそも何がそんなに楽しかったのか、ということをずいぶん考えました。

しかし現実的には、私自身は二〇〇〇年に入った頃から少しずつEGから遠ざかり始めます。何か窮屈になってきたのです。EGが変わったのか、私が変わったのか、あるいは時代が変わったのか。これについて考えたことを話してみ

ます。

■エンカウンター・グループの日本への導入とその後

上述したように、一九七〇年に日本で初めてEGが実施され、人間関係研究会が作られ、毎年、多くのプログラムを開催するようになりました。ピークは二〇〇〇年前後です。当時、プログラム数は年間四十回を超えています。ところがその後、参加者が減り始め、二〇一九年度は年間プログラム数も十数回にまで減りました。以前は三泊四日や四泊五日のグループが多かったのですが、長い休みがとりにくい、経済的負担が厳しい、という参加者の事情により、二泊程度の短期間あるいは通いのグループが増えてきました。

とはいえ、EGが全体的に停滞しているのかというとそうでもありません。いわゆる「ベーシック・エンカウンター・グループ」とは少し違ったタイプのグループが展開し始めています。例えば、私たちが沖縄で実施している「スロー・エンカウンター・グループ」はセッション時間が少なく、沖縄の風土や食、歴史、風や音などを重視しています。また、水野行範さんらによる「ファミリーグループ」では、大人と子どもがみんなで自由に過ごす時間を長くとっています。最近では、法眼裕子さんらによる「EGカフェ」という一日だけのグループが実施され、好評を得ています〔本書三六-三七ページ参照〕。

一九七〇年代と現代では、経済的にも人びとの行動の仕方にも大きな変化があります。以前のように合宿集中型で言語中心のグループではなく、分散型でなおかつ人と人の緩やかなつながりを作り出していくものが、現代では必要とされているように思えます。しかし同時に、EGが持っている「楽しさ」は今も昔も意外と変わっていないのではないかというのが、私がここしばらく考えてきたことです。

■私とエンカウンター・グループとの出会い

さきほどお話ししたように、私が最初にＥＧに出たのは一九七九年三月で、四泊五日の札幌近郊のグループでした。そのとき私は北海道大学の三年生でしたが、このグループは、私の人生に決定的な影響を与えました。出ていなかったら全く違う人生を生きていたと思います。

私は小学校五年生の時からカウンセラーになりたかったのです。しかし当時は資格制度も全くありませんし、第一、カウンセラーという人に会うこともありませんでした。ところがＥＧで「本物の」カウンセラーに会うことができました。すごく素敵に見えました。

当然のことですが、彼らも普通の人たちと同じように悩みを持っていましたし、それをグループのなかで話していました。私はその話を聞いていたのですが、自分があまりに若く、そしてこれといった特別の経験もなく、彼らに対して何もできない無力さを感じていました。そして、グループでその気持を何とか伝えようとしました。そうしたら涙が出ました。人前で泣く、なんてことは想像もしていませんでした。自分のなかにそういう強い感情が生まれてくることに驚いたし、そして大事なことですが、それが伝わるかもしれない、と思えたのは大きな経験でした。彼らのようなカウンセラーになりたいと改めて思って、勉強を続けるために、北海道を出る決意をしました。しかし、それは周りの人たちのさまざまな期待を裏切ることでした。私は卒業式も出ずに、当てがないままに北海道を離れました。

その三月の琵琶湖ＥＧに出ました。ここではたくさんの人と知りあいになりました。甲南大学の事務の方がおられたので、ＥＧ後に遊びに行ったら、そこで倉戸ヨシヤ先生にお会いすることができました。その場で一年間研究生をすることが決まり、関西に住むことになりました。またそのＥＧで知り合った人とルームシェアーすることになりました。さらには一年後には村山正治先生と出会い、福岡に移転しました。人とのつながりを得ることで、私の人生は全く違う方向に動き出していったのです。

■なぜエンカウンター・グループが楽しかったのか？

北海道のグループに出てから三十年以上、ＥＧに積極的に関わり、ファシリテーターも数多く経験しました。ＥＧのどこがそんなに魅力的だったのか考えてみました。

エンカウンター・グループは自由で、自分も自由だった

ＥＧでは、「こうすべき」という規範はなく、むしろ「すべきものはするな」みたいな感じがありました。最初のグループでは、二時間も沈黙し誰も自己紹介をしませんでした。挨拶はしない、質問されても答えない、怒りや悲しみを表現する、セッションに遅刻したり、勝手に退席して戻ってこない、ファシリテーターに面と向かって文句を言う、そういう自由さには驚かされました。そして、私も自分が思ったことはできるだけ率直に言おうと思うようになりました。

人の個性がよく見えた

ＥＧでは、いろいろな職業の人たちがいましたし、精神や身体に障害を持っている人もいました。普通に学生をやっていては会わないような人たちがたくさんいました。彼らとセッションだけではなく、廊下や居室でも長く話をしました。長く聞けばその人の個性的で魅力的な部分が見えてきます。ファシリテーターもそれぞれ特徴があり、グループの運営の仕方にもその人らしさがありました。そして、不思議なことに、私自身も面白い人と見られました。確かに少しずつ、自分らしさが育ってきたのかもしれません。

友達が増えた

ＥＧでは「一生の友達」ができました。実際のところ、いま私が仲良くしている人たちの多くは、ＥＧで知り合った人たちです。わずか数日の出会いなのですが、その間に普段の生活では話さないようなことをゆっくり語ったり、直接相手に向かって気持を伝えたり、時には口論になったりもします。そういう人たちとまた別のグループで出会うこともあります。連絡を取り合って一緒に遊びに行ったりしているうちに、仲の良い友達は増えていきました。

自由への勇気をもらった

生まれ育った環境（北海道）から脱出することは簡単ではありません。そういう地縁や血縁という引力圏から離脱するためには相当のエネルギーが必要です。また私のように人の期待を裏切り自分の夢を追うというのは、ひどく孤独でしたし、時に無力感に苛まれるものでした。しかし、ＥＧに行けば誰か知り合いが出来、私の行動を支持してくれました。そこを拠点にして次に進む、というかたちで少しずつ新しい世界に進んでいきました。

■時代背景とエンカウンター・グループ

ここで少し時代の変化について考えてみたいと思います。

ＥＧが日本に導入された一九七〇年から最盛期を迎える二〇〇〇年くらいまでと、その後の時代の違いについて整理してみたいと思います。「工業化社会」「ポスト工業化社会」については、小熊〔2012〕の論考を参照しました。

工業化社会（東京オリンピックからバブル崩壊まで）

日本が工業中心の「ものづくりの国」だった時代です。社会は安定し、大量生産・大量消費がおこなわれました。社会福祉制度が整備され、専業主婦が登場します。マイナス面としては、社会が画一的なことです。大量生産ですので商品が画一的になり、働き方も画一的（ピラミッド型組織の会社で長期雇用）でした。「よく言えば安定した人生、悪く言えばレールの上を走るだけの人生」ということになります。

ポスト工業化社会（バブル以降）

情報技術が進歩してグローバル化が進みます。製造業は海外に移転してしまい、非正規労働者が増えました。親元同居が長期化して、晩婚化と少子化が進み、親の格差が子どもの世代で再生産されます。メリットとしては、「自由」が増えること。働き方が良くも悪くも「自由」で「多様」になり、いろいろな生き方が許容されるようになります。いい商品が安く提供される。多品種少量生産も可能。ネットを通して安く入手できます。

時代の変化とエンカウンター・グループ

ＥＧが日本に導入された一九七〇年以降しばらくは工業化社会が続いたことになります。卒業→就職→結婚というような人生のレールは強固に見えましたし、安定した社会には、我々を縛りつける社会規範がありました。アメリカでは、そのようなエスタブリッシュメントに対して反旗を翻すかたちで「カウンターカルチャー」が生まれ、そのなかでＥＧが試みられました。つまり、彼らには戦うべき相手があり、破壊すべき規範があった、ということです。だから、ＥＧでは日常的な約束事を無視するというようなことが起きた。「規範からの自由」が重要だったわけです。

ポスト工業化社会において、その「自由」は、無関心・分断社会・無縁社会というかたちで実現してしまいました。誰もお互いに関心を持たず、勝手にしたらいいという意味の「自由」です。ＳＮＳ特徴的ですが、同じような価値観の人同士の情報交換が盛んになり、価値観の違う人と出会う機会が減っています。少しでも自分の価値観が脅かされると徹底して相手を攻撃します。

現代におけるＥＧは、きちんと人間関係を繋ぐことが重視されます。深い自己洞察や強い感情表現よりも、もっと穏やかで安全な人間関係が作られる必要があります。

それでも変わらないもの

しかし一方、ＥＧのエッセンス的なものは時代を変わらずにあるのではないか、とも思うようになりました。どんな時代であれ、ＥＧの空間は自由であること、その自由のなかでさまざまな新しい試みがなされ、新しい人間関係が作られていく、というのは同じではないか。

大事なのは、ＥＧ自体が実験的で流動的な性質をもつということを改めて認識することです。自由を基にした人間関係が形成できるなら、参加者や時代のニーズに合わせていくらでも構造やファシリテーションを変えていけばよいと思います。現在のように人びとが人間関係に過敏になり、傷つくことを恐れる時代には、より安全なファシリテーションが必要になります。自宅から遠い場所での長期間のグループより、嫌になったらグループから抜け出せる方が安全です。日帰りで身近な場所が設定されるのはそのためです。人びとが忙しくて休暇がとれないなら、身近で短時間のグループをすればよいのです。

また、友達ができるというのは大事なことです。従来、ＥＧの目的は「心理的成長」であるとされてきました。しかし、現代社会での切実な問題は「孤立」です。私は大学のカウンセラーをしていますが、まず大事なのは、学生たちが友達を作ることができる環境を整えることです。友達がいて、そのなかで人は成長していくのだと思います。大学教育のなかで、ＥＧ的な実践は必要とされています。

以上が、私がＥＧについて考えたことです。ここ最近のＥＧ研究や実践は、私にとってはやや窮屈に思えます。もっと枠を広げればよいのではないでしょうか。「ＥＧはこうあるべし」とか「それはＥＧと言えるのか」というような議論ではなく、一人ひとりがＥＧの何を大事にしているのかを考えていけば、ＥＧのさまざまな可能性がこれからも開花していくのではないかと思います。

文献

小熊英二〔二〇一二〕『社会を変えるには』〔講談社現代新書〕

シンポジスト3

エンカウンター・グループのこれからについて考える

オープンダイアローグとの比較から

本山智敬

まずは私の個人的な体験からお話ししたいと思います。

私がエンカウンター・グループ〔以下ＥＧ〕に初めて参加したのは、大学二年生が終わる前の春休みでした。昨年の五月に亡くなられた岩村総先生が主催されていた、宮浜（広島）のグループです。「自己発見への内なる旅」というタイトルに惹かれて飛び込んでいきました。当時の私がセッションのなかで『自分にはハングリー精神がない』と語ったとき、『本山くんにとってのハングリー精神ってなんだろう』と、私にとっての意味を皆が考えてくれたのです。グループが終わったときには、「その場にいる一人ひとりがこんなにも大事にされる体験が世の中にあるんだ」と、驚きと喜びの気持で一杯になりました。

それ以来、私はＥＧのとりこになって、三年生の夏は清里、冬は九重と、それぞれ四泊五日もある長いＥＧに参加して、さらにのめり込みました。卒業論文、修士論文では高校生を対象としたＥＧを企画しました。どうしてもこの体験を高校生たちと共にしたかったのです。当時参加してくれた高校生や彼らを紹介してくれた養護の先生のなかには、今でもつながりを持っている人がいます。その後、人間関係研究会のスタッフになり、九重ＥＧのファシリテーターをするようになり、自分自身でもさまざまなＥＧを実施してきました。現在、ＥＧは私の研究テーマでもありますが、それ以上に、私の大事なライフワークとして、この先もずっとかかわり続けるだろうと思います。

■私の迷いと転機

そんなＥＧのことで私に迷いが生じ始めたのは、三十七歳の頃です。それは「これから先、私はＥＧを通して何をしたいのか」という、シンプルで根本的な問いでした。ＥＧをもっと社会で生かしていくにはどうすれば良いのだろう。大事にしたいものがあるのに先が見えないこの迷いは、かなり苦しいものでした。

転機が訪れたのは、二〇一六年の九月からの一年間、在外研究員としてイギリスのノッティンガム大学に滞在したときです。イギリス人だけでも多様な民族で構成されているうえに、各国からの移民や留学生もたくさんいて、街の中やキャンパス内はさまざまな文化で溢れかえっていました。そんななか、その大学では授業の一環としてＥＧが取り入れられていたのです。もちろん、決してうまくいくばかりではなく、多くの衝突もありました。しかしそれらを経験しながら、学生たちは次第に心を通わせ、私もその仲間に入れてもらいました。多様な個性が集まりつながり合うことで生まれるクリエイティブな発想や活力。そこに私は惹かれているのだと、改めて思いました。

もう一つ重要だった体験は、同じ時期にフィンランドに行って、村山先生ご夫妻や高松さんをはじめ、信頼できる仲間たちと一緒にオープンダイアローグ〔以下ＯＤ〕を視察したことです。ＯＤが持つ哲学や人に対するまなざしは、ＥＧのそれとかなり共通点がありますが、同時に相違点も見つかりました。それらを、日本に戻ってきてからも、一緒に行った仲間たちと語り合うなかで、改めてＥＧやＰＣＡについて見つめ直すことができたのです〔本山、二〇一九a〕。

■「多様性の共存」の実現に向けて

ＥＧの背景にあるＰＣＡの哲学に「多様性の共存」があります。これは、個々人の「多様性（ダイバーシティ *diversity*）」を認めるとともに、それらが「共存（インクルージョン *inclusion*）」することを目指していると言えます〔本山、二〇一九b〕。つまり、多様性を真に実現するためには、共存への取り組みが不可欠であるということです。「ダイバーシティ＆インクルージョン」という言葉は、すでに組織開発の分野で用いられていますが、ＥＧが実現しようとしていることとかなり共通しています。私はこうしたＰＣＡの考え方を、まさにこれからの組織開発や地域の活性化に生かしていけないかと模索中です。そのうえで、ＥＧとＯＤの違いを検討することが有効であると考えています。

ＥＧと個人

ロジャーズはＥＧの特徴として、「個人の成長、個人間のコミュニケーションおよび対人関係の発展と改善の促進」を挙げています。ＥＧはまさにその実現のための対話の場を創ろうとしている。クライエント中心療法での一対一の対話から生まれる成長促進的な関係を、グループのなかでも実現させようとしたのです。

ここで強調されるのは、個人の存在です。集団でいると埋もれがちな個人に光を当て、そのかけがえのない個人が自分らしく生きるにはどうしたらいいのか。それはＥＧが大事にしているテーマです。またＥＧには、集団の成員である一人ひとりの成長が集団全体の成長につながっていく、という発想があります。「最も個人的なものは最も普遍的なものである」というロジャーズの言葉がありますが、個人の中にある最も個人的でユニークなものが表現されたとき、それは他者に最も大きく、意味のあるかたちで影響を与えるのだとロジャーズは考えました。つまり、先述した多様性の共存を個人の尊重という観点から目指しているのです。そういう意味で、ＥＧのベースは「個人モデル」だと言えます。

オープンダイアローグとネットワーク

一方でODはというと、こちらは「個人の変化を直接の目的にしていない」とはっきりと言っています。ODの目的は「対話すること」それ自体にある、と。決して対話を何かの変化を引き起こすための「手段」にしていません。つまり、ODでは個人に焦点を当てず、グループの参加者同士が対等に質の高い対話ができる場を作ることに注力します。そのためODには、ポリフォニー（多声性）やリフレクティングといった、対話を生み出すための理念や具体的な工夫があります。

このような対話が支援に活用されるとき、個人に焦点を当てた支援を行うのではなく、その個人を支える社会的ネットワークの構築、あるいは元からあるネットワークの修復にエネルギーが注がれます。そうしたネットワークはいずれシステムを作ります。OD発祥の地であるケロプダス病院では、ODはもはや、患者に対する個別の援助アプローチにとどまってはいません。現在はその地域の精神科医療の「サービス提供システム」として発展していて、病院はそれをまとめる存在として機能しています。このように、ODが目指すのは社会的ネットワークの生成、つまり、その背景にある考え方は「ネットワークモデル」であると言えます。

■「個人モデル」と「ネットワークモデル」の融合

「ベーシック・エンカウンター・グループ」と呼ばれる従来のEGは、非日常の場に皆が集まってのワークショップの形式でおこなわれることが多く、EGが終了すればその集団は解散となり、参加者はそれぞれの生活の場に戻っていきます。EGで体験したことを実社会で、あるいは自分が所属する組織のなかでどのように生かしていくかは本人のありように任されています。その後、EGがさまざまな場で実践されるようになり、既存の組織のなかでおこなうことも多くなりました。ただ、EGを日常の人間関係にそのまま活用するのは難しいことも多いので、あらゆる工夫がなされてきました。ただ、「個人モデル」をベースとするEGは、非構成で十分な時間をかけ、その場の雰囲気を大事にしながら相互の関係づくりをおこなっていくので、ファシリテーションの基本姿勢は示しても、こうすればいいという何か唯一の方法があるわけではありません。なので、既存の組織や地域の人にとっては、EGの理念に共鳴しても、それを自分たちの集団に具体的にどのように活用したらいいのか、わかりにくいかもしれません。

ODはEGとかなり共通点があるので、一見これまでEGがやってきたことと同じことをやっているように見えます。しかし、この「ネットワークモデル」がもつ、人と人とがどうすればつながっていけるのか、そして、そのつながりをシステムとしてどうやって組織や社会のなかに根づかせていくかという視点は、EGの発想と似ているようで、実際はずいぶんと異なります。このODの「ネットワークモデル」の視点をEGに取り入れることが、EGの今後を考えるうえで大きなヒントになるのではないかと思っています。

「ネットワークモデル」の二つの視点

EGにこの「ネットワークモデル」を取り入れる際の視点として、ここでは二点を挙げます。

一つ目は「具体的な進め方（手順）の提示」です。これは、これまでPCAグループがおこなってきたことでもあります。PCAグループの中核は、PCAの基本仮説とそれに基づくコンセプトですので、ある一つのやり方に捉われず、グループの目的や参加者の状況に応じて、ワークをおこなうなどの具体的な進め方を柔軟に取り入れていっています〔鎌田ら、二〇一四〕。その代表的なものが、村山正治先生の「PCAGIP（ピカジップ）法」です。PCAの哲学にインシデントプロセスの手法を組み合わせたもので、現在、心理臨床の専門家のみならず、医療、福祉、教育、産業、司法・矯正、さらには内閣府の研修に至るまでさまざまな分野の人たちから活用されています。多くの人は、自分たちの組織で一人ひとりを大事にしながらつながり合うにはどうすればいいのか、実現したくともその具体的な進め方がわからないでいます。ＰＣＡＧＩＰ法が全国的にこれだけ普及したのは、ＰＣＡの理念に裏打ちされた具体的な手順を提示することで、そうした人たちの思いに応えたからではないかと考えています。

二つ目は「システムづくり」です。私は今、高校生のＥＧを高校の授業のなかで実施しています。これまではずっと私自身がファシリテーターを担当しておこなってきましたが、数年前より、生徒支援課の教師を中心として、学年全体の年間活動のひとつとしてクラス担任がみずから実施するようになり、今は私はアドバイザーとしてその後方支援をおこなっています。私の実践の様子を見たり勉強会で学んだことを通して、ＥＧの理念が教師の皆さんに伝わり、主体的に取り入れてくださったのです。最初は私が学校からの依頼でおこなうグループ実践として始まったものが、徐々に私と教師とが協働して行う学内活動として展開しつつあります。管理職の理解や窓口となる教師の存在、定期的な勉強会の開催など、教師が実施するうえでのいくつかの重要な条件もわかってきました。このように、私自身の個人的な活動にとどまらず、教師と連携した学校教育のシステムのなかに組み込んでいく際に、ＯＤの「ネットワークモデル」がとても参考になっています。

■おわりに

私の迷いはしばらく続きそうです。それでもＯＤとの出会いが、ＰＣＡやＥＧをもう一度、自分なりに捉え直す大きなきっかけとなったことは間違いありません。私はこれからＥＧをどのように実施していきたいのか、まだ十分に言葉になっていませんが、まずは今やっている高校での実践を通して考えていきたいと思っています。

文献

鎌田道彦・本山智敬・村山正治〔二〇〇四〕「学校現場におけるPCA Group基本的視点の提案：非構成法・構成法にとらわれないアプローチ」心理臨床学研究、二二（四）、四二九 - 四四〇

本山智敬〔二〇一九a〕「パーソンセンタード・アプローチとオープンダイアローグ」『私とパーソンセンタード・アプローチ』飯長喜一郎・園田雅代編著〔新曜社〕二一五 - 二二三二頁

本山智敬〔二〇一九b〕「オープンダイアローグとパーソンセンタード・アプローチ：両者の比較からみた対話の可能性」人間性心理学研究、三七（一）五 - 三三

指定討論

人間関係研究会の歩み五十年に寄せて

森岡正芳

人間関係研究会の学会賞受賞おめでとうございます。五十年ですか。よく続きました。人間関係研究会という名前がすごい。シンプルかつ誠実な印象です。よう、こんな名前つけましたね。臆面もなく。

五十年にわたる実績はすばらしく、つねにフロンティアを維持されていることに驚きます。一方で、衣替えの時期に来ているかもしれません。五十年も経つと初期のパワーも落ちてくるのも必然でしょう。研究会が実践でやっていることは新しい。むしろ最前線を開拓してこられたと思うのです。それをどう述べるかが工夫のしどころですね。

■人に会える

エンカウンター・グループ〔以下EG〕に関して私は門外漢ですが、実は私にとってもグループ体験は、学びの出発点でした。一九七七年でしたか、畠瀬稔先生が京大の臨床心理学実習の講師に来られました。一風、変わった授業で、クライエント中心療法の応用「学生中心授業」(?) というのでしょうか。ぜんぜん教えないわけです。受講生が七、八人いたかな。『今日はどういうこと、したいですか?』と毎回学生に聞くので、皆、だんだん出席しなくなりました。六月くらいには僕一人だけになりました。さすがに畠瀬先生も悩まれたようです。私はグループの提案をした覚えがあります。実習生を中心に後に実現し、実に得難い体験になりました。その後、大学院のDCに在籍し、京大学生懇話室のアシストで、グループやワークショップを任されたことがあります。

エンカウンターつまり出会いは、まず人に会うという、もっともシンプルなことに正面から取り組みます。以下、増田實編〔一九九八〕によるEG二十年記念誌から引用します。野島一彦が次のように述べているところが、印象的です。

僕は、やっぱり人に会いたいと願っている人がまた別の人に会える、という機能は大きいような気がします。どんな人に役立っているかというと、会いたいと思っている人が、そこに行けば、同じ願いをもっている人にとにかくまた会うことができる、というその機能の方が大きい。〔中略〕その後にアイデンティティの確立とかということが、むしろ願ってやるのでなく、結果として生じてくる。

人に会える。率直な言葉です。非寛容の時代、人は一杯いるけども誰にも会わないという恐ろしいことが、現代の問題の背景に潜んでいるように思います。「人に会う」とは、どういうことでしょうか。まず「名前をもつ私とあなたが互いに応答し合い」、「私を率直に語る」ということでしょう。それが困難になっているのが現代社会でしょう。

■不確かさに耐える

エンカウンター・グループというのは、基本的に目的がないのです。エンカウンター・グループは、容器、容れ物であって、何をもち込み、何を引き出すかは参加者が決める、参加者が目標をもち込むのであって、主催者がもち込むものではないのです。〔中略〕エンカウンター・グループには目的がないところに意味があるのです。

これは小柳晴生の言葉ですが、これはすごいことを言っている。目的が先にあってそれに応じて今の動き方を決めるというのではないのです。グループは、互いに未知のところから始まります。今、そしてこれから起きることに集中します。どういうことがこれから生じるかも不確か。自分たちはどこに向かうかは、予測できないけれど、そこに踏み留まる。集中力とエネルギーのいる場ですね。

不確かさ *uncertainty* という言葉は、対人援助の仕事の意味を表すキーワードになりつつあります。オープンダイアローグでも、答えのない不確かさに耐えることが、対話の核心にあるといいます。対話は相手がいて成り立つわけですから、よく考えると相手がどういう言葉と動きでもってこちらの言葉に返してくるかは、本当のところは前もってつかめない。EGでも、人がここに集まる。しかし何をするか、その台本はない。

■異質のものの共存

グループは独自の時空を形成します。時空の質が変わるといいかえられるでしょう。理論物理学者ボームは、晩年に「対話」という協働作業を実践していました〔Bohm, 1996〕。その実践は、明確な「目的」を定めないのです。前もってのすべての「想定」を保留し、対話の場では参加者が個々の考えを提示し、良いか悪いかの判断をはずし、ひたすらそれを眺める。けっしてだれかの意見に集約させたり、参加者を説得したりはしない。すると、ひとつの言葉、考え、体験がメンバーのなかで、互いにつながりあい、補っていく。「集団思考」というべき流れを生むというのです。ボームのグループはセラピーではなく、創造性開発といった点に重きがおかれていたようですが、ＥＧが生み出す時空に近いものがあるようです。

互いに相手のことを知らない。だからこそ多様性、複数の視点と声が併存すること、異質のものの共存を尊重する場がＥＧです。協働 *collaboration* を重視する最近の心理社会支援の発想を見ると、それらがＥＧの歴史と近接することに気づきます。ＥＧのほうが実践としてはずっと早いのに、そこで起きていることの述べ方で、インパクトが違ってくるように思います。

ＥＧに限らず、日本での集団や家族の心理支援では、複数の異質性の尊重という維持が難しいように思います。同質性圧力がかかりやすい。暗黙のプロセスが期待され共有されてしまう。ファシリテーターは、すべての人が安心して自分を表現できる空間を作り出すようにミーティングを進めることが求められていますし、実際に苦慮されているところでしょう。

■コミュニティの創造

人間関係研究会の活動は、ＥＧをコアにしてコミュニティの創造へと向かってきたことは注目すべきことです。これも心理社会支援において最近注目されている動向を先どりしています。村山正治はこう述べています。

エンカウンター・グループやいろいろな体験をしてきて何が残っているかと見てみると、一人ひとり自分の体験過程に啓かれるなかで、自分の決定とか自分の動きを自分で決めていく、そういうことが僕にとっては大事だったのではないかと思っています。

ロジャーズは一九六〇年代以後、人間の可能性を拡大していく実践を志し、個別カウンセリングから小集団、そしてコミュニティの活動へと力点を移動させていきました。人間関係研究会はそのプロセスを踏襲するように、人間の可能性を広げる活動をおこなってきました。福岡人間関係研究会におけるサテライトネットワークの広がりは斬新で、このような「自生的拡張」といえるコミュニティ創造の姿は、現代においてこそ大いに注目されるものでしょう。

■他者による確証

EGの一連の実践のなかで、一貫して揺るがない基本視点は、「他者による確証」ということでしょう。これは村山がいう自己による決定を裏打ちするものです。確証 *confirmation* とは、ブーバー・ロジャーズの対話においてテーマとなったものです。対話において他者がもたらす限界への認識をふまえ、他者による共感から確証へと対話が展開しています〔森岡、二〇一九〕。このような実践から生じてくるテーマは、普遍的でかつ時代を先取りしているものです。私たちの仕事も、社会のなかでの位置づけが変わってきました。セラピストは対人援助者というよりも、人生の苦しみや痛みを聞き取る証人、立会人であるという倫理的姿勢が優位になりつつあります。それはもはや、専門家による治療的スタンスを超えたものとなっています。参加者自身が、自分の人生の主人公であることを他者の立会いのもとで確認し、より豊かなものにする場として、グループが働くのです。

■むすびに

こうしてみると、ＥＧの五十年間の豊かなプロセスは、むしろ未来型の実践知を先どりしていたとみることもできます。グループの全員が“-ing”のなかにはいって体験を深めていくところにポイントがありそうです。この問いは、心理社会支援の共通基盤を明らかにする探求につながります。あらためて、「他者がここにいる」ということ、そして「人に会う」ということの重みについて思い至ります。

目の前に一人の人が出現するということ。それだけでも世界は少し変化するのです。

文献

Bohm, D.〔1996〕On dialogue. Routledge.『ダイアローグ：対立から共生へ 議論から対話へ』金井真弓訳〔英治出版、二〇〇七〕
増田實編〔一九九八〕「エンカウンター・グループ・フォーラム：私たちの問い直しと展望」人間関係研究会資料 No.13
森岡正芳〔二〇一九〕「対話の実践的可能性とは：ブーバー・ロジャーズ対話をめぐって」人間性心理学研究、三七（二）、一－八

まとめ

次代への継承を期して

村山正治

自己実現という方向

私は今、二十一世紀の人間はどういう風に生きていくのだろうかっていうところが、いちばん大きなテーマだと思っています。我々は何のためにエンカウンターをやるのかということを考えるときに、二十一世紀の人間はどういう風に生きるんだろうか、どういう生き方が大事なのか、ということが気になっています。それは僕の考えでは、やっぱり、一人一人がみんな別々の人間として大事にされるような方向に世の中は動いた方がいいんじゃないかということです。

対話で実現する人間の在り方

先ほど本山先生からも話がありましたけれども、エンカウンター・グループやオープンダイアローグなど、ロジャーズの考え方はそれにかなり近いことをやっている。つまり、〝対話〟というひとつの在り方でもってそれを実現できるのではないか。〝対話〟というのは、一人ひとりのことをああだこうだと説得するのではなく、理解していく。そういう点を今日はシンポジストの皆さんに整理していただいて、やっぱり〝対話〟がすごく大事になってくるなということを、改めて考えました。

対話の場を提供できる経験知

でも実際は難しいですよ。♯対話♯って一言で言っても、僕とかが実践してきたエンカウンター・グループって、今のような局面に対して何をやってきたんだろうか。ひとつは、やっぱり人間は自分自身に向き合う場所をあまり持っていないんじゃないか。つまりエンカウンター・グループというのは、安心して、人の力を借りて自分自身に向き合う場であり、そこからその人なりの知恵が出てくる。そういう場を提供してきたように思います。一人一人が批判されないで、できるだけ自由の場を提供するというかたちで、それは一人でやるというよりも、グループとしてやることでそれが可能になった。それがエンカウンター・グループの大きな功績のひとつだと思っています。

ファシリテーターの在り方を発見

それからもうひとつは、これは野島さんと一緒に研究をやってきて、今でも記憶に残ってるんですが、エンカウンターグループでは何が起こっているんだろうって参加者に聞いたんです。それでびっくりしたのは、事後アンケートのなかに、ファシリテーターについての話はほとんど出てこないんですよ。僕はエンカウンターっていうのは、ファシリテーターがしっかりしてて、みんながかなり影響を受けるものだと内心思っていたので、その結果から、ファシリテーターっていったい何をやってるんだろうって思いました。

最近ではぜんぜん考え方が違っています。つまり、ファシリテーターの役割は、ファシリテーターの影響が全くないというぐらいの自由さをもってメンバーが自由に動けるようになることなんだ、と。僕らが「役に立っていない」と思っていたことが、実は役に立っていた。そういうことを研究データが教えてくれたんです。

それから、高松先生がさっきおっしゃった「エンカウンターは不自由になってきた」という点についてです。ロジャーズ理論を学習して、僕らもそれなりに仮説を作り出すと、どうしてもそれに縛られて、こちらが仮説どおりに動いちゃうと、グループ体験がすごく貧相になってしまう。仮説を持ちつつも、それにこだわらないでその人自身がその場にいる、プレゼンスということが大事なんだけれど、これが難しい。そういうことが簡単にできるなんて思わないけれど、そういったことを目指していることがとても大事なんだろうと思います。

ごめんなさい。それからもうひとつだけ。これでおしまい。一人一人を大事にするっていうことを、これまで僕はロジャーズからいちばん学んだ気がします。そして、僕の大きな体験は、二〇一七年にオープンダイアローグ研修でフィンランドに行って、ロジャーズを再評価したこと。つまり、フィンランドの人たちと、オープンダイアローグの人たちと接触すると、ロジャーズが言っていたことや記述されていることを実行しているなと、改めて思い起こしました。自分自身がやってきたことは間違っていなかったという安心感とともに、ロジャーズがやってきたことをもういちど僕らが再認識し体験し直すことが大事なのではないかということを学びました。

文化・社会との関係

それからやっぱり、社会システムが日本と海外とでは違うのではないか、ということです。僕らがロジャーズを輸入したときに、アメリカ文化、あるいは日本文化のことをそんなに考えていただろうか。生の人間に接するうえでは、当然、その人が生きている文化・社会という要因が入ってくる。そういった文化というものを踏まえることで、一人ひとりが自由で、そして人と自分とは違っていてもいいんだっていうパーソンセンタード・アプローチの取り組みを日本の社会のなかでどう実現できるのか、もういちど新たに考えていけるのではないでしょうか。

※　本稿は、シンポジウム当日の村山の発言を本山さんがまとめてくれた原稿に、私が見出をつけてその意味を明確にしたものです。

包括討論

エンカウンター・グループのフロンティアを探る

村山正治

五十周年シンポジウムに出席し、ワクワク体験をして、さらに原稿を拝読し、感想を書く機会をいただき、こころから感謝します。

ベーシック・エンカウンター・グループだけでなく

高松は二〇〇〇年頃からエンカウンター・グループ〔以下ＥＧ〕に対して「何か窮屈になってきた」と実感を表現し、ベーシックＥＧと異なるタイプのＥＧ、沖縄のスローエンカウンター、水野のファミリーグループ、法眼・大下のＥＧカフェなどを挙げています。また、本山もＰＣＡグループの例を挙げ、ベーシックＥＧスタイルだけにこだわらないＥＧの展開を主張しています。

筆者は日本のＥＧの分類が構成／非構成という二分法になっていることに異を唱えてきました。もともとＥＧは、一九六〇年代にアメリカのカリフォルニアで起こり世界に波及した「人間性回復運動 *Human Potential Movement*」と呼ばれていました。次いで、「集中的グループ」体験を指す言葉でもあり、Ｔグループや交流分析をはじめ、さまざまな流派が含まれます。ロジャーズのBEGもそのひとつです。日本ではロジャーズのところで学んだ畠瀬稔が導入したので、EGといえばBEGのことを指しています。日本独特の用語です。人間関係研究会のプログラムでも、BEGだけでなくさまざまなテーマを設置している傾向があります。

参加者層の変化

私は五十年近く、四泊五日のベーシックEGスタイルで九重EGを実践してきました。

一九六八年から初期の十年は、参加メンバーの職業が多様でした。九重EGだけでも会社員、教師、看護師、カウンセラー、銀行員、対人援助職、新聞記者、友田カウンセリング系カウンセラーなどが印象に残っています。その意味でベーシックEGは「ジェネラルグループ」と呼んでいました。

一九八二年の臨床心理士の誕生で、EGの場が自己探求でなく大学院生のファシリテーター訓練の場、社会問題よりは対人訓練の場と変化してきました。最近はリピーターも多くなりました。高松が「時代が大きく変化してきている」と指摘するように、EGに求めるものが異なってきている可能性があります。

セッション主義の問題

集中的グループでセッションだけが大事であるとの考えを、仮に「セッション主義」と呼んでおきます。

EGではセッションは対話の時間であり、きわめて重要です。しかしセッションだけを重視すると、①ファシリテーターのやり方だけに注目されやすくなります。そして、②「今－ここ」の次元だけを大事とする「訓練漬け」傾向が生まれます。結果として、③できる人が偉い人ということになり、メンバーが対等な関係になりにくい雰囲気が生まれ易いです。七〇年代に流行したTグループなどが現在「絶滅危惧種」と言われるのは、それらの重要だが狭い価値観に理由があると私は解釈しています。集団力学でも現在は「リーダーシップよりフォロワーシップが重要」と言われていることにも通底しています。メンバーが主役になる時代が来ています。福岡人間関係研究会の九重ＥＧでは、セッションの大切さはもとより、お風呂の時間、散歩の時間、部屋での時間、食事の時間などすべてのがふれあい時間です。五日間のワークショップ全体をコミュニティととらえ、狭いセッション主義にならない工夫をたくさんしてきました。

コミュニティ論の視点

広井〔二〇〇九〕はコミュニティを「地域コミュニティ」と「時間ないしテーマコミュニティ」とに分けています。前者は、地域の住民たちが住みながらつながっている村落などです。後者はＥＧのように、特定の目的のため一定時間だけ日常生活から離れて出会い、さまざまな地域からそこに集まってきて、解散後はそこには住んでいません。ＥＧのような「時間コミュニティ」体験者が地域に戻って、それぞれのパーソナルパワーでネットワーカーとしてＥＧ的活動を展開することで、ＥＧによる社会変革につながるシステムが生まれます。本山が「ＥＧとＯＤの融合」と表現していることに近いシステムです。ＥＧ体験と日常の体験の乖離を緩和したり、両者をつなげる工夫が大切です。「福岡人間関係研究会のネットワーク・コミュニティの形成」がその実例です。こうした方向から、森岡のいう「未来型実践知」が生まれてくるように感じています。

テーマの問題

ロジャーズは「世界平和への挑戦」というテーマで、ベースはＢＥＧスタイルで活躍して、一九八六年にノーベル平和賞候補になりました。「エンカウンター」と題目をつけないところがロジャーズの挑戦性の凄さと私は感じています。ＢＥＧなりＰＣＡグループなどのアプローチは、私たちの研究会五十年の成果と年輪で鍛え、活用に耐えられるレベルに達していることは、森岡も認めているところです。私からすれば、要は、私たちが挑戦したいテーマを感じ取れるかどうかの問題です。五十年の蓄積を土台として、そこに迫れるかどうかがＥＧの未来を決めると、私は思っています。

エンカウンター・グループの本質

私は森岡の論考から大変な刺激を受けました。ポイントは二段階に分かれると思います。第一弾は、研究会の今後の発展を願った暖かく厳しい檄文です。以下の三ポイントです。①常にフロンティアの維持、②そろそろ衣替えの時期、③実践でやっていることは新しいがそれをどう述べるかが工夫のしどころ。

第二弾は五点にまとめています。①人に会える、②不確かさに耐える、③異質のものの共存、④コミュニティの創造、⑤他者による確証。

文献資料をあたり、野島一彦、小柳晴生、村山正治の核心部分を三人それぞれの文章を引用するというきわめて学術的なスタイルで記述しています。かつ、私たちのEGの本質をこの五点にきちんと整理した文章に初めて出会いました。こころから感謝申しあげます。読者の皆さんのEG理解に大変参考になると確信します。

仲間が見つけた宝をもっと共有したい

森岡が「小柳のEG論は目的がなく会うこと自体が目的」との指摘は新鮮で、OD論でも同じことが指摘されています。小柳説はOD論より前に出されています。「ネガティブケイパビリティ」論の趣旨も、ロジャーズは一九六一年にすでに指摘しています。私たちは仲間の持っている宝をお互いにもっと共有したいです。恥ずかしいことに私は、森岡が指摘するまで、その重要性に気づいていませんでした。人間関係研究会にとってプログラム維持も重要な仕事ですが、もっと大事なことは、スタッフ相互の交流と信頼であろうと思います。フロンティアを維持していくスタッフのパーソナルパワーを強くする機会を作りたいです。

衣替えの時期という点は、森岡が具体的にどんなことをイメージしていたか存じません。私にこの言葉で響いてきたことは、会の組織、スタッフミーティングの在り方、人間関係研究会やエンカウンターという言葉、研究の在り方、などです。皆さんはどうでしょうか。

未来型実践知のシンポジウムないしセミナーの提案

これまで、シンポジウム論文を読んでの私なりの感想や今後の方向など、浮かんできたことを書いてきました。たどり着いたところは、セミナーの提案です。

研究会がさらに面白くなる方向やフロンティアを、スタッフそれぞれの気持や考えを自由に出し合える場を、創りたいです。

ビジョンセッションでやってみよう。それをどんどん出版とインターネットで、日本はじめ世界の仲間に発信しよう。

そして、日本の未来を拓こう！

文　献

広井良典〔二〇〇九〕『コミュニティを問い直す：つながり・都市・日本社会の未来』〔ちくま新書〕
伊藤直文編／村山正治ほか講師〔二〇一五〕『心理臨床講義』〔金剛出版〕

第IV部

一人ひとりの物語

パーソンセンタード・アプローチの声をつむぐ

人間関係研究会ホームページでは、二〇一一年より、研究会スタッフが交代で、エンカウンター・グループへの思いや、これまでの経験、その時点での関心事・考えていることなどを紹介するコラムを掲載している。

この第Ⅳ部には、その内容をもとにした文章が寄せられている（執筆の時期が早い順番に掲載：執筆者名の上の数字はＨＰに掲載された年-月）。本書への掲載にあたって、内容や表現に修正が加わっている場合もあり、また、新たな内容を執筆した場合もある（その場合には新たに執筆された時期の順に掲載されている。なお、以前のＨＰの内容のコラムは掲載されていない）。

なお、コラムの執筆者のなかには、すでにお亡くなりになられた方や研究会を退会された方も含まれていることをお断りしておく。

コラムを通して、人間関係研究会スタッフがどのような経験をし、どのようなことに関心を持ち、どのようなことを大切にしているかを読み取ることができるであろう。そして、それは、わが国におけるパーソンセンタード・アプローチの現在の姿・実像の一端をあらわしていると考えられる。

ロジャーズの人間中心授業の思い出

2011.2　畠瀬　稔

私は一九六七年三月から二年間、ロジャーズのもとへ留学した。その四月からロジャーズの博士課程の授業に参加することを許された。渡米前、ロージアズ全集第五巻『カウンセリングと教育』の翻訳原稿を出版社へ送った直後であり、その第四章のタネンバウムのロジャーズ講座体験記を読んでいた。それはブランダイズ大学の夏期講座へ高名な教育学教授タネンバウム博士が若い学生に混じって受講し、その体験記を書いたものである。

それによれば、ロジャーズは〝学生中心の講座〟を目指して進むが、学生たちはロジャーズ中心の運営を期待し、四回目までは軌道に乗らず、五回目ごろからやっとロジャーズも学生も〝真の自己〟を顕し、やがて講師中心ではない、真の学習過程が展開していったものであった。

ところが、今回はタネンバウムの報告とはまったく異なっていた。講義題目は "Values in Human Behavior" (including Sensitivity Training)。

第一回の三時間はオリエンテーション。全二九名の自己紹介。文献リストへの追加提案。今後のオリエンテーション。

第二回は三週後の金曜日一九時三〇分～二二時三〇分。《グロリアと3人のセラピスト》のロジャーズ編を三〇分視聴。三〇分感想交換。このあと三小グループに分かれて、エンカウンター・グループ〔以下ＥＧ〕。ファシリテーターはロジャーズのもとで研修中の博士号所有者三名。土曜日九時～一八時、日曜日九時～正午のＥＧ継続。

第三回目は三週後、再び金曜日一九時三〇分～日曜日正午の小グループＥＧ。

第四回目は三週後の土曜日の九時～正午の二九人全員の大グループ。感想、質疑、討論、意見の交流。この後、レポートと自己評価の提出が求められた。

ロジャーズは第二回におこなったＥＧでは、自分の時間を三等分して、各小グループに順時参加したが、自分が入ると小グループの雰囲気が変わりすぎるので、第三回からは全員の会合時のみに参加することに変更した。

全体を通じて、価値観と自己の行動の関係を抽象的に論ずるより、自分の価値観がどのような性質のものであり、それが自分の行動にどのように関係しているかの体験的自己理解を中心に進行したように思った。受講者の主体性、学習者中心性が十分発揮されていた。

この感想をロジャーズに話すと、『以前とっていた方法は、初期の学生たちの抵抗が大きく、それを乗り越えると効果的だが、今度の方法のほうが早く初期の目的を達成できそうだ』と答えてくれた。ロジャーズは常に新しい試行に挑戦し続けることを感じた。

坊ちゃんと「清」

2011.3　畠瀬直子

『坊ちゃん』を四十年ぶりに読んだ。そして何だかすごく嬉しくなった。

「そうだ。母親でなくても良い。清のように、自分のことを真剣に愛してくれる人に出会えれば、人は安心して帰る場を持てるんだ！」と気づいたのだ。

このところ、虐待、老親虐待、育児放棄、青少年犯罪など、おなじ人間として自信を失いそうなできごとばかりが続いている。その度に、父親ではなく母親の子育て能力がクローズアップされている。

教育学を開いたルソーは「理想的な子育てをしようとするなら、私は、その子どもが生まれる二十年前、その子どもの母親となる少女の教育からスタートする」と述べている。そんなこと言われたら、私たち全員がアウトだ。どうすりゃいいのだ。次から次と、若者の自信を打ち砕く事件と論評がマスコミを賑わしていく。少子化は、自然のなりゆきである。

坊ちゃんは、母親には愛想をつかされた。父親からはお小言ばかりである。子どもがどんどん生まれていた時代は、親も気ままだったようだ。お手伝いの清は、坊ちゃんの絶対的肯定者で、何があろうとかばってくれる。可愛がってくれる。東京の大学を卒業して、松山に赴任した坊ちゃんの夢にでてくるのは、清ばかりである。

母のお腹にいたときから四歳まで戦争続きだった私は、理想的な母親になどなれない自分に気づいた。赤ちゃんの世話をしていて、こころの底がざわめくのを感じたのである。自分の未熟さに由来すると考えたのだが、それではしっくりしない。母親としての未熟さに還元しようとしてもしっくりしない。むしろ、人格を築く時期の社会のざわめきが浮かびあがってくる。この社会が、よくぞ崩壊せずにこられたと、走馬燈のようにさまざまな思い出が浮かびあがってくる。こころのざわめきを、個人の責任にしていいのだろうか。

カウンセリングの原点は、From here（ここから）である。「一歩一歩、歩みましょう」である。私たち女は、神さまから生命をはぐくむ宮殿を授かっているが、結婚しない人あり、子どもを授からない人あり、さまざまである。

でも、清にはなれる。いまからでも、「清の会」をつくって、絶対的愛を提供したいなと夢想している。いま必要なのは、清だ！

シカゴとウィスコンシン大学での記憶のかけら

2011.6　伊藤義美

この時季六月に入ると日本は梅雨が近いが、ウインディ・シティ（風の街）と呼ばれる米国シカゴは爽やかで快適な季節だろう。美しいミシガン湖には、夏に向けてヨットやボートが多数浮かぶだろう。今から二十七年ほど前の一九九三年三月、私はE・T・ジェンドリン博士（一九二六-二〇一七）が所属するシカゴ大学心理学研究科の訪問研究者として赴いた。C・R・ロジャーズ博士（一九〇二-一九八七）にとってシカゴ大学時代は輝かしい時代だった。ロジャーズとジェンドリンの出会いの場所だが、カウンセリングセンターが入っていた建物は残されていた。私は、ジェンドリンが設立したシカゴ・フォーカシング研究所（一九八五年設立）にも出入りしていた。当時ハワイ大学に留学中の安部恒久氏（元・鹿児島大学、現・福岡女子大学）は飛行機で、クリーブランド・ゲシュタルト研究所に留学中の木村易氏（元・愛知大学）は奥様同伴で車を運転してきて合流した。フォーカシング研究所がシカゴ郊外で主催したフォーカシングのワークショップに参加したのである。私たち日本人は、ワークショップの最後の夜の余興で英語の仮面劇を演じた。木村氏の奥様が仮面をつくってくれた。心技体を説くカンフー師範（木村氏）のお嬢様（奥様）をダークサイドに落ちた拳友が誘拐し、恋人を救出するアクション活劇で、はからずも安部氏と私が戦い……、歓声に沸いたのを思い出す。東洋思想と神技をアピールした民間外交（?）であった。ワークショップのあと、私たちはシカゴ美術館、フィールド自然史博物館、シェッド水族館、アドラー・プラネタリウムなどを見学し、久しぶりの日本食を楽しんだ。シカゴでは、エンカウンター・グループやチェンジズ（治療コミュニティ）はもはやおこなわれていなかった。チェンジズはフォーカシング＝リスニングのセルフヘルプの会としておこなわれており、私もビビ・サイモンの自宅（オークパーク）でのチェンジズに参加した。約一〇名の参加者が、フォーカサー、リスナー、オブザーバーの三人一組をつくって取り組んでいた。その年（一九九三）の十二月からフォーカシング研究所でも、チェンジズがおこなわれるようになった。まもなくして一九九六年にフォーカシング研究所はニューヨークに移転し、研究所やジェンドリンの活動拠点はニューヨークに移った。この研究所は、二〇一七年七月に国際フォーカシング研究所と改名された。

留学中にロジャーズゆかりの地に赴きたいと思っていた。簡単にだが、ユニオン神学校、コロンビア大学ティチャーズ・カリッジ、ロジャーズ研究所（ラホイヤ）、ＵＣＳＤ、シカゴ・サイコセラピー&カウンセリングセンターなどを回ったが、車でウィスコンシン大学を訪れたときのことである。グランドでは学生たちがアメリカンフットボールの練習をしていた。ロジャーズが最初に入学した農学部は、巧みな模様の立派な建物だった。心理学部もあったが、教授陣の短い紹介文からすると、行動変容・行動療法系の教員が多いようだった。統合失調症プロジェクト、研究スタッフ間の対立、他の心理学教員との軋轢など、シカゴ大学やウィスコンシン大学にロジャーズやジェンドリンがいたのは五十年以上も前だから、〝兵〔つわもの〕どもが夢の跡〟かと想いをはせるだけだった。車でキャンパス内の高台に上がると、展望台からの景色が素晴らしかった。瞬間、現下の紺碧の湖面に無数の白鳥が優雅に浮かぶのが見えた。よく見ると、白いヨットだった。はたして白鳥が浮かぶのは、湖なのか空なのか。実に印象的だった。米国社会の変化は速いが、はるかかなたの白鳥は静止していた。今でもあの青白の絵柄が鮮やかに浮かぶ。時間の経過とともに記憶のかけらも真珠の輝きを増してくる。

傾聴、内的枠組、エンカウンター・グループ

増田 實　2011.7

心理臨床的な他者への援助・支援や対人（人間）関係の豊かさへの促進には〝傾聴〟が重要な要因のひとつになる、と言えます。

河合隼雄も〝傾聴〟に関して、「根本は、相撲と同じことです。相撲の根本が『押さば押せ、引かば押せ』というのと同じように、カウンセリングというのは『（クライエントが）しゃべっていても聞いていなさい、黙っていても聞いていなさい』で、ともかく聞いていたらいいんだ、というぐらいの気持で始めたほうがいいのじゃないでしょうか」「関心をもって聞いておったら、だんだん変わってきて、変わってくる中に光が見えてくる……」と述べています〔『カウンセリングを語る』創元社〕。

カウンセリング面接は、他者への心理臨床的援助・支援に際してその中心に位置づけられる働き（機能）である、と言えますが、その核心になるのは〝傾聴〟である、と考えられます。したがって、その援助・支援を適切にすすめていくには、この〝傾聴〟を的確・適切に「体得」することが先ず求められ、また、さらに求められます。

以上は、〝傾聴〟に関するワークショップの開催案内に加えた勧誘文からの抜粋である。

傾聴に関しては、また、「共感」と関連したロジャーズの陳述がさらに示唆的である、と思われるので、その一部を以下に記したい。

「……聴くことを一生懸命続けていると、次第に相手の内側に入っていくことができ、相手がどう変わっていくか、相手の世界のなかでどのように感じられているかがこちら側に感じられるようになってきます。」

「……私がかれ（相手）のなかにおり、楽にいられるようになるにしたがって、かれも自分の世界のなかで、自分で探せるようになります。……かれ自身で自分の世界の端から端までよく見えないところをより見えるように、見ようとし始めるでしょう。」

「……私は、私の直観 intuition が非常に効果的である、……共感的な感受性 sensitivity がセラピイのもっとも中心的なことなのです。それがセラピイのあらゆる条件をカバーしている、と思えるのです。……感受性豊かな同伴者 sensitive companion になること、心をもって聴くこと、まさにそのとおりです。」〔『カール・ロジャーズとともに』創元社〕

そして、この傾聴は、話（事実の説明）を聞くに留まらず、相手の内的世界の動き・その表明（内面の放し）をそのまま受け取り、そのまま伝え返す、という積極的な対人行為である、と言えるが、それは、こちら側の内的枠組 *inner frame of reference* がより大きくより柔らかくなっていなければなし得ない、と考えられる。

この内的枠組は、その個人がそれによって支えられており、そのときどきの思考や判断、好嫌や意欲、行動などの内的基準になっている、とみられるが、その枠組の拡大化・柔軟化への道（「体得」）には、体験的な対人的自己研鑽（稽古）の継続に依拠する、と思われる。そして、この稽古に相当するのが、ベーシック・エンカウンター・グループ〔ＢＥＧ〕である、と言えよう。

ＢＥＧには、さまざまな可能性が含まれている、と認識しているが、近年わたしは、ロジャーズがカウンセラー・トレーニングのひとつとして創出したその初期の意味に視点を合わせ、ＢＥＧ体験をとおしての個人（参加者）の内的枠組の拡大化・柔軟化（豊かさ）に主眼をおいてそれを開催している。そして、エンカウンター・グループへの参加勧誘に際しても、ここにポイントをおいて参加を求めている。

以下に、その勧誘文の一部を示しておこう。

心理臨床に関する援助・支援の仕事をすすめるにあたっては、自己自身を見つめ、その内的枠組をよりいっそう豊かにする（拡大化し、柔軟化する）ことが求められます。それには、トレーニング的な生の対人関係の場に身をおき、そこでの〝体験〟（対人的体験）が有効・効果的である、と言えます。

この対人的体験の主要なひとつと考えられているのが「エンカウンター・グループ」（ＢＥＧ）ですが、これへの参加体験は、それ自体がその人自身の内的な根っ子にあたる部分を培い、その内的枠組の拡大化・柔軟化などに結びつく、と思われます。……

カウンセラーの秘密保持をめぐって

2011.8　岩村 聡

私（たち）は、カウンセラーの「守秘義務」ということばが、あまり好きではありません。守秘義務というと、法律などによって、外側から縛られる印象を受けますし。スクールカウンセラーとして中学校などに行きますと、対外的な守秘義務をいいながら、クライエントの思いなどをカウンセラーから聞き出して、職員間で共有しようとする人たちと出会って、とまどわされたりするのですが……。

私たちカウンセラーが秘密を守ることが望ましいのは、カウンセリングという特殊な活動をより有効なものにする信頼関係の形成が、最大の目的・理由だと思います。

クライエントは、カウンセラーとの対話を重ねて信頼関係を築くなかで、誰にも言えなかった恥ずかしいことも、精神的な病気の原因になったような外傷体験なども、語って傾聴され癒され、その束縛から解放されて、成長できるようになります。クライエントは、そのような対話の内容が、漏れ出して誰かに知られる恐れがあったりすると、話しにくい話は話さなくなるだろうし、そのカウンセリングは、望ましい人格変化への可能性を閉ざすことになる、と思うのです。

だから、相談の秘密保持は、カウンセラーにとって、クライエントの尊厳を守ることを通じて、自分自身の信頼性や援助の価値を高めるために、主体的に選んでおこなうものだと思います。

私は、エンカウンター・グループ・ファシリテーターのなかでは、臨床実践家アイデンティティーの強い一人だと感じています。

グループでも、その安全性などに強い関心をもっていますが、個人カウンセリングでは、効果的な問題解決援助や、クライエントの成長発展を目指す継続的で教育的な援助や、そのための信頼関係の形成などに、関心があります。

フェルトセンスと準拠枠

松本 剛　2011.10

私は、電話相談ボランティアからカウンセリングの勉強を始めた。数年して夜中に相談を担当していた私に『今から自殺する』という電話が掛かってきた。若かった私はパニックになり『そんなことを言わずに……』と説得した。しかしその方は『いや、こういう方法でこれから死ぬ』とかたくなである。しばらくそのようなやりとりが続き、『君は○○君だろう』と言われた。私が『違います』と応えたところ、『そうか、もういい』と電話を切られてしまった。

その方のその後が気になる私は、次の日の夕刊の三面記事に限なく目を通した。すると、私に話していたのと全く同じ方法で、話したことと同じく「人生に悔い無し」と書かれた遺書を残して自死した人の記事がそこに掲載されていた。私はその後一週間食欲をなくし、カウンセリングの勉強を続けることについて悩んだ。「自分には向いていない」……そんな思いが何度も頭をよぎる。その間、何人かの人に話をきいてもらった。尊敬するカウンセリングの先輩方、先生にである。しかし、私の思いは消えず相変わらず食欲は出てこなかった。

一週間後、ふと「あれはあの人の問題だったんだ」ということばが頭をよぎった。不思議なことに、その後食欲が戻り気分が楽になって、胸のつかえが下りた。それからの私は、「死にたい」という内容の相談にもパニックにならずに関わることができるようになった。

「共感」することは、たやすいことではない。人をわかろうとすることは、同時に自分自身のなかにあるさまざまな思いにも目を向けざるを得なくなるということでもある。自分の準拠枠と相手の準拠枠の境目は、つきつめるとあいまいでもあり、そこで自分の課題が浮き彫りにされてしまう。他方、冷たくその境目と距離をとっていては相手とつながることはできない。私は自分の「感覚（フェルトセンス）」がそのような境目での自分の変化や「少し乗り越えられた」というサインを与えてくれることを知った。自分を少し信用できるようになった。

その後もさまざまな場面で、人とかかわるなかで自分を受け入れることが難しい場面と出会ってきた。グループのなかでの私の態度や発言に対して、ほとんどのメンバーから批判的なメッセージを受けて、強い孤独感を感じたこともある。そのつど落ち込んだが、そのような体験は、その後の「自分の相手を共感的に受け入れる度合い」の広がりを生んだと思われる。

グループを続けるということ

2011.11　三國牧子

人間関係研究会には、長年継続しているグループがいくつもある。二十年、三十年、四十年と続けるのはとても凄いことだと、私自身がグループを十年続けて来て思った。

イギリスでPerson-Centred Approachの勉強をし、二〇〇一年に帰国した。その後すぐにEncounter Groupに関わり始めた。翌年にはＰＣＡ乗鞍をスタートし、今年十周年を迎えた。第一回目は、二〇〇二年に知人と一緒にカウンセリングを勉強するという名目での乗鞍旅行。その翌年から公募でEncounter Groupとワールドワークの同時開催でおこなった。公募一回目は申し込みが全部で六名くらいだった。スタッフはEncounter Groupのファシリテーターが四名、ワールドワークのスタッフが一名。総勢一一名で宿を借り切り、三泊四日を過ごした。

それから徐々に人が増えていき、五回目からはワールドワークの代わりにフォーカシングが加わった。フォーカシングはPerson-Centred Approachの仲間のひとつであり、同じ空間でワークをしていていると、仲間だということが実感できる。そのためかいつもEncounter Groupに参加している人たちも、「今年はちょっとフォーカシングに行ってくる」との言葉が入った申込書を送ってくることがある。フォーカシングに参加している人のなかにも、「こっちもどんな感じかやってみる」と言ってEncounter Groupに出かけていく。

今年は、スタッフが一〇名、参加者が四〇名を超える大所帯となった。十年を迎えられることに嬉しさを感じるとともに、たくさんの感謝を思った。一人ではできない。来て下さるメンバーがいないと続かない。そして一緒に乗鞍での出会いを楽しみにしてくれるスタッフがいる。宿を提供してくれる友人、近くで食事を出してくれる喫茶店の友人たちも『今年もあの人、来ているね』『今年は久しぶりに、あの人来たね』と、リピーターさんに気づいてくれる。『昨年も来てくださいましたよね』って、リピーターさんに声をかけてくれる。その声かけをリピーターさんたちは、とても嬉しそうに私に報告してくれる。これを聞くと本当に、みんなで作った十年って思う。参加して下さる皆さん、支えてくれるスタッフや地元の人たちが居たからこそ迎えられた十年目を、こころから幸せに思う。

今こそパーソンセンタード教育を

2011.12　水野行範

今年の三月に定年退職をして、現在は、再任用教諭として、不登校体験生徒が半数以上を占める大阪の公立高校通信制課程に勤務している。

先頃の大阪府知事市長選挙に勝った大阪維新の会は、競争原理に基づく教育基本条例を議会に提出している。そこでは、各学校の校長に、教員の五%を最下位段階として相対評価させ、二年連続最下位評価の教員は免職を含む処分の対象となる。三年連続で定員割れの高校は統廃合の対象である。元は教育委員会が引いてきた路線。その上を政治主導で列車が暴走しようとしている。大阪府では二〇〇六年度から、教職員を五段階に勤務評定し給与に差をつける「評価育成制度」(年間で最大二五万円近くの差がつく)が実施され、学校からは「同僚性」が失われ、疑心暗鬼が覆っている。

実は、大阪維新の会が議会に提出している教育基本条例は、新自由主義(市場原理主義)と新保守主義的に基づく一九八八年英国サッチャー政権の教育改革法と二〇〇二年米国ブッシュ政権の「落ちこぼれゼロ法」を焼き直したものである。英国でも米国でも、学校の授業はテストの成績をあげるためのものになり、教師も生徒も余裕がなくなり追いつめられていった。学校間格差は広がり、「低学力校」と認定され、改善の余地がないとされた多くの学校は閉校に追い込まれ、成績下位校の教師は免職されていった。

カール・ロジャーズは“Freedom to Learn for the 80’s”〔1983〕のなかで、レーガン時代に顕著になった学校教育における官僚主義と右傾化を批判し、「信頼」と「尊重」に基づいたパーソンセンタード教育の意義を訴え、理論と実践を展開している(ロジャーズの死後、増補改訂版が“Freedom to Learn, 3rd ed.”〔1994〕畠瀬稔・村田進訳『学習する自由　第三版』〔コスモスライブラリー、二〇〇六〕として刊行されている)。

ロジャーズは生徒の成長の三条件として、教師が、あるがままの人間として、仮面や見せかけをはずし学習者と関わること、学習者を固有の感情、意見、人格をもつ独立した人間として尊重すること、批判や評価ではなく、生徒の内面の動きを共感的に理解する力をもち、ありのままのプロセスを鋭く見抜くことをあげて、それら「真実性」「受容」「共感的理解」に気づき、体験する場としてエンカウンター・グループへの参加をすすめた。

ウォールストリートの「反格差」で集まった人びとにリーダーはおらず、みんなの意見が一致するまで話し合って決めていくという。その流儀のなかにエンカウンター・グループの魂が生きている。

体験への信頼と九重エンカウンター・グループ

本山智敬　2012.1

九重エンカウンター・グループ〔以下ＥＧ〕が、昨年十二月で四十年の歴史に幕を下ろした。私が初めて参加したのは学部三年生の頃。セッションでのやりとりの断片やグループの皆と近くの山に登ったこと、当時置かれていた卓球台で卓球をしたことなど、今でも鮮明に覚えていて懐かしくなる。当時の「ＥＧに出会えた」という思いは忘れることはないだろう。最後の五年間はファシリテーターとして参加した。そこでも毎年、本当にすばらしい体験ができた。メンバーや一緒に組んだファシリテーターの人たちと、グループを共にしたことをきっかけに個人的なつながりも深まって、それも嬉しいことであった。

四泊五日のＥＧの最中には、色んな出来事が起こる。メンバーやファシリテーターの話に感動したり、自分のことに思いを馳せたり、時には想像もつかないようなハプニングが生じることもある。嬉しい体験もあればしんどい体験もあり、あらゆることが五日間のなかで流れていくのである。

ＥＧでは、そうした体験の一つ一つを、丁寧に共有していくことができる。例えば何かに怒っている人がいたとき、もちろん、その怒っていることの内容も聞くが、それだけでなく、その体験をしてどのような思いがわき起こっているのか、「その人」の体験も大事に聞いていく。それを通して、その体験のなかには、その人にとっていいとか悪いとかということとは異なったところで、その人にとっての意味が浮かび上がってくることがある。怒りの先が自分に向いていない場合でも、聞いている私自身、辛い体験をすることもある。しかし、次第に、その人にとっての意味が見えてくると、話を聞きながらその人そのものを感じるようになり、また、その人とつながっている感じがしてくるのである。

ＥＧに限らず、できればしんどい体験はしたくないなぁと思う。可能な限り、辛い体験をしなくてすむように工夫していきたい。しかし、全ての辛い体験をなくしていくことはまずもって不可能である。

けれどもＥＧでは、マイナスに感じるような体験であっても「表面的に」扱うのではなく、大事に語り、大事に聞いていける。それらを重ねていくと、ここで体験するあらゆることが、とても貴重な体験なのだと思えてくる。マイナス体験が起こらないように常に気を張っている必要もなくなり、その場が少し楽になってくる。

人への信頼、グループへの信頼に加え、体験への信頼が九重EGにはあった。この先いろいろな状況で辛い体験をしたり、話を聴いたりするときに、このことを忘れないでいたい。

プロセスに現在進行形の達成感を感じる

2012.2 村久保雅孝

この十年ほど、僕はマラソンやトライアスロンを楽しんでいる。僕の誘いにのって一緒に始めたり一所懸命に応援に精を出してくれる仲間も増えた。参加することにも応援にも、そこに身もこころもじっくりとおくことで、なるほどと納得できる意味を感得する経験ができた。その意味のひとつが「現在進行形の達成感」である。

なぜマラソンやトライアスロンといった〝過酷な〟ことにチャレンジするのか。参加者や完走者の話に多いのは「完走したときの達成感」である。たしかに、ゴールは嬉しい。何か成し遂げた感じがないわけでもない。しかし、僕はいまひとつ、ゴールの達成感に納得がいかなかった。特に、宮古島のトライアスロン（海を三km泳ぎ、自転車で一五五kmを疾走し、その後で四二・一九五kmを、半ば歩くように走る）を一三時間半ほどで完走したとき、僕に安堵感はあったが、ゴールの達成感は、なかった。新鮮な驚きは、自転車をこいでいるときに湧いてきた。やりたいと思っていたトライアスロンを、今、自分がやっている。このときの感覚は満足感や充実感という言葉では言い尽くせない感じであった。トライアスロンのステージに立つという目標は、今まさに自分が動いているこの瞬間に達成されているのである。僕は、これを「現在進行形の達成感」と呼んでいる。ゴールに至るプロセスが目標であり、ゴールはご褒美のような気分なのだ。

僕のなかでは、この感覚が、エンカウンター・グループ〔以下EG〕で体験する感覚に重なっている。時間が来れば、セッションやそのグループは終わる。そのときに何らかのまとまりや落ち着きのいい感覚があるにこしたことはないし、そうあるようにBeにもDoにも精進する。しかし、そういった結果のために今があるわけではなく、誠実に今を積み重ねていくことが、何らかの終わりの姿を示してくれると思う。誠実にといっても、僕なりのプロセスでしか在りようはないのだが……。それでもやはり素敵なご褒美は欲しいから、「現在進行形の達成感」の感覚をたよりに、これからもEGの場にいられたらと思う。

故郷（ふるさと）

永原伸彦　2012.3

先日、脳神経外科の専門医であり認知症の治療にもあたっているS医師のお話を聞く機会があった。彼のクリニックに併設してある「通所リハビリ施設」で、利用者やその家族の人たちと一緒に歌う時間をもっていて、そのとき好んで歌われる曲があるというのだ。それは「上を向いて歩こう」と「故郷」。歌集のどのページを開いたらいいかわからないような方もおられるけれど、この二曲になると一生懸命に声に出して歌おうとされ、特に「故郷」は、みんな大好きだそうだ。「故郷」の一番の歌詞と、S医師が特に好きだという三番の歌詞は次のとおり。

《故郷（ふるさと）》〔作曲：岡野貞一／作詞：高野辰之、一九一四年〕

一　兎追ひし　かの山
　　小鮒（こぶな）釣りし　かの川
　　夢は今も　めぐりて
　　忘れがたき　故郷（ふるさと）

三　志（こころざし）を　はたして
　　いつの日にか　帰らん
　　山は青き　故郷
　　水は清き　故郷

最初は患者さんのためにと思っていたけれど、S医師は何度も歌ううちに、この歌の歌詞の深さに気づいた。特に、三番に出てくる「志」に注目した。考えてみれば、「志」を果たし尽くして人生を終える人などたぶん一人もいない。人はみな、道半ばにして人生を終えるのだ。それはそれでいい。どんなに不完全であろうと、思いどおりにいかなかった人生であろうと、故郷というものはいつも変らずに、そのままのあなたをそのままに受けとめてくれている。そういう歌だったのだと、S医師は思い至ったのである。

「山は青き故郷」、「水は清き故郷」とは、どんな私、どんなあなたであろうと、常に変わらずに受けとめ続けてくれている存在、つまり、わたしたちの憧れの存在である「内なる故郷」を象徴しているのではないかと、S医師は語ってくれた。そして、それは生まれ育った土地としての故郷でもあり、それを超えた存在でもあるのだろうと。だから、あの患者さんたちもあんなに素直に、あんなに気持を込めて「故郷」を歌うのではないだろうかと。

エンカウンター・グループ体験の意義は、ほんとうに人それぞれだと思うが、S医師の言う「内なる故郷」への道を耕す場となり得ることも、その魅力のひとつではないだろうか。

日常のなかの共感力

カール・ロジャーズの思い出

2012.4　村山正治

野島編集長の依頼でこの原稿を書いています。

一九七二年四月から一九七三年八月まで、私は、ラホイアにあるCSPの客員研究員として過ごした。多くのことを学んだたいへん刺激的な一八ヵ月でした。

ここでは、ロジャーズの日常生活における共感力のことをいくつか書いてみたい。

九大の吉良安之さんが中心になって、有名な《グロリアと3人のセラピスト》のうちロジャーズの面接を体験過程スケールセラピスト用により分析したことがある。この研究で学んだことは、ロジャーズもいつも深い共感ばかりしているだけでなく、浅い共感も多くしている事実を学んだ。教科書に共感が大切だと書いてあると、一時間中、深い共感ばかりしていないといけないと思い込む人が多い。この研究は、そうした思い込みを解くいい解毒剤になる。

マイクの調整中　ロジャーズが私の前に姿を現したのは、ロジャーズ教授として一九六一年、夏の京都大学教養部だった。ロジャーズの初来日で、佐藤幸治先生の京大アメリカンセミナーの招待だった。「教授」は、てかてかのはげたあたま、ポパイを連想させた太い腕とたくましさ、同時にやや内股歩きのしなやかさと柔軟性が印象に残っている。私たち院生が数名、録音の準備をしていたところ、「コンコン」と教授がマイクをたたいてわれわれに協力してくれるではないか。こんな講演者は初めてだと思った。

ラホイヤのパーティで　渡米して間もないころ、研究所の野外パーティがあった。ご存知のように、ご馳走中心の日本のパーティと違ってアメリカのパーティでは、お話が料理代わりである。英会話に弱い新米外国人にはきつい場である。なんだか困ってしまっていた。尚子と日本語で話したり、手持ち無沙汰だった。そのときふと気がつくと、ロジャーズがそばに来てビール片手に飲んでいた。『君、大丈夫ですか』など声をかけられた記憶はない。しかし、抜群な安心感を感じたことも確かである。これが「寄り添う」のロジャーズ流かと思った。

『正治、君も編集委員にね』 あるときロジャーズから呼ばれた。新しく“Person Centered Review”誌を創刊するので日本から編集委員を推薦してほしいとのことだった。ロジャーズは、日本人で初めてシカゴ大学時代のロジャーズのところに留学した人である。あと数人挙げたところでロジャーズから『正治、君もね』と言われてほっとしたことを覚えている。本当はなりたい自分がいたのである。かくて私は編集委員になったのである。

歌うこととエンカウンター・グループ

2013.3 永野浩二

歌うことは子どもの頃から好きだった。小学校の低学年の頃は、好きな歌謡曲やアニメの主題歌をところ構わず歌っている子だった。

小学四年生の頃だったか、教室で、ある番組の主題歌をいつものように口ずさんでいたら、隣にいたクラスメートから不意に『歌い方が苦しそう』と言われた。そのときはあまり気にしていなかった。今みたいに録音機器もあまり普及していない時代で、自分の歌声を客観的に聞いたことはなかった。

中学生になる少し前だったと思う。中古のカセットテープレコーダー（古い！）が我が家に来た。あるとき、自分の歌を録音したことがあった。聞いてみて衝撃を受けた。〈え？ 僕の声ってこれ？ なんか……聞きづらいし、思ったより上手くない！〉

そのとき、『歌い方が苦しそう』と言っていた友達の言葉の意味がわかった気がした。カセットから流れる声は、男にしては甲高く、しかもか細くて、ひどく貧しい声に聞こえた。私たちは自分の声を耳からだけでなく頭蓋を通しても聞いており、録音機器からの声はそもそも本人には乏しく聞こえる。このことはずいぶん後になって知った。しかし、このときから「僕の歌声は聞きづらい」「か細くて貧しい」という認識をもった。周囲の目に過敏になり始めていた思春期の自分のなかで、このことは〝客観的な事実〟となった。

以後も歌うこと自体は大好きだったが、人前で歌う回数は激減した。それは、ギターを始めて、仲間とバンドを組むようになってからも長く変わらなかった。

変化のきっかけはエンカウンター・グループだった。初めて九重のエンカウンター・グループに参加したときのこと。年末開催のこのグループは、期間中にクリスマスが重なるため、夜にクリスマスパーティが企画されていた。皆でクリスマスソングを歌い、そのあと数人が自主的に歌った。僕もギターで伴奏をつけたりした。パーティも終わりに近づいた頃、誰かから『永野さんも何か歌いなよ』と声をかけられた。初めは断った〈トンデモナイ!〉。でも、数人から『いいぞ〜』『歌ってよ』など、笑顔で励まされているうちに、ふと〈この場所ならいいか〉と思えてきた。皆、酔っ払っているし、何だか楽しいし。緊張しながら歌ったのは、《伽草子》という短い曲だった。歌い出すと、皆がシンと聴いている。

君も少しはお酒を飲んだらいいさ
おぼえたての歌を唄ってほしい夜だ
スプーンもお皿も耳をすましてさ
ああいいね…ああいいね…
泣き出しそうな声でもう少しいきますか

〔吉田拓郎《伽草子》の一部〕

歌い終わると皆が拍手をしてくれた。ひとりが『いいねぇ……』としみじみと言った。そのときの彼の口調を今でも覚えている。僕の歌を、表現を、この場所で感じていた安心感とお互いのつながりのなかでのこの雰囲気を、「いい」と、こころから思っているのが伝わる気がした。嬉しかった。

以後、人前で歌うことが少しずつ苦でなくなっていった。もともと歌うことは好きだったのだ。

グループは不思議だ。最も好きなことを取り戻してくれた。自分ひとりの楽しみを取り戻してくれただけでなく、もっと豊かなものを連れて。

私にとってのエンカウンター・グループ

2013.4 大島利伸

私は、小学校の教員をしている。教員になった頃、私を苦しめたのは、先生方の本当に子どもたちを大切にしていないと感じられる振る舞いだった。この苦しさは、私の存在から発せられる声だったように思う。しかし現場では、誰もそのことに違和感をもっていないように、私には感じられた。だからこそ、私自身がおかしいのではと思い悩んだ。

その頃に出会ったのが、カウンセリングのワークショップだった。そのワークショップで出会った教員の多くは、私と同じような苦しみを抱いていた。そこで私は、自分の感じている思いを信じられた。それが自分の教育における核になっている。

その後、ロジャーズが晩年、エンカウンター・グループ（以下ＥＧ）の活動に情熱を傾けていたのを知り、ＥＧに参加しようと思った。最初、ＥＧの本を読み、ＥＧでは激しいやりとりもあるのだとの印象をもっていたので、すごい恐怖心のなかでの参加だったことを覚えている。

ＥＧの参加を経て、私は、ＥＧに完全に魅せられた。そこには、本当の意味のリアルさが存在していた。私は、みずからを「人嫌いだけど、人が好き」だと思っている。それは、日常の人との関係にわずらわしさを感じることが多いからだ。しかし、ＥＧを体験するたびに、「人っていいいな」と思う。それは、人が、日常にまとっているいろいろなものを脱ぎ、存在のレベルでかかわったときに、その人の存在に畏敬の念を感じ、私の魂も震える体験をするからだ。多様性や個性を認めることが大切だと言うが、この存在のレベルに出会えたとき、おのずと相手に「畏敬の念」が生まれるのではないかと思う。ＥＧは、存在のレベルの分かち合いを可能にし、必ず人は分かりあえることを体感させてくれる。

どんな争いのなかにあっても、存在のレベルでの話し合いができれば、きっとわかりあうことができると思える確信こそ、ＥＧで私が学んだものだ。

私は、職場で人間関係のずれが起こったときでも、最後に『話し合うことはできますか』と投げかけている。それは、人が存在のレベルで話し合うことができればきっとわかりあえる、という確信があるからだ。この確信こそ、私がＥＧ体験を通して体得した宝物である。

陰と光の旅

大須賀克己　2013.4

こころは時であるとも言えます。人は過ぎ去った時に苦しみ、そして喜び、訪れる未来に願いを託す。そして幸いなる永い人生を求めるのですが、「生老病死」という苦の人生峠を誰もが超えて行かなければなりません。我々の社会が娑婆（しゃば）（忍土（にんど））と呼ばれる所以なのでしょう。未来と過去の接点に、今という現実の人生があります。そして良くも悪くも、過去のドラマの続きが未来のスクリーンに映しだされます。現在という座席から、あるときは希望にこころが踊り、またあるときは不安に慄く。このように考えると、人生とは自己の幻によって創造された陰と光の映像であるとも言えましょう。

一昨年五月二六日午前三時三〇分、『陰は光に』の著書を残して、私の兄・大須賀発蔵は静かな彼岸へと旅立って行きました。八十八年の長寿を全うしたといってもよいでしょう。多くの人びとの暖かいこころに囲まれ惜しまれながら、永い願いでもあった仏陀の世界に帰依することになったのです。兄の人生にもさまざまな苦難の時代はありました。ですが、最後まで彼を慕い、光る涙で別れを告げて下さった限りない朋友がおられたことは、人生としてこのうえない幸なことです。そして生前には一人の小さな力ではあっても、さまざまな人びとの陰に光を与えることができたのでした。

ほぼ時を同じゅうして、大震災が発生しました。ただ一人の兄にこころが奪われていたときに、多くの方々が瞬時に命を失ったのです。

人生そのものと考えていた「生老病死」さえ存在しない突然の出来事でした。大自然は人間だけの小さな知恵で動いている世界ではなかったのです。小さな昆虫も、木の葉も、大木も海も空も一体につながっている大きな命でした。そのように思うとき、兄もまた、無限の生命に包まれ、大宇宙のどこかで生きつづけ、私たちを見守っているに違いありません。そして、エンカウンター・グループのように、災害で亡くなられた方々と共に、深い出会いのなかで語り合っていることでしょう。

カウンセリングでしていること

2014.1　大築明生

私は、カウンセリングで来談者の話を、「この人は、どんな状況をどんな思いで生きてきた人なのだろう」という気持で聴いている。それはクライエントが生きてきた流れとも言えるが、それが、しみじみとした響きで私のこころに届いてきたとき、「ああそうだったのか」と、その人への親しみに似た感情が湧いてくる。それは、「生きることは苦しみや悲しみを伴う」という現実（と私は思う）への共感のように思えるのだ。

カウンセラーの駆け出しの頃は、「来談者の抱える問題や悩みを解決してやらねば」と思い込み、問題への対応の仕方やアドバイスの中身を必死に勉強していた。しかし実際には、「解決できる問題」などごく限られているし、アドバイスが正論的・批判的な響きで伝わり、相手に自責の念や孤立感を抱かせてしまうことも多い。そして臨床体験や自分が悩みを抱えて苦しんだ体験から、深い悩みを抱える人は、「話をしっかり聴いて自分をわかってほしい」と願っていることがわかってきた。

悩みや苦しみが解決できなくても、「自分をわかろうとする人」の存在を感じられれば、人は本来有している生きるたくましさを徐々に取り戻していく。そして私が今思うことは、「自分がそれをされたら安心するだろうか」という援助される側の視点を忘れずに、対人援助の姿勢や技法をより深く学び身につけたいということだ。

こうした私の思いは、エンカウンター・グループ体験も土台になっていると思う。ファシリテーター駆け出しの頃は、「よいグループにしなくちゃ」と考え、実際には何が大事なのかもわからずもがいていた。今は、グループ全体の流れを見守ろうとする思いは当然あるが、それ以上に、参加者一人ひとりの発言にていねいに耳を傾け、グループに漂う雰囲気を味わおうとしている自分がいる。それは、カウンセリングで私がしていることと同じであり、私がどこか安心して人と接していられる姿勢なのだ。

「聴くこと」による自己理解

2014.3 坂中正義

《レ・ミゼラブル》というミュージカルがある。私の大好きな作品だ。このミュージカルは、服役していた主人公ジャン・ヴァルジャンが、司教の慈悲により改心し、その後、さまざまな苦難のなかでも、自身を偽らずに歩んでいく人生を描いている。また、ヴァルジャンの人生と交わるさまざまな個性的な人物の人生も描いている。このミュージカルの魅力はさまざまな登場人物の人生を描いているところであり、それぞれの登場人物が私に何かを訴えてくる。

私にとってのエンカウンター・グループ〔以下EG〕の魅力について振り返ると「静座観群妙」という言葉が思い出される。これは武者小路実篤の作品で、かぼちゃやピーマンなどいくつかの野菜が描かれているところにこの言葉が添えられている。作品全体で「いろんな形をした野菜があるが、それぞれの妙を静かに座って観る」といったことを表している。これは、EGでメンバーのさまざまな体験を聴かせていただくことで、そのメンバーのありように触れさせていただけるという、私にとってのEGの魅力を端的に表しているように思う。

この二つのエピソードを紹介したのは、「聴く」ということの聴き手にとっての積極的な意味を表現できたらなという思いからだ。カウンセリングでは「聴く」ことは援助の基本であり、かつ到達点でもあるといわれるくらい大切にしているが、それは相手の援助という意味合いにおいてであり、聴き手にとってのそれではない。しかし「聴く」ことは、聴き手自身にとっても大きな意味があると思うのだ。

他者の人生に触れること、他者の体験を聴くことは、他者の理解にとどまらず、そのことによって、聴き手自身も自分のこころのさまざまな側面に光を当て、自分を確認したり、自己理解を深めたりする契機になる。

他者に耳を傾けることは、自身に耳を傾けることにつながる。

他者と対話することは、自己と対話することにつながる。《レ・ミゼラブル》のさまざまな登場人物に触れるなかで、私は自分自身のなかのそれらの人物なるものを発見し、また、それらとは異なる自分を確認する。ＥＧでのメンバーの体験に触れるなかで、私はその人らしさを感じさせていただくと共に、自分らしさにも目が向いていく。

語ることによる自己理解はよく語られるが、聴くことによる自己理解ということにも耳を傾けたい。私にとってのＥＧの魅力はまさにこの点が大きいと思っている。

親密さと孤独と

2014.6.　髙橋紀子

その昔、大事な人たちが次つぎと亡くなった時期があって、思えばそれからというもの、人と親密になるのがほとほと嫌になった。出会わなければ別れもない。一緒に暮らせるほ乳類は猫が精一杯。いつしか生活を共にするような親密な付き合いは極力避けるようになった。

福島に住居を移し、被災地支援が日常となり、毎週のように誰かの死に触れる。少しでも自死を防げるようにとこころを尽くしつつ、人はいつ死ぬかわからないという現実からも目をそらせなくなった。そう。別れはいつ訪れるかわからない。

人との出会いが有限であることを実感する生活のなか、これまで脇においていた、人と親密になることからも目をそらせなくなった。親密な誰かがいないと、思いをわかちあえる人がいないと、やりきれないことが多すぎる。

そんなときに第三九回木村伊兵衛写真賞を受賞した森栄喜さんの写真集『intimacy』を知った。この写真集には森さんの恋人や友人との日常がある。森さんは同性愛で、この写真のなかには男の人たちしかおらず、そのせいなのか関係ないのか、写真のなかの男の人たちのまなざしは、とても脱力していて柔らかくて、おそろしく悲しい。人を愛しく思うときや愛しい人と一緒にいるときの、どうしようもない孤独が刺さってくる。

彼らを見て気づいた。私は人と親密になるのを避けることで、孤独を避けてきた。

エンカウンター・グループという枠組のなかではなく、生き方として、私は人と出会うことそして親密になることの意味を考え直す時期に来ている。日々の生活のなかで出会う人たちとどれだけ向き合えるか。その一期一会を、その孤独をどこまで真摯に抱えられるか。どこまでできるかわからないけれど、人生の正念場であると思う。

こんなときにPCAを通じて知り合った仲間がいることはとてもこころ強い。

エンカウンター・グループは多様で自由だ

「スロー・エンカウンター・グループ in 沖縄」のこと

2015.4　高松　里

「エンカウンター・グループ〔以下EG〕」はアメリカで誕生したのだが、当時はいろいろな試みがおこなわれていたようだ。カリフォルニアの「ラ・ホイヤ・プログラム」が有名だが、これは二〜三週間という長期間おこなわれ、コミュニティ・ミーティング、スモールグループ、インタレストグループ、ウィークエンドグループなど、さまざまな試みがおこなわれていた。また、ダンスやバレーボール、サーフィン、みんなで遊びに出かける、などさまざまなアクティヴィティがあったようだ〔※安部、一九八二〕。我々が呼ぶいわゆる「セッション」(集中的な話し合い)の時間は、中心的で重要ではあるが、さまざまな試みのなかの一つという感じである。

日本でEGとして定着したのは、このなかの「セッション」の部分で、いかにも勤勉な日本人らしいチョイスだったなあという気がする。そんなにたっぷりとした時間も取れないし、「ではエッセンスであるセッションを中心にしよう」と考えたのはわかる気がする。

しかし、多様な経験に開かれているのがもともとのEGであると考えると、もっと違ったグループの展開が可能になってくる。つまり、三時間のセッションを一日に二、三回繰り返し、しかも主に言葉を使って話し合うだけでは、ちょっとバランスが悪いというか、もったいないという気がしてくる。

というのは、グループがおこなわれる会場は風光明媚な所が選ばれることが多いのだが、実際には外に出る機会はあまりない。自然に触れたり、みんなで一緒に遊んだりするよりも、部屋に閉じこもって話し合いを続ける、ということはちょっと窮屈だなあと私は感じていた。

〈スロー・EG in沖縄〉は、スタッフ（私も含む六名）が大好きな沖縄で、その環境にふさわしいグループを展開できないかと考えた結果生まれたものである。基本原則は、

・空気、風、音、景色、海、林、土地の料理、などに恵まれた会場でおこなう
・部屋の中での話し合いの時間は、あまり多くとらない
・外に出る機会を増やす。散歩したり泳いだり歌ったりする。おいしいものを食べに行く。車ででかけたい人にはレンタカーをお貸しする
・自然と触れるようなワークをいくつか提供する
・家族（夫婦、親子、小さな子ども）の参加も歓迎する

などだ。

現在の会場は、沖縄中部、美ら海水族館のすぐ近くの備瀬というところである。ふくぎ並木のなかにある、民宿を貸し切りにしている。毎回のように、小さな子ども参加しているので、夏休みの田舎の大家族という雰囲気で、思い思いに過ごしている。

もちろんEGなので、お互いの気持を伝えたり、その日経験したことを報告したりする。でも、常に外の風（暑くて湿っている）も入って来るので、環境と自分の気持の両方に目が向く。

このように、EGは、型にはまる必要はないし、自由に展開していくものだと考えている。基本的には、多様で豊かなコミュニケーションチャンネルが、人や自然・環境とのあいだに開かれていくことが、大事なのではないか。仲間たちと一緒に、自分に合ったグループを模索してみるということは、刺激的で楽しいことだ。

※安部恒久（一九八二）「私のラ・ホイア・プログラム参加体験」九州大学心理臨床研究、一、九七－一一二

ゆっくりと

都能美智代　2017.3

二〇一七年に名古屋で開催された人間関係研究会ミーティングの二日目、高松里さんが、自分も一緒にスタッフとして参加している沖縄スロー・エンカウンター・グループ（以下EG）を取り上げて話し合っていたときだった。突然、大築明生さんに『都能さんは、ベーシック・エンカウンター・グループとSEGどっちもやってるんだよね。どっちが好きです

か？』と質問された。戸惑いながら自分は『う〜ん、どっちも好きですね。ベーシックももちろん自分を育ててくれ、そこで関わったことや出会った人たちとの繋がりが私自身を豊かにしてくれて、とても大事な時間だったし、今も大事にしているつもりです。一方で、スローでのセッションの少ないやり方も好きです。一緒に過ごす四日間の何気ない会話や行動が、緩く無理のないかたちで自然や人や自分と関われる気がしている。そこでは生活のなかでの何気ない会話や関わりが、とても大事であることを改めて教わった気がしています』と、正確ではないが、こんな風なことを話した。

スローＥＧのセッションは、朝と夕方の二回と少なく、後の時間はなるべく自分のしたいことをするというやり方をとっている。このグループをやり始めた当初は、自分はこの慣れないやり方に戸惑っていた。こんなに話さないで何をしているのだろう？　これはＥＧと言えるのだろうか？　これでいいのだろうか？　と。この戸惑いは、以前大学生対象にしたすべて構成するやり方に戸惑ったときの感覚と同じだった。そして戸惑う一方で、いずれのグループも手応えを強く感じたのだった。

このやり方にしっくり感じ始めたのは数年後からだったように思う。いつもそこでは、自分は今どんな感じでいるのか？何を感じているのか？　と問われる。誰かに問い詰められるわけではないけれど、何気に緩く問いかけられる。沖縄のむっとした暑さのなか、ゆっくりと過ごしながら感じ、想い、考える。

昔誰かに教えてもらった。エンカウンターは、交差点みたいなものだと。交差点で、休憩をしたり、自分の背負った荷物を一度下ろしてみたり、広げてみたり、荷物を入れたり捨てたり、整理し直してみたり、交差点を歩いている・立ち止まっている人の姿を見たり、風景を見たり感じるものだと。ＳＥＧと名づけたこのグループもまた同じ感じがある。より自分のやり方、ペースを守りながら交差点にいる感じがしている。

ゆっくりとだが、ＥＧで学んだ精神や価値観を大事に貫いたら、どんなやり方でもどんな名前でもいいとこころから思えるようになっている自分がいる。そのことをより深く考え感じたミーティングであった。

大学生とベーシック・エンカウンター・グループ

2017.3　山田俊介

エンカウンター・グループ（とくにベーシック・エンカウンタ

ー・グループ：ＢＥＧ）に参加するようになって、もう少しで四十年が経とうとしています。私が初めてＢＥＧに参加したのは、大学二年生のときでした。私が大学生の頃は、キャンパス・エンカウンター・グループがとても盛んでした。多くの大学で、学生相談機関などが主催し、所属する学生を対象とするＢＥＧがおこなわれていました。

私が学ぶ大学でも、秋と春休みに在学生を対象としたＢＥＧが三泊四日で実施され、一グループが一〇名程度で、三グループに分かれておこなわれていました。参加する学生も、心理学を専攻する学生が大半というような状況ではなく、さまざまな学部・専攻の学生が参加していました。それぞれのグループでは、多くの場合、真剣で率直な話し合いが展開していました。そこでは、他の学生がどのようなことを考え、悩み、どのような思いをもちながら大学生活を過ごしているかを感じることができました。また、他の参加者に対する態度、関わり方は一人ひとり異なり、独自性を感じるとともに、自分の関わり方を見直すことにもつながりました。そして、互いに真剣に理解し合おうとし、気持が通い合う喜びを経験することもありました。

このように、他者の内面や人生に出会うことができ、自分自身の内面や他者への関わりをじっくりと見つめることのできるＢＥＧは、大学生の私にとって（戸惑いや不安・緊張を経験することもありましたが）とても新鮮で、刺激的で、魅力的でした。そこで、大学生だけでなく一般の社会人も参加するＢＥＧにも参加するようになりました。また、大学四年生が終わる春休みには、知り合いになったファシリテーターの方の協力を得て、近隣の他大学の学生にも参加を働きかけて、三泊四日の学生のためのＢＥＧを仲間とともにみずから企画、実施しました。それだけ強く私がＢＥＧに魅かれていたといえるでしょう。自己が形成される青年期にＢＥＧを経験したことは、その後の私の生き方に大きく、深い影響を及ぼしていると感じます。

近年、キャンパス・エンカウンター・グループはあまりおこなわれていないようです。また、ＢＥＧの募集案内を紹介しても、参加する大学生は少なくなっているように感じられます。ただし、私の身近な学生がＢＥＧに参加することも時にはあります。参加した学生に参加後に感想を尋ねると、「普段の大学生活ではできないような話をすることができた」など、ほとんどの場合、満足のいく貴重な経験であったことが語られます。そうした姿に触れると、現在の大学生にとってもＢＥＧは大切な意味をもち得るのだと感じられ、うれしくなります。現在の大学生のなかにも、他者と深く真剣に関わり合いたいと望んでいる学生や、自分の在り方や他者への関わりをじっくりと見つめてみたいと思っている学生は存在することと思われます。そうした学生の方たちが、より多く、BEGの存在を知り、関心をもってBEGに参加してくれることを願っています。

グループが苦手な自分と〝出会い〟

2017.5　相原　誠

私は、集団、グループが苦手だ。というより、苦手であったが、現在はリハビリ中だ、と言った方が正確かもしれない。グループが苦手といっても、全く適応できないわけではなく、どんな集団でもその一員になろうと頑張って疲れてしまうところがあった。そのグループの一人ひとりが自分や他の人に対してどう思っているのか、グループの雰囲気は悪くないのか、そして、そこに自分はちゃんと入れているのだろうか、などといろいろと考えて、雰囲気よく自分も所属感を感じられているときはまだよいのだが、そうでないときは、こころがざわついて、どうしようもなくなってしまっていた。どちらにせよ、最後に疲れてしまうことは変わりのないことであったが。

このようなことは、誰にでもありそうなことだが、私は人より少し強い気がする。今、私が何となく思いつくグループ嫌いの理由は、大まかに以上のようなことだが、以前はこのあたりの理由もぼんやりとしており、ただ漠然と嫌だなと思いながら、新たな出会いなど特に求めてもいなかった。

しかし、私をエンカウンター・グループの世界に誘い込んでくれた学部生時代のとあるグループ体験や、その後のさまざまな人びととの素敵な出会いによって、グループに対する不安感や抵抗感が少しずつ緩んでいっているように感じる。また、ここ最近、みずからの研究を通してグループに関わるさまざまなファシリテーターの方々からお話を伺ったり、グループ仲間と語り合ったりしながら、自分のグループ実践におけるテーマ、ファシリテーション、そして自分とグループとの関係など少しずつではあるものの言語化し始めているところである。

そして、現在の私の興味、関心は自分でグループを企画してみたいという方向にも向かっている。これまでは、既存のグループに関わることが多かったのだが、沖縄グループでのメンバーとしての体験や今年一月の愛知（犬山）のミーティングで出会った方々とのやりとりや、高松里さんの発表などにインスパイアされて、むくむくとこのような気持が湧いてきている。以前の私からは考えもつかないことで、自分でも少し驚いているが、何か不思議と前向きな気持で進んでいる。

このように今、改めて振り返ると、グループやさまざまな人びととの出会いが今の自分の一部となり、それが支えとなったり、時に背中を押してくれているように思う。また、その出会いが今後さらに広がり、新たな出会いへとつながっていくことを楽しみにしている自分もいる。そして、将来、その出会いのなかで自分がどんなことを思い、考えているのか、これもまた楽しみなことである。

職場にBEGのスピリットとファシリテーション・スキルを

2017.5　渡邊 忠

そもそもベーシック・エンカウンター・グループ〔以下BEG〕に私がコミットしたきっかけは、所属していた企業体の研究所の研究の一環として、硬直化した職場組織の風土を柔軟でオープンなものにする「組織開発」の方策のひとつとしてでした。ある先輩の誘いで、発足間もない人間関係研究会のワークショップに参加し、その自由で柔軟で多様性を認め合うスピリットのなかで、見過ごしてきた自分自身と向き合い「我が意を得た」思いをしました。しかしその後、BEGを企業内教育として導入したものの、研修に要する時間の割に、多様な職場から参加した個人の気づきがそれぞれの現場に帰って活かせているのかという〝費用対効果〟の壁に阻まれることに。

そこで、人間関係研究会でファシリテーション体験を積むとともに、あるひとつの職場の風土をBEGのスピリットとファシリテーション・スキルを活かして変える道はないかを探ることにしたのです。私にとってのBEGの〝効用〟を体験的にふり返ってみると、対話のなかで自分と他者のものの見方（価値）、それに連動する意図や期待、そして感情の動きに気づき、意識できるようになることがあります。それは、自他を相対視することであり、他者との関係で、金子みすゞの詩の一節「みんなちがって、みんないい」、今で言うダイバーシティ&インクルージョンのスピリットにもとづく信頼感覚と自己肯定感を培うことでもありました。

時代は高度経済成長期、バブル景気とその崩壊期などを経て、職場では人が減らされ業務量が増えて多忙になるとともに、ICTの急速な導入によって職場の人同士の直接的なコミュニケーションの量と質が低下しました。それは、職場のタテヨコの関係でお互いが何を考え、どうしようとし、どんな気持になっているかが分かり合えないことであり、不信と不安が増大するとともに、働き甲斐、居甲斐、働きやすさなどを見出しにくい状況をつくっていると思われました。

前述の〝効用〟は、このような状況を改善する一助になると考え、毎日顔を合わせる比較的少人数のグループ（ファミリーグループ）で、いわば「深く丁寧な」コミュニケーションをする場を意図的に作ることにしました。具体的には、一回三、四時間のミーティングを業務に支障の少ない時間帯と間隔（月一回など）で継続的に開催し、話題を職場の運営や風土などで疑問に思ったことに限定し、地位や立場を一時棚上げにして自由にホンネを語り合い、そのなかで上記の〝効用〟を追求する場としたのです。

ただし、その実現には、職場トップが職場風土を改善したいという課題意識をもち、このミーティングに参加することが大前提。また、何らかの利害関係がある上司・部下、同僚のあいだで自由にホンネを語り合えるには、BEG同様、安全な雰囲気づくりのための「時間」と「ファシリテーター」の存在が必須です。そのファシリテーション・スキルは、ムードメーカーであり、通訳であり、交通整理係であり、仲人であり、〝私らしさ〟です。

企業体の複数の職場でこの方法によるアクションリサーチをおこない、職場の問題という話題限定であってもお互いが何を考え、どうしようとし、どんな気持になっているかが共有されると、お互いのつながりが強まり、日常業務がスムーズになり、職場ストレスも軽減されることが示されました。

皆様にも、個人参加の「ストレンジャーグループ」のBEGだけでなく、職場や地域の「ファミリーグループ」でこのようなミーティングを開催することにチャレンジしていただければと思います。そのファシリテーションは、BEGのファシリテーター経験者なら十分果たすことができるでしょう。

私らしく人間らしく

村田 進　2017.6

人間中心の教育研究会のパンフレットに「私らしく人間らしく」ということばが載っているが、私は、そのことばから、家族療法やナラティヴ・セラピーの思想的な根拠となっているオートポイエーシスの考えを思い出した。それは、カエルの網膜の色彩反応が、必ずしも個体間で同一ではないという神経生理学的なエヴィデンスから、個体の経験が「内に閉じ、外に開かれて自己創出する位相」と定義されている。

このオートポイエーシスの考えを標語に応用し、「私らしく」を「内」に、「人間らしく」を「外」に仮定して、体験過程から見てみたい。

ロジャーズは、すでに人間有機体の位相から、「内」なる自己概念と「外」なる有機体経験が乖離している関係を「自己不一致」の図で表している。また、ジェンドリンは、プロセスモデルをつくり、「外」なる生起occurrenceが「内」なる暗在*implying*に逢着して体験過程が推進する様相を図によって表している。

　私は、有馬研修会のインタレストグループで、創作体験を企画・実施してきた。そして、『灯台へ』の枠づけによる創作によって、創作体験者は、「内」なる私と「外」なる行為とそのすじcontext（行動文脈）〔ジェンドリン〕に従って作品を書きながらに体験過程を推進し、ふっきれて心理的に回復・成長してゆくと同時に、そのようにして出来上がった創作作品をグループで発表し、互いにフィードバックしながらメンバーは、相互に、その凝集性を高めて「内」と「外」が一致してゆくのを見てきた。

　このように見てくると、「私らしく、人間らしく」の標語は、体験過程をよく反映していることがわかるのである。私は、この語をハンドル語handle〔ジェンドリン〕として、「他のもろもろのことと関与してゆき」、〝真の〟私となり人間となってゆきたい。

※村田〔二〇一六〕『ふっきれて今ここに生きる：創作体験と心理的成長の中心過程について』〔コスモス・ライブラリー〕

エンカウンター・グループと私

横山直子

2019.7

学生時代はサイコドラマに夢中だった。社会人になっても続けるなか、サイコドラマのグループで何とも嫌な思いを経験した。参加する誰もが大切にされるグループはないのだろうか……。そんな思いで久しぶりに恩師の研究室を訪ねた。渡されたのが人間関係研究会のパンフレット。今から間に合いそうないくつかのワークショップに丸が付いていた。それが恩師の〝無言のメッセージ〟。「誘い合わずに一人で」「できるだけ遠くに」「年に数回は参加を」かけられた言葉に背中を押されて授業で経験して以来のエンカウンター・グループ〔以下EG〕に参加した。

　あのときからEGは私にとって大事な場所になっている。からっぽな自分との出会い、そんな自分が受け入れられるという経験、人への信頼やお互いの可能性を確信できるようになった。スタッフとしてEGのお手伝いをするようになり、人がより自分の可能性を信じ、発揮できるようになれたらと思っている。

　サイコドラマにはサイコドラマのよさがあった。あの頃はグループを嫌いになりたくなくて「グループっていいな」という体験をさせてくれるEGの場が、私には必要だった。今はEGを通じて「人間っていいな」と思うことが多い。自分自身や人間に対する信頼の大切さをEGは教えてくれているかもしれない。

〝日常〟のささやかな喜びとの〝出会い〟

2019.7　大下智子

最近、日常のなかで、小さな発見でふと癒されること、少しの工夫でできたことに喜びを感じることが多い。道端に咲く可憐な花に目を奪われたり、レシピを少しアレンジして作った料理がおいしかったり、それを食べてくれた人が喜んでくれたり。小さな喜びを一つひとつ重ねていると、生活や生き方そのものに幸せが広がる気がする。

こう哲学していると、〈EGカフェ〉に携わる契機を思い出す。

確かに、エンカウンター・グループ〔以下EG〕で、数日、日常の場から離れて、そこに集う人びとの生き方、価値観、想いに触れながら、自分の気持をじっくり見つめられることは、私にはかけがえがない。実際、喪失感が強い時期に、EGで、言い知れぬ悲しみを聴いてもらった。お別れしてもお別れした方とのこころの交流や思慕は消えないことに気づき、人との出会いをより愛おしく感じられるようになった。

それゆえ、EGの〝出会い〟の醍醐味を継承したいと強く思う。しかし、時間と費用、遠方への移動などに、どこまで投じられるかを考えると、日常の傍らで、私自身難しいときもある。とすると、EGに参加したくてもできない人もいるのではなかろうか。

そうしたグループへの潜在的なニーズにより柔軟に応えられないか、日常で気軽にカフェに行くようにグループに参加できるなら足を運びやすいのではないかと、法眼さんと話し合いを重ね、〈EGカフェ〉を共にしている。もちろん、メンバーお一人おひとりの想いとの出会いを大事にしながら。

目の前に生きる人が、少しでもこころ安らいだ〝日常〟を送れるように、声なき声を拾い、ささやかな喜びと〝出会う〟お手伝いをしたい。

望んではいなかった グループとの出会い

2019.7　松本大輝

私のグループとの出会いは、みずからが望んだものではありませんでした。

初めてのグループとの出会いは、大学生のときです。不登校に関心のあった私は、大学では不登校生徒のグループ・アプローチを専門とする先生に師事しました。私としてはあくまで不登校支援を学びたいのであって、グループは「おまけ」でした。「おまけ」ではあるものの、不登校の子どもたちと共に過ごしながら、グループを学んでいきました。

大学院に入ると、グループ・アプローチのスタッフ研修として、エンカウンター・グループ〔以下ＥＧ〕を体験することになります。これが私のＥＧとの出会いでした。ＥＧとの出会いもまた望んだものではなく、スタッフ研修としてやむなく参加したものでした。今でも、研修に向かう道中で一緒に参加する同級生との会話を覚えています。

『二泊三日も何を話すの?』

『そんなに話、続かないでしょ』

『誰か泣きだしたりするのかな?』

決してＥＧにポジティブな思いを抱いての参加ではなかったことを良く覚えています。

それでもＥＧ体験は私にとって強烈な体験でした。人が真剣に語り合うということがどういうことなのか、人が人を大事にするとはどういうことなのか。ＥＧを体験して初めて、その一端を見ることができたという思いを抱きました。

望んでグループを始めたわけでもないのに、なぜこんなにグループを続けているのか、自分でも考えることがあります。その時その時で、ただグループにかかわろうと思う何かがあった。それが続いただけなのだろうと思っています。そして今、グループにかかわろうと思うのは、社会生活のなかで人間と出会いにくい感覚がありながらも、グループでは人間と出会うことができる、そういう感覚があるからだろうと思っています。

「からだが体験していること」と
それを「言葉で捉えること」

2019.9　下田節夫

私は以前このコラムに「私自身、これまでメンバーとして参加したＢＥＧで、文句なく『これは素晴らしい』と感じるような体験は、多分したことがない」と書いたことがある。ところが、その後考えが変わったので、それについて書きたい。

私が初めてエンカウンター・グループ〔以下ＥＧ〕に参加したのは、一九七一年、「人間関係研究会」の主催、摩耶山でおこなわれた五泊六日のグループだった。「考えが変わった」というのは、私は実はそのEGで非常に意味のある体験をしていたのではないか、と思うようになったからである。

そのグループでは、前半に、同時におこなわれていた複数の小グループのメンバー全員が戸外に集まって体を動かすというセッションがあった。そして、EGの後半になって、そこでの体験について参加者皆で話し合うという、別のセッションが設けられていた。ところが、私は後半のセッションに参加しなかった。それは、その直前に、私が参加していた同じ小グループの一人のメンバーと廊下で擦れ違ったときに、「あら、その(下田の着ていた)服は警戒色ね」と言われ、そのまま全体グループに出るのが怖くなったためだった。そのため、その時間、私は一人で居室に居た。

その居室に、全体グループが終わった後、私たちの小グループのファシリテーターだった中村良之助さんが来てくださり、そこで暫く二人で座っていた。そのときに交わした言葉は覚えていないが、そこで私は号泣したのだった。今になると、その体験は私にとって非常に大きな意味があったのではないか、と思われてならない。私が泣いたのは、全体グループに出ていなかった私を中村さんが気にかけてくださり、またその私の隣に暫く座っていてくださったこと、つまり私の存在をとても大切にしてくださったことへの反応だったのだと思う。

記憶が不確かなのだが、多分そのグループから日常に帰って間もない頃、ある先輩から『君、濡れたね』と言われたことがあったように思う。恐らくそれは、摩耶山EGで私の「殻」のようなものが緩んだのを感じ取っての言葉だったのではないかと思う。もしそう考えてよいとすれば、それは私の号泣体験がもたらしてくれたものだったに違いない。

前のコラムにも書いたが、私はBEGに深く惹かれるものがあり、自分でもその実践を続けてきているのだが、その「原点」は上に書いた体験にあるように思われる。それにもかかわらず、前のコラムには、「これまでメンバーとして参加したBEGで、文句なく『これは素晴らしい』と感じるような体験は、多分したことがない」と書いている。

どうしてそのようなことが起きたのかと考えると、それは、いわば「からだ」が体験して知っていることと、それを捉えようとした言葉とのあいだに、ズレがあったからなのではないかと思う。実際のところ、これまで私は私自身の「からだ」に動かされてBEGにかかわってきているのだが、それを適切に捉える言葉を、あるときまで持ち合わせていなかった、ということなのだと思う。「からだ」で感じることを適切に「言葉」で捉えることの大切さを、改めて思う。

人間関係研究会五十周年に思う

2020.3　野島一彦

人間関係研究会は、一九七〇年に畠瀬稔先生・畠瀬直子先生・村山正治先生たちが中心となり発足しているので、二〇二〇年は五十周年となる。半世紀を経過したことになる。一九七〇年といえば、私が大学院に入り、エンカウンター・グループ〔以下EG〕の実践と研究を始めた年でもある。そういう意味で五十周年は、会の歴史と私個人の歴史と、二重の記念すべき年ということになる。

この五十年のあいだに、人間関係研究会は、毎年、多様なEGのプログラムを提供し続けてきた。またスタッフは意欲的にその研究も着々と続けてきた。発祥の地である米国では、EGの実践と研究が脈々と続けられるというような状況ではないのに、日本では脈々と続けられてきたのである。

人間関係研究会のワークショッププログラムでは、人間関係研究会は次のように紹介されている、「人間関係研究会は、エンカウンター・グループを通した、安全な雰囲気のなかで成長し会う人間関係の研究と実践を目的として、一九七〇年春に発足しました。カール・R・ロジャーズのパーソンセンタード・アプローチの精神を大切にしながら、毎年各地で、EGを中心とした多様なワークショップやセミナーを開催しています。これらの活動を通して、教育・医療・福祉・産業・家庭・地域に、より真実で建設的な人間関係を育て行くことを課題にしています」。

五十年間も会が継続できたのは、この紹介にある二つのキーワード、〈エンカウンター・グループ〉〈パーソンセンタード・アプローチの精神〉をスタッフが大事にしてきたことによると私は思っている。この二つは人間関係のグランド・キーワードであると言っても過言ではなかろう。

ふりかえれば人間関係研究会はこれまで、次のような記念出版をおこなってきている。

○**ロジャーズを招いてのパースン・センタード・アプローチ・ワークショップの記録**＝『カール・ロジャーズとともに：カール&ナタリー・ロジャーズ来日ワークショップの記録』畠瀬直子・畠瀬稔・村山正治編〔創元社、一九八六〕

○**二十周年**＝『エンカウンター・グループから学ぶ：新しい人間関係の探求』村山正治・見藤隆子・野島一彦・渡辺忠編〔九州大学出版会、一九九一〕

○**三十周年**＝『パーソンセンタード・アプローチ：二十一世紀の人間関係を拓く』伊藤義美・増田實・野島一彦編〔ナカニシヤ出版、一九九九〕

○**PCA日本フォーラムの記録**＝『エンカウンター・グループと国際交流』松本剛・畠瀬直子・野島一彦編〔ナカニシヤ出版、二〇〇五〕

○**四十周年＝**『パーソンセンタード・アプローチの挑戦：現代を生きるエンカウンターの実際』伊藤義美・高松里・村久保孝編〔創元社、二〇一一〕

そして次のような記念出版が予定されている。

○**五十周年＝**『エンカウンター・グループの新展開：自己理解を深め他者とつながるパーソンセンタード・アプローチ』人間関係研究会編〔木立の文庫、二〇二〇〕

人間関係研究会は五十周年を大きな通過点として、今後さらに新しい展開をしていってほしいと切に願っている。

遺族のためのサポートグループの卒業とOB会

2020.3　広瀬寛子

私は一九九九年から、がんで家族を亡くした人たちを対象に、月二回のペースでサポートグループをおこなっています。きっかけは、緩和ケアの仕事に従事するようになって、遺族のグリーフケアの必要性を実感したことです。がん患者のためのサポートグループの実践経験があり、それをもとに遺族のサポートグループを企画することにしました。サポートグループをおこなうときの私を支えてくれているものは、もちろんエンカウンター・グループで培ってきたファシリテーターとしての姿勢です。

遺族のサポートグループは、一人で悲しみを抱え込まずに同じ悲しみをもつ仲間と出会い、思いや感情を語り合い、分かち合うことによって、共に悲嘆からの回復への道を歩んでいくことを大切にするグループです。悲嘆からの回復といっても、元の状態に戻ることではありません。亡くなった人はもう戻ってきません。ここでの回復とは、新たな環境に適応していくことを意味しています。

このグループでは〝卒業〟をもうけています。いつまでもこの場に留まるのではなく、ここをステップとして新しい生き方に向かっていくことが必要ではないかと考えたからです。

卒業の時期はその人自身が「ここがなくてもなんとかやっていける」と思えたときです。一年かかる人もいれば二年三年、あるいは五年以上かかる人もいます。もちろん、完全に元気になったと感じて卒業するわけではありません。悲しみは消えるものではありません。それでもまあまあ、そこそこ、なんとかやっていけるかなというところで卒業を決意します。その卒業を後押ししてくれるものがOB会の存在です。

ＯＢ会は参加者からの要望で生まれました。今は二ヵ月に一回のペースでおこなっています。ＯＢ会では日常生活や社会情勢の話題などが楽しげに語られ、和気藹々としています。私たちも遺族のサポートグループと異なり、役割からもより自由になり、親密感を感じています。

それでも、雑談が続くなかで、ふと『俳優のあの人、死んじゃったね、膵臓がんだったんだね……』『今年は七回忌。またいろいろ思い出すようになって、ちょっと落ち込んでいて……』など、他では話せないつぶやきが聞こえてくると、ＯＢ会の意味に触れる気がします。参加者の感想文には「故郷に帰れたような暖かい気持になる」「親元に帰れたようで嬉しい」「楽しいひとときを過ごせた」「みんなに会えるだけでほっとする」などと記載されています。ＯＢ会は居場所というよりクラス会のようなイメージでしょうか。最近は、この後に有志で飲み会に行くことが恒例になっています。わざわざお金を払ってＯＢ会に出なくても、最初から飲み会に行けばいいのにと思ったこともありますが、「まずは実家に集まって」というところが大切なのでしょうか。

あれほど打ちひしがれていた人たちが元気になっていく、しかもそれは悲しみを背負いながらであり、その姿に感動させられます。人間へのそしてグループへの信頼と畏敬の念を感じずにはいられません。今後も大切にしていきたいグループです。

「講」という「つながり」

2020.3　橘 昌憲

これまでにエンカウンター・グループを続けて来て、「似たような体験」と感じていたグループがある。「御講さま」と呼ばれている集まりだ。その源流を辿ると、浄土真宗第八代蓮如〔一四一五－一四九九〕の時代からではないかと推測される。鎌倉・室町時代から広まっていた「末法思想」という歴史観が、まさに現実味を帯びて世の中が乱れ、戦・疫病・大火・飢饉などが頻繁に起こり、人びとは「生活の不安」と「人生の不安」に苦しんだ。そんななかで蓮如が福井県吉崎に居を構え、北陸方面に布教していく際に、さまざまなかたちの「講」という「集い」を実践していく。「御講」は本来、地域社会や信仰生活に根ざした村人たちの交流の場であり、地域社会の人びとを結びつける大事な役割を果たしてきた。講師（布教使）の一方的なお説教ではなく、参加者が質問や疑問を出し合いながら対話を深めていく「座談」を大切にしていて、「お互いに自分の仏法についての領解（理解・解釈）を語り合い、日頃の行いを振り返り、自分を見つめ直したり、信心を確かめたりする」という意味もあった。

特に今、七、八十代のお年寄りばかりが住んでいる地域で、月に一回開催されている御講がある。メンバーは一四、五人のお婆ちゃんだ。僧侶が参加しなくても、講の準備をする当番を二人決め、お茶とお菓子をセットして「お茶さま」と呼んでいる「御講」が始まる。正信偈を唱和し、日頃思っていることを出し合う。体の悩みや家庭の心配事なども、みんなが親身になって考えてくれる。「お茶さま」で出会ったメンバーが天気のいい日に五、六人集まると散歩が始まり、お互いに畑仕事を手伝うようにもなったそうだ。

私の住んでいる町にも「総佛講」「父御講」「母御講」「青年御講」「餅御講」「十文講」などがあり、各家庭の日用品、雑貨、衣類、食品、手作り民芸品、海や山の幸などを持ち寄り、面白おかしく競りをする。『さぁいくら！』という競り人の掛け声から「さいくら」と呼ばれる楽しみな催しだ。車座に座って日頃の悩みや思っていることを出し合う場でもある。

そこで拝読する「御消息」のなかに「家々に佛種の絶えずして村にも町にも佛心の薫化するところ争い事なかるべし」という言葉がある。人間関係の基本が家庭にあり、お爺ちゃんお婆ちゃんの「ありがとう」「お陰さま」というこころを子どもや孫たちが受け継いで、そんな人びとが社会に出て行くと争い事の無い世の中になっていくでしょうということだ。温かい人間関係を維持していく、地域に開かれたコミュニティの場を、次の世代に残していけるのかどうかが今の私たちの課題である。

養護教諭に勧めたいBEG

石田妙美　2020.3

近年の学校現場では、いじめ、虐待、発達しょうがい、性の問題、アレルギーなどさまざまな課題が子どもたちを取り巻いている。養護教諭はその職務や保健室の特性を活かし、チーム学校のコーディネーターとしてこれらの問題を早期発見、早期対応することを期待されている。つまり、養護教諭は保健室対応だけではなく、児童生徒と保護者や担任はじめ学内外の関連機関とをつなぐ役割を担っているのである。

保健室は、いつでもだれでも利用できる敷居の低さが特徴であるが、それゆえに時には授業間の休み時間に大勢の利用者が押し寄せることもある。養護教諭には、瞬時にトリアージ（緊急性・重要度の高い児童生徒を選別）する力も必要である。

私は以前から養護教諭を志望する学生、とりわけ「児童生徒の気持に寄り添える養護教諭」になりたいと思っている学生には、ベーシック・エンカウンター・グループ（以下ＢＥＧ）への参加を勧めている。大学の講義で傾聴を学ぶ際にロールプレイを実施しているせいか、「自分は話をきくことが得意」と自己評価している学生が少なくない。しかし、実際に保健室対応を想定したシミュレーションをさせると、来室者の気持に寄り添った対応はほとんどできていないようにみえる。例えば『おなかが痛い……』と、腹部を痛そうに押さえたびたび来室する児童生徒に対して、『今日はどこが痛いの？　朝ごはんは？　便は出た？』と、「また来たの」と言わんばかりに淡々と尋ね、触診やバイタルサインの測定は割愛し、『次は何の授業？　〇〇は苦手？……』と、本人の気持には焦点をあてず、質問攻めにしている学生が多い。

痛そうな様子から、まずは声をかけながら診察台かベッドに寝かせ、『おなかが痛いのね。どこがどんな風に痛むの？』と、気持に寄り添いながら触診やバイタルサインを測定し、アセスメントしてほしいものである。不定愁訴（症状や主訴があいまい）や頻回来室する児童生徒は、身体症状にこころの不安定さが表れていることが多い。「今」の気持に寄り添いながら身体的疾患の有無を確かめてほしい。

気持に寄り添うためには、自分の話を聴いてもらう体験が不可欠である。また、どんな雰囲気なら安心して話ができるのかも経験してほしい。養護教諭になったら、児童生徒が安心して話ができる雰囲気を自分が作らなければならないからである。ＢＥＧでは、グループ・メンバー全員でその場の雰囲気を作っていく。今の自分の在り方や自己理解を深め、無条件の積極的関心や共感的理解、他者理解を体験的に学ぶこともできる。

メンバー一人ひとり理解しようとメンバーの様子（表情や姿勢、声のトーンなど）を観察したり、実際に声をかけてかかわったりする経験は、保健室に大勢の利用者が来室した際のトリアージや、保健室の入り口に来たものの養護教諭に声をかけることなくそのまま教室に戻っていく児童生徒を把握するのにも役立つ。ＢＥＧは、自分自身を振り返る大切な時間でもあるので、日ごろの人とのかかわり方がそのまま表れる。それゆえ、養護教諭としてコミュニケーションスキルを鍛える場として今後も推奨していきたい。

「カフェあずまーれ」

法眼裕子　2020.3

〈ＥＧカフェ〉について名前の由来を説明する際に、「カフエという響きが気軽に参加できそうな魅力があるから」や「〇〇カフェという名前の語り合う場所が増えているから」などと伝えることが多いが、もうひとつ、カフェという名前をつけたのには、忘れられない経験が込められているのを記しておきたい。

二〇一一年三月一一日に発生した東日本大震災の津波によって、宮城県の沿岸部にある南三陸町は約二〇メートルもの大津波に飲み込まれ、甚大な被害が生じた。発災から約二ヵ月後、筆者は臨床心理士の心理支援チームの一員として南三陸町に赴いたが、町ではカルト宗教や無理矢理に傷つき体験を話させるような有象無象の心理支援がおこなわれた直後だったため、地元住民や支援者からの強い警戒感や不信感をつきつけられることとなった。そのため、すでに現地で活動していた精神科医療チームから「町での心理支援はしないように」とストップがかかった。方向性を見失ってしまった心理支援チームだったが、さまざまな関係者の尽力があり、隣市の避難所で臨床心理士という立場を表に出さず一般ボランティアとして活動をすることとなった。

物資の仕分けや掃除などの避難所での生活支援をおこなうなかで、住民たちが自主的に避難所の一角にテーブルを置き、集まってお茶を飲んでいる姿にチームメンバーは気づいた。津波の恐怖、避難所での生活の不便さや今後の生活への不安などが口々に語られ、集まった者同士が体験を共有し支え合っているようであった。

そんななか、避難所活動を続けていたチームに大きな転機が訪れた。南三陸町で仮設テントのカフェを開き、地元住民や支援者のサポートをおこなっていた国境なき医師団から「自分たちは撤退することになったのでカフェを引き継げる団体を探している」という話が持ち上がったのである。そこで、チームは隣市での避難所活動に区切りをつけ、町の行政や医療関係者の同意を得たうえで、カフェ活動というかたちで心理支援をおこなうこととなった。

そのカフェが、二〇一八年三月まで約六年半にわたり、南三陸町で最大規模の仮設住宅の近くに開店した〈カフェあずまーれ〉である。「あずまーれ」とは東北の方言で「集まれ」という意味だが、その名前のとおり、多くの住民や支援者が集いお茶を飲みながら語り合う、憩いの場となってきた。心理士チームのメンバーもそこに混じり、心理支援を前面に出さず、お茶を飲み雑談しながらそっと見守るかたちで関わってきた。

復興が進むなかで仮設住宅は閉鎖され、〈カフェあずまーれ〉も役割を終えて閉じられたが、避難所での活動も含めてそこで体験したことが、消えることなく今も自分のなかに残っている。それは、そばにいて、一緒にお茶を飲み語られる思いに耳を傾けることが、傷ついたこころの支えになるということである。〈EGカフェ〉の名前には、そんな温かな場所でありたいと願いがそっと込められている。

エンカウンター・グループは、もう一つのふるさと（こころのふるさと）

2020.3　森田純子

「エンカウンター・グループは、もう一つのふるさと」は、広島で長年、エンカウンター・グループ〔以下EG〕を企画・運営されてきた岩村聡先生が、EGで常々言われていた言葉である。先生は、そのほか、「湯治」「こころのせんたく」「定点観測」とも言われていたが、わたしにピッタリなのは、「エンカウンター・グループは、もう一つのふるさと」である。それは、わたしが、EGで育ててもらったという思いが強いからである。

EGに参加し始めた頃のわたしは、内気で人前で話すことが苦手だったせいもあり、自分の意見を主張するよりも相手の意見に合わせることで協調しようとしていたと思う。EGでは、他者の話を聞いて、似ているところでは「同じ同じ。自分だけじゃない」と安心したり、違うところでは「こんな考え方もあるんだ」と、自分とは違う考えや個性にふれたりして、他者との比較をしながら自分らしさを見つけていた。また、話を聞きながら、自分はどう感じ、どう考えるか、自分を見つめることで、だんだん自分の意見がもてるようになった。すぐにはそれを言葉にして伝えることはできなかったが、ファシリテーターのフィードバックを聞き、どんな言葉にして伝えたらよいかを少しずつ学んでいった。

あるときのセッションで、グループに居づらくなり、休憩時間が終わってもグループに戻らなかった。

本来ならセッションで「居づらい」と言葉にして伝えられたらよかったのだが、その頃のわたしにはできなかった。周りとの協調を大事にしていたわたしにとっては、葛藤した末の思いきった行動だった。ロビーに一人でいたら、他のグループのファシリテーターに通りがかりに声をかけてもらったが、グループに戻るようには言われなかった。グループに参加していない自分も認めてもらっていると感じた。セッション終了後、ファシリテーターの岩村先生が優しく声をかけてくださり、わたしの気持を丁寧に聴いてくださった。自分を否定的に思っていたので、周りからどんなふうに思われるか不安だったが、岩村先生に受容的に話を聴いてもらうことで、自分自身に率直に向き合うことができた。次のセッションでは、メンバーにもわたしの気持を受け止めてもらい、否定的な感情も表現していいんだと思った。

この経験は、今から考えても、わたしにとって大きな意味をもつものであった。周りと協調していくために、わたしは、知らないうちに我慢をして周りに合わせ、自分に無理をさせていた。「嫌だ」とか「つらい」とかを言えないことが、職場などの人間関係で苦しくなる原因のひとつであると気づいた。他者を大切にすることも大事だが、まずは、自分を大切にしていこうと思った。それから、わたしは、適切な自己主張ができるようになることを目標のひとつにして、広島ＥＧに繰り返し参加した。肯定的な感情は言葉にしやすかったが、否定的な感情はコントロールが難しく、適切な言葉にして伝えることは、なかなかできなかった。グループで試行錯誤を繰り返すわたしを、スタッフやメンバーのみなさんに、いつも温かく受け入れてもらい、ずっと見守り続けてもらってきた。ＥＧには、「人を育てる」、そんな環境があると思う。

「エンカウンター・グループは、もう一つのふるさと」。そして、「思いついたときに、いつでも行ける。どんなときでも温かく受け入れてもらえるところ」。ＥＧは、そんなふるさとのようなよりどころとして、あり続けてほしいと思っている。

人との出会い・自分との出会い

2020.3　野田 諭

私にとってエンカウンター・グループ〔以下ＥＧ〕との出会いは、ファミリーグループからである。勉強会に参加していた際に、畠瀬稔先生にボランティアスタッフとしてファミリーグループに誘われたことがきっかけであった。ファミリーグループでは、複数の家族が集まり、三泊四日、大自然のなか、子ども、大人共に自分たちが今やりたいことを皆で話し合いながら選択・決定していく。川遊び、山登り、カードゲームや、皆で話したいことを語り合う場などがよくみられる光景である。ファミリーグループという、全体がゆるやかなひとつの家族になれるような場に参加しながら、一人ひとりの想いを聴くこと、自分の想いを聴いてもらうこと、つまり、一人ひとりを大切にするということを身をもって体験しているように思う。

その後、ファミリーグループで出会ったスタッフが世話人をしているＥＧにも参加した。それは、ゆっくり自分や他者と向き合い、考え、感じる時間がある体験であった。感情はもちろん表現するが、その背景には何があるのか、自分に沸き起こった感情の理由などをじっくり考えたことを覚えている。そして自分の想いや感じていることを受け入れられ、支持される体験は、内面にある想いを共有できる仲間ができた感覚になった。その経験から、自分自身が感じていることを素直に表現してよいというメッセージを、自分で自分に送れることが増えたと感じている。

その後、関連の学会や、グループのファシリテーター研修にも参加するようになり、そこでもさまざまな人との出会いがあった。そのなかで率直にお互いの想いを聴き合える人との出会いや、気づかなかった自分の一部分との出会い、そしてお互いに対等な対話を通した人間関係の広がりを実感している。

これらのことは、忙しさで余裕がなくなっている日常場面では得ることが容易ではない体験のように思われる。守られた場と、精神的余裕も必要なように思われ、そのひとつの場面設定をおこなっているのが、EGの場ではないだろうか。本当の自分や、本当の他者と出会える日常から少し離れた場が、現代を生きる人間にとって必要なものではないかと思う。

私がEGに惹かれたのは、人生や人間関係のなかで「満たされないもの（自己不一致）」があったからだと思う。「満たされないもの」をしっかりと感じることは、自分の深い内面を知り、自分らしく生きるために必要なプロセスだと思っている。そしてその「満たされないもの」の正体に気づき、適切なかたちで表現し、それが受け入れられた瞬間の喜びは格別になると感じている。一人ひとりが自分の「満たされないもの」に気づき、受け入れ、自分らしい人生の方向に一歩踏み出すための、お手伝いや場作りをこれからも積み重ねていき、地域社会に還元していきたいと考えている。

人間関係研究会と私

尾﨑かほる　2020.4

人間関係研究会のワークショップに私が初めて参加したのは、毎年三月下旬に開催されていた「びわ湖畔プログラム」だった。大学カウンセラーとなり、学生相談やグループ合宿（エンカウンター・グループ（以下EG））を担当するようになってまもなくの一九八〇年代のことである。TV番組で今は亡き大須賀発蔵先生を知り、一度お会いしたいと出かけたのが始まりだった。仕事を離れてひとりの人間として、さまざまな人とふれ合えるEGに魅力を感じた私は、それ以来毎年「びわ湖畔プログラム」に参加するようになり、EGと帰りの京都旅行は、セットで私の年度末の恒例行事となったのである。畠瀬稔・直子両先生や倉戸ヨシヤ先生のグループに参加したり、大須賀先生やグループのメンバーと一緒に、竹生島や導岸寺の十一面観音像を拝観しに出かけたりしたことを、なつかしく思い出す。やがて「びわ湖畔プログラム」や箱根のEGでファシリテーターとしてお手伝いするようになり、研究会の二〇周年記念「EGフォーラム」〔一九九〇〕にも参加させていただいた。

一九九九年度からは研究会のスタッフに加えていただき、その年に清里の清泉寮で開催された「三〇周年記念ワークショップ」にスタッフとして参加したが、約五〇名の大グループでコミュニティグループに挑戦した五日間は、これまでにない刺激的な経験だった。セッションごとにスタッフが二名一組となってファシリテーターを担当したのも初めてのことで、緊張感がありながら新鮮な経験だった。

二〇〇二年度からは、当時スタッフだった佐藤純子さんと一緒に「軽井沢EG」を開催し、会場の都合で箱根や修善寺他に場所を変えながら二〇一六年まで毎年EGを企画して、多くの参加者と出会うことができた。学生相談の場では、学内のEGに参加を希望する学生が次第に減少し、私の勤務する大学でも三〇年間続けてきた合宿形式のEGの企画を断念せざるを得なくなっていただけに、老若男女さまざまな人とEGを体験できたのはありがたいことだった。

二〇一八年三月に大学を定年退職し、現在は、私立女子中・高校でスクール・カウンセラーを続けているが、十年ほど前から保護者向けの「親セミナー」（新規と継続二グループ）を、年間各八回実施している。受講者同士の話し合いを大事にして、講師というよりファシリテーターとしてセミナーに臨んでいるが、予想した以上に参加者の本音の話し合いと信頼感が生まれ、人と人が本音でふれ合えるグループの魅力を改めて感じている。しばらく研究会のEGから遠ざかっていた私だが、「親セミナー」での保護者とのグループ体験からエネルギーをもらい、再度、ファシリテーターとしてEGに参加し、さまざまな人と語り合いたいという思いが強くなっている。

若い頃、現実の世界より小説の世界の人間に魅力を感じ、無人島で小説を読むような暮らしに憧れていた私であるが、思いがけずに人と関わるカウンセラーという職業に就き、退職後もEGへの意欲を感じているのは、不思議なことである。これまでのさまざまな人との出会いと別れの経験は、他者や自分との新たな出会いを求める原動力となってきたのだろう。これからも、研究会のネットワークを支えとして、新たな出会いへの旅を続けていきたいと思っている。

森のエンカウンター・グループ

2020.4　松井幸太

エンカウンター・グループ〔以下ＥＧ〕は、カール・ロジャーズに端を発し、その形態は、いわゆる「セッション」と呼ばれるものだけでなく、コミュニティ・ミーティングやスモールグループ、インタレストグループといった時間もあり、なかにはアクティビティを伴うものもあったといわれている。

不勉強な私は、そんなこともつゆ知らず、五年程前より、自然体験活動を通した集中的なグループ体験を企画、実施してきた。具体的には、二泊三日のあいだ、山の中でテント泊や野外炊事といった自然体験活動を生活のベースとしながら、ＥＧっぽいことをおこなってきたのである。

この活動は、私が大学生時代、野外活動と心理学を学んでいた頃より、思い描いていたものである。当時、野外活動を通して心理臨床的アプローチ（不登校児童生徒の旅キャンプ）を実践されている先生がおられ、私も強く刺激を受けた。それ以降、私は野外活動による心理面への影響（成長）に大きな期待を寄せ、いつかプログラムを実現させたいと思い描いていた。

この思いが現実に動き始めたのが、五年前、とある学生に背中を押されるかたちで、試行することができた。しかし、当初からＥＧの体を成していたわけではなかった。その頃の活動は、野外活動（野外教育）という視点が強かったため、プログラム中心であり、人間中心ではなかった。ファシリテーターである私のスタンスも、この五年のあいだに変化してきているのを感じる。

その過程で、大きな影響を受けたＥＧがある。まず〈湯布院エンカウンター・グループ〉である。セッションのなかで私が自身の活動について話題にすると、ファシリテーターの村山先生より『続けてやってみたらいいんじゃないか』と背中を押していただいた。

さらに後に〈スロー・エンカウンター・グループ〉や〈ファミリー・グループ〉と呼ばれるグループがあることを知り、セッションという枠にとらわれない自由さに、私の本能も活性化された。以後、既定概念にとらわれず、「自分らしく」「こうやりたい」をそのままかたちにしようと思うようになっていった。

一方で、メンバーの安全・安心を確かなものとするため、ＢＥＧのファシリテーターとしての成長にも、より意欲的になっていった。その意味では〈有馬研修会〉でのグループ体験では、畠瀬先生のお膝元の熟練ファシリテーターの姿に、自分自身のファシリテーター像を重ね合わせ、ファシリテーターとしての私の成長が後押しされた。

このように、まだまだ発展途上の活動ではあるが、最後に、なぜ自然体験活動なのか、その特徴について二点だけ触れておきたい。

まず一つ目は、自然体験活動を通したＥＧでは、人が「生きる」ということに直面するという特徴をもつ。複雑化した今日の社会生活のなかでは「私を生きる」ということが難しく感じることがあるのに対して、自然体験活動では、不便な環境だからこそ、そこに主体的に生きようとする「私」を感じられるような気がする。

二つ目に、生きていくための寝食を通してメンバーと協働することによって、さまざまな刺激を受けることも多く、その後のセッションでの言語的なやりとりが、より活性化するという特徴をもつ。これまでの私の実践では、ＥＧにおけるグループの展開〔※村山・野島、一九七七〕の段階Ⅰ～Ⅳの展開が比較的早く進むような印象ももっている〔※※松井、二〇二〇〕。まだまだ成長過程ではあるが、今後も〈森のエンカウンター・グループ〉を継続していきたい。

※村山正治・野島一彦〔一九七七〕「エンカウンター・グループ・プロセスの発展段階」九州大学教育学部紀要（教育心理学部門）二一（二）、四七‐五五

※※松井幸太〔二〇二〇〕「自然体験活動を通したエンカウンターグループの実践：参加者のふりかえりと自己効力感および自己成長性からの検討」関西国際大学研究紀要、二一、六九‐八〇

50年の歩み

スタッフの異動		スタッフ・ミーティング 場所(月日)・主な決定事項	関連事項
入・退会	代 表		
(初めのスタッフ)畠瀬 稔・畠瀬直子・東山紘久・村山正治・中村良之助・谷口正巳	畠瀬 稔	○京都：畠瀬宅で準備のため数回開催 ○1月上旬、4日間のスタッフ研修EG(京都女子大学) ・事務局を幸野美雪に依頼	・9月：福岡人間関係研究会発足
(入)小野 修・小林勝司	畠瀬 稔	○京都：畠瀬宅で11/14他，数回開催	
(入)大須賀発蔵・清水信介	畠瀬 稔	○京都：畠瀬宅(1/8-9, 6/3, 7/1)	
(入)近藤邦夫・渡邊 忠・中川紀子・足立明久・金藤昌吾・大須賀克己 (退)小林勝司・中村良之助	畠瀬 稔	○大津：西教寺(8/5)	・ロジャーズ(畠瀬稔・直子訳)『エンカウンター・グループ』出版(ダイヤモンド社：刊、1982年～創元社：刊)
(入)北島 不・木村 易・下迫和子・増田 實・飯塚銀次・岸田 博	畠瀬 稔	○京都：白河院(1/5-6) ・宿泊スタッフ・ミーティングの始まり ・各地区のプログラム作成コーディネーターと役割分担を決める	・第38回日本心理学会大会(広島大学)で、シンポジウム「心理的成長を課題とするグループ・アプローチ」開催(以降、1976年まで 毎年開催)
(入)多田治夫・清水幹夫	村山正治	○豊中：フクトク経営研究所(1/11-12) ・代表の任期を1年とする	
	村山正治	○大阪：なにわ会館(1/10-11) ・研究会組織のあり方で意見の対立があり、再度開催することになり、代表も留任 ○豊中：フクトク経営研究所(5/1-4) ・会計を本部統括から地区独立採算制に	・第40回日本心理学会大会で“グループアプローチ研究連絡協議会”を開催(日本人間性心理学会発足へ)

人間関係研究会

	プログラムと主要行事		刊行物
	メイン・プログラムと特記事項	プログラム数	
1970 (昭和45)	・最初の全国公募による夏季ワークショップ〔以下WS〕開催：京都女子大学(8/10-21, 土日を除く10日間の9-17時の通い方式, 参加者33名)	1	
1971	・札幌会場(7/21-26, 5泊6日, 1G) ・神戸：摩耶山会場(8/7-12, 5泊6日, 4G)	2	・研究会資料 No.1-3 ・News Letter No.1,2 ・文献リスト(邦文・英文)
1972	・神戸：摩耶山会場(7/29-8/3, 5泊6日) ・最初の小WS(2泊3日)開催(摩耶山1回, 京都3回) ・M. ラーキン博士(デューク大学)を囲むミーティング(9/16, 京都大学楽友会館)	5	・研究会資料 No.4,5 ・News Letter No.3,4
1973	・夏季WS大津：西教寺(8/6-11, 5泊6日)	6	・News Letter No.5
1974	・夏季WS 大津：西教寺(8/5-10, 5泊6日) ・エンカウンターグループ・セミナー 京都大学楽友会館(5-7月, 10回)	7	・News Letter No.6,7 ・ワークショップ・プログラム冊子の発行が 始まる
1975	・夏季WS 神戸：摩耶ロッジ(7/28-8/2, 5泊6日)	15	・News Letter No.8,9
1976	・夏季WS 清里：清泉寮(8/14-19, 5泊6日)〈夏季ワークショップを清里に移す〉	14	・研究会資料 No.6 ・News Letter No.10,11

(退)飯塚銀次・岸田 博・清水幹夫	東山紘久	○豊中：フクトク経営研究所(4/29-5/1)	・映画「出会いへの道：あるエンカウンタンター・グル ープの記録」日本語版発売(日精研)
(入)武内信子 (退)近藤邦夫	谷口正己	○豊中：フクトク経営研究所(1/7-8) ・事務局：幸野美雪退任	・E.T. ジェンドリン博士来日し、第42回日本心理学会大会(九州大学)に招聘
(入)梶原伸一・安江昊太郎 (退)金藤昌吾	大須賀発蔵	○湯河原：旅荘山乃(1/20-21) ・事務局：畠瀬直子担当	
(入)片山長生・岡部耕典 (退)清水信介	小野 修	○名古屋：共済会館(1/19-20) ・事務局：畠瀬直子担当	・茨城県商工経済会人間関係研究所発足
	畠瀬直子	○有馬：有泉閣(1/17-18) ・事務局　渡邊協子に依頼 ・スタッフ推薦5条件を確認 ・“Staffだより”発行開始	
(入)見藤隆子	増田 實	○東京：高輪荘(1/9-10)	・日本人間性心理学会第1回大会(京都女子大学)開催 ・第1回 IFPCA(メキシコ)開催(以降、3年毎に開催)
(入)野島一彦 (退)岡部耕典	渡邊 忠	○金沢：私学会館(1/8-9) ○東京：芝弥生会館(12/2-4) ・プログラム作成を早めるために12月に開催	・「人間性心理学研究」第1号発行
(入)小柳晴生・永原伸彦	下迫和子	○広島：もみじ会館(12/7-9)	・第2回IFPCA開催(ノリッジ；イギリス) ・人間中心の教育研究会発足
(入)山田宗良 (退)足立明久・武内信子・梶原伸一・安江昊太郎	木村 易	○スタッフ・ミーティング開催せず ・WS中の心理的損傷を予防するため、プログラムに「治療中の人は治療者の同意を得る」ことを記載することに	

1977	・夏季WS 清里：清泉寮(7/31-8/5, 5泊6日) ・「講演と映画の会」東京：文化服装学院(6/25)映画「出会いの道」& 講演「東洋思想とEG」(大須賀発蔵)	21	・研究会資料 No. 7 ・News Letter No.12,13
1978	・清里プログラム：清泉寮(7/30-8/3, 4泊5日) アンドレ・オウ博士を招き「ファシリテーター及びカウンセラー研修セミナー」として開催	17	
1979	・清里プログラム：清泉寮(8/2-6, 4泊5日)アンドレ・オウ博士を招き「ファシリテーター・カウンセラー相互啓発研修」開催	20	・研究会資料 No.8
1980	・清里プログラム：清泉寮(8/3-7, 4泊5日)「ファシリテーター・カウンセラー相互啓発セミナー」開催	21	
1981	・清里プログラム：清泉寮(8/3-7, 4泊5日)「ファシリテーター・カウンセラー相互啓発セミナー」開催	24	
1982	・清里プログラム：清泉寮「ファシリテーター相互啓発セミナー」(7/30-8/7, 8泊9日)と「ジェネラルEG」(8/2-6, 4泊6日)を統合・併行して開催	28	
1983	・Person-Centered Approach Workshop with Carl & Natalie Rogers: 埼玉嵐山国際婦人教育会館(4/30-5/5)参加者66名，スタッフ26名 ・One Day WS「ロジャーズ父娘講演会」：同会館(5/3)参加者510名 ・清里プログラム　清泉寮(8/1～5, 4泊5日)「人間中心のコミュニティを求めて」開催(推薦Faci,5名)	25	
1984	・清里プログラム：清泉寮(8/3-7, 4泊5日)「人間中心のコミュニティを求めて」開催(推薦Faci,4名)	28	
1985	・清里プログラム：清泉寮(8/5-10, 5泊6日)「パーソンセンタード・アプローチの新しい試み」開催	25	・研究会資料 No.9 ・『Encounter 出会いの広場』No.1,2 発行(編集：小柳晴生・欣子)

		・代表の任期を2年とする	
(入)早川千恵子・穂積清美 (退)下迫和子(12/2逝去)	木村 易	○豊橋：ホリデイ・イン豊橋(1/10-12) ・清里プログラムは、研究会直営とせず、地区運営となる	・日本グループアプローチ研究会第1回シンポジウム開催(以降、日本心理臨床 学会自主シンポジウムとして開催) ・第1回 ADPCA 開催(シカゴ;USA 以降、毎年開催) ・"Person-Centered Review" 創刊
	中川紀子	○豊橋：ホリデイ・イン豊橋(1/9-11)	・カール・ロジャーズ逝去(2/4, 85歳) ・第3回 IFPCA開催(サンディエゴ;USA)
(退)片山長生・山田宗良	見藤隆子	○東京：湯島ガーデンパレス(1/15-17)	・第1回 ICCCEP開催(ルーヴァン；ベルギー，以降3年毎に開催)
	見藤隆子	○坂出：瀬戸内荘(1/14-16) ・全スタッフがEG体験を共にするため、「清里プログラム」を研究会直営とする	
	野島一彦	○東京：ゆうぽうと(1/20-21) ・20周年記念事業として、①フォーラム開催、②出版を決定	・第4回 IFPCA開催(ブラジル)
(入)伊藤義美	野島一彦	○福岡：福岡大学セミナーハウス(1/18-20)	・第2回ICCCEP開催(スターリング；スコットランド，7/1-6)
(入)佐藤純子 (退)関(北島)不	畠瀬 稔	○京都：白河院(1/18-19)	・第5回IFPCA開催(アムステルダム；オランダ，7/12-19)

1986	・清里プログラム：清泉寮(8/4-9, 5泊6日)「パーソンセンタード・アプローチに向けて」開催〈東海地区運営〉	25	・研究会資料 No.10 ・『Encounter 出会いの広場』No.3,4 発行(No.3より有料化) ・『カール・ロジャーズとともに：カール＆ナタリー・ロジャーズ来日ワークショップの記録』出版(畠瀬直子・畠瀬稔・村山正治編／創元社刊)
1987	・清里プログラム：清泉寮(7/27-8/1, 5泊6日)「パーソン・センタードWS」開催〈東海地区運営〉 ・ジェンドリン＆ヘンドリックス博士のフォーカシング・セミナー：東京中野サンプラザ(9/15-20)〈主催：日本フォーカシング研究会〉	18	・研究会資料 No.11 ・『Encounter 出会いの広場』No.5(カール・ロジャーズ追悼号), No.6 発行
1988	・清里プログラム：清泉寮(8/3-6, 3泊4日)「パーソン・センタードWS」開催〈東京地区運営〉	24	・研究会資料 No.12 ・『Encounter 出会いの広場』No.7 発行
1989 (平成1)	・清里プログラム'89：清泉寮(8/7-12, 5泊6日)「パーソン・センタードWS」開催〈再び研究会直営に〉	21	・『Encounter 出会いの広場』No.8,9 発行
1990	・20周年記念事業「エンカウンター・グループ・フォーラム―私たちの問いなおしと展望」伊勢原：ニュー天野屋(5/3-5, 2泊3日) ・20周年記念清里プログラム'90：清泉寮(8/5-10, 5泊6日)「パーソン・センタードWS」開催	23	・『Encounter 出会いの広場』No.10,11 発行
1991	・清里プログラム'91：清泉寮(8/1-6, 5泊6日)「パーソン・センタードWS」開催(ゲストとしてアンドレ・オウ博士を招聘)	23	・『Encounter 出会いの広 場』No.12(20周年記念特集号), No.13 発行 ・20周年記念『エンカカウンター・グループから学ぶ：新しい人間関係の探求』出版(村山正治・野島一彦・見藤隆子 ・渡邊忠編／九州大学出版会刊)
1992	・清里プログラム'92：清泉寮(7/31-8/5, 5泊6日)「パーソン・センタードWS」開催(EG、リフレッシュ・グループ、ファシリテーター研修グループの3コースを併行実施) ・こころのリゾートinハワイ'93(2/6-12, 5泊7日)	26	・『Encounter 出会いの広場』No.14,15 発行

(入)林もも子・広瀬寛子・福井康之・高松 里 (退)多田治夫	畠瀬 稔	○京都：白河院(1/15-17)	
	永原伸彦	○東京：キヨスク・クラブ(1/7-9) ・事務局体制変更：①本部事務局：対外業務、参加者名簿、経理・財産管理のみ担当、②プログラム、資料、スタッフだより、の担当を決める	・第3回 ICCCEP開催(グムンデン；オーストリア，9/5-9) ・"Person-Centerd Journal" 創刊
(入)岩村 聡	永原伸彦	○東京：キヨスク・クラブ(1/7-8)	・第6回IFPCA開催(アテネ；ギリシャ，6/30-7/8)
(退)東山紘久、林もも子	小柳晴生	○高松：マリンパレスさぬき(1/6-8) ・プログラム発送、再び本部事務局担当に	・(財)茨城カウンセリングセンター発足
(入)清水幹夫	小柳晴生	○高松：マリンパレスさぬき(1/11-12)	・第4回ICCCEP開催(リスボン；ポルトガル，7/1-5)
(退)穂積清美・中川紀子(12/28逝去)	早川千恵子	○横浜：横浜迎賓館(1/10-11) ・30周年記念事業として、①清里WS、②フォーラム、③出版の3事業を決定 ・『出会いの広場』責任編集制に	・第7回IFPCA開催(ヨハネスブルク；南アフリカ，7/5-10) ・ビデオ『鋼鉄のシャッター』日本語版発売(KNC制作)
(入)中田行重・松本 剛・尾﨑かほる	早川千恵子	○横浜：横浜迎賓館(1/8-10) ・30周年記念事業の日程と内容を決定 ・8月インターネット・ホームページ開設	
(入)平山栄治・村久保雅孝・大築明生・山﨑恭子	伊藤義美	○名古屋：KKR名古屋三の丸(1/8-9)	・第5回 ICCCEP & 第1回 WAPCCP同時開催(シカゴ；USA, 6/24-29)
(退)小柳晴生	伊藤義美	○名古屋：KKR名古屋三の丸(1/7-8) ・「PCA JAPAN フォーラム」打ち合わせ	・第8回 IFPCA (PCA JAPANフォーラム)開催(赤穂：関西福祉大学，8/26-30, 4泊5日，海外参加者16ヵ国52名)

1993	・清里プログラム'93: 清泉寮(7/30-8/4, 5泊6日)「パーソン・センタードWS」開催(A: EG, B: くつろぎ・遊び・出会いのグループ, C: ファシリテーター研修グループの3コースを並行実施)	23	・研究会資料 No.9 増刷 ・『Encounter 出会いの広場』No.16,17 発行
1994	・清里プログラム'94: 清泉寮(7/27-31, 4泊5日)「パーソン・センタードWS」開催(A: EG, B: くつろぎ・遊び・出会いのグループ, C: ファシリテーター研修グループの3コースを並行実施)	24	・研究会資料 No. 11 増刷 ・『Encounter 出会いの広場』No.18,19 発行
1995	・清里プログラム'95: 清泉寮(8/2-6, 4泊5日)「パーソン・センタードWS」開催(A: EG, B: くつろぎ・遊び・出会いのグループ, C: ファシリテーター研修グループの3コースを並行実施)	28	・『Encounter 出会いの広場』No.20 発行
1996	・清里プログラム'96: 清泉寮(7/30-8/3, 4泊5日)「パーソン・センタードWS」開催(A: EG, B: くつろぎ・遊び・出会いのグループの2コースを並行実施)	30	・『Encounter 出会いの広場』No.21 発行
1997	・ハイデルベルク日独国際EG ハイデルベルク; ドイツ(7/3-12, 9泊10日) ・清里プログラム'97: 清泉寮(7/30-8/3, 4泊5日)「パーソン・センタードWS」開催(A: EG, B: ファシリテーター研修の2コースを並行実施)	34	
1998	・清里プログラム'98: 清泉寮(7/29-8/2, 4泊5日)「パーソン・センタードWS」開催(A: EG, B: ファシリテーター研修の2コースを並行実施) ・国際EG　奈良: 関西大学セミナーハウス(3/26-29, 3泊4日)開催	34	・『Encounter 出会いの広場』No.22 発行(編集: 髙松里) ・研究会資料 No.13(20周年記念「エンカウンター・フォーラム」)
1999	・30周年記念清里ワークショップ: 清泉寮(8/5-9, 4泊5日)「人と人との新しい出会いを求めて: コミュニティグループへの挑戦」開催 ・30周年記念フォーラム＆パーティ　東京弥生会館(12/5)「人と人の新たなつながりを求めて: EGの可能性を問う」開催(135名参加)	40	・30周年記念『パーソンセンタード・アプローチ: 21世紀の人間関係を拓く』出版(伊藤義美・増田實・野島一彦編／ナカニシヤ出版刊)
2000	・清里プログラム in 2000: 清泉寮(8/7-11, 4泊5日)「PCAによるコミュニティへのチャレンジ」開催	38	・『Encounter 出会いの広場』No.23 発行(編集: 伊藤義美)
2001		40	・『Encounter 出会いの広場』No.24(30周年記念特集号)発行(編集: 永原伸彦・渡邊 忠)

(入)諸富祥彦・山田俊介	佐藤純子	○箱根：ホテル岡田(1/12-14) ・事務局体制の変更：①本部事務局：財務管理、財産、広告・広報関係業務を担当し、②参加者名簿管理、ホームページの担当を決める	・"Journal of the World Association for Person-Centered and Experiential Psychotherapy and Counseling" 創刊
	佐藤純子	○三浦：マホロバマインズ三浦(1/11-13) ・「清里プログラム」(メインプログラム)について検討	・第2回 WAPCCP(エグモンドアンジー；オランダ)(畠瀬直子、理事に就任)
(退)木村 易・中田行重	福井康之	○大阪：ガーデンパレス(1/10-12) ・本部事務局：渡邊忠・協子が退任し、村久保雅孝が事務局担当となる	・第9回 IFPCA開催(マーデルプラタ；アルゼン)
(入)本山智敬・永野浩二・坂中正義 (退)早川千恵子	福井康之	○神戸：グリーンヒルホテル(1/8-10) ・PCA JAPAN フォーラム出版のための座談会開催を検討 ・産業カウンセラー協会との関係について議論	・『エンカウンター・グループと国際交流』出版行(松本剛・畠瀬直子・野島一彦編／ナカニシヤ出版刊，2001年の「PCA JAPNフォーラム」の記録を中心に編集) ・『パーソンセンタード・エンカウンターグループ』出版(伊藤義美編/ナカニシヤ出版刊)
	高松 里	○沖縄：サンマリーナホテル(1/7-9) ・研究会軽量化を検討 ・スタッフ・ミーティング参加費を全額研究会負担とする ・小柳夫妻招待セッション開催 ・出版委員廃止 ・機関誌『出会いの広場』休刊決定 ・次年度よりプログラムをA4判見開きに	・第3回 WAPCCP 開催(ポツダム；ドイツ)
(入)三國牧子・森 利伸(2009年「大島」に改姓)・ 小沼京子・下田節夫・都能美智代 (退)小野 修・谷口正己・見藤隆子・清水幹夫・山﨑恭子	高松 里	○京都：私学共済白河院(1/6-8) ・事務局：畠瀬直子に交代 ・スタッフ登用基準6項目の確認 ・日本版EGのビデオ(DVD)制作の提案、予算承認 ・WS名簿担当を廃止し、各WS担当者が管理、プログラムも発送することに	・第10回 IFPCA開催(マジョルカ；スペイン)

2002	・清里プログラム in 2002: 清泉寮(8/3-7, 4泊5日)「PCAによるラージグループへのチャレンジ」開催	39	
2003	・清里プログラム in 2003: 清泉寮(8/2-6, 4泊5日)「PCAによるプロジェクト型グループへのチャレンジ」開催(A: BEG, B: BEG & フォーカシング, C: 対人援助の臨床家をめざす人のためのグループの3プロジェクトを並行実施)	42	・『Encounter 出会いの広場』No.25 発行(編集: 岩村 聡 ・野島一彦)
2004		37	
2005	・ディブ・メァーンズ教授来日記念研修会 奈良: 関西大学セミナーハウス(5/3-5, 2泊3日)(①PCAにおけるセラピストの養成・訓練のあり方、②個人カウンセリングの実践事例、③最近の理論的発展を中心に研修)	39	
2006		36	
2007		33	

	尾﨑かほる	○広島：KKRホテル広島(1/12-14) ・40周年記念事業として、①学会での自主シンポ開催、②EGのVTR(DVD)制作を決定 ・スタッフ登用基準の再確認	・ビデオ「これが私の真実なんだ」日本語版発売(KNC制作) ・第4回 WAPCCP 開催(ノリッジ；イギリス)（畠瀬直子理事退任、中田行重就任）
(入)法眼裕子・水野行範 (退)平山栄治	尾﨑かほる	○東京：ホテルフロラシオン青山(1/10-12) ・「EGチックな活動」報告 ・VTR(DVD)制作用EG開催の延期(2008年8月)を決定 ・40周年記念出版の企画を決定 ・ホームページに追加掲載するWSの承認手続きを決定	・日本人間性心理学会第28回大会で「EGチックな活動」発表(8/29)
(退)諸冨祥彦	松本 剛	○奈良：国際奈良学セミナーハウス(1/9-11) ・40周年記念事業の①EGのVTR(DVD)制作中止、②記念出版の編者を決定 ・スタッフのWS参加費の補助制度決定	・第11回 IFPCA開催(エルシェフ；ロシア，5/4-10) ・第5回 WAPCCP(第5回WAPCEPC)開催(ローマ；イタリア，6/30～7/4)
(入)森田純子 (退)大須賀発蔵(5/26逝去)	松本 剛	○神戸：ホテル北野プラザ六甲荘(1/8-10) ・研究会資料をPDF化してHPにアップし、DVD化も図る ・規約6(2)の改訂：会計年度を4月1日からとする	
(入)松本大輝・高橋紀子 (退)福井康之・小沼京子	大築明生	○広島：KKRホテル広島(1/7-9) ・東日本大震災・福島原発事故被災者へのWS参加費補助のために、特別会計50万円計上 ・代表が企画者となる規定を外した研究会主催(直運)のメインプログラム開催を承認	・第2回WAPCEPC開催(アントワープ；ベルギー，7/8-12)
(入)村田 進	大築明生	○水戸：プレジデントホテル水戸(1/12-14) ・事務局：広瀬寛子に交代 ・スタッフ名簿管理担当を新設	・第12回IFPCA開催(クンブーコ；ブラジル，5/26-6/1)
(退)畠瀬 稔(12/26逝去)	村久保雅孝	○福岡：休暇村志賀島(1/10-12) ・WSプログラム・HPの「エンカウンター・グループ」「人間関係研究会」の説明文を改訂	・第3回WAPCEPC開催(ブエノスアイレス；アルゼンチン，7/20～24)

2008		31	
2009		30	
2010		31	
2011		33	・40周年記念『パーソンセンタード・アプローチの挑戦：現代を生きるエンカウンターの実際』出版（伊藤義美・高松 里・村久保雅孝編／創元社刊）
2012	・神戸北野エンカウンター・グループ：ホテル北野プラザ六甲荘（8/10-12, 2泊3日）開催（企画：松本 剛）	33	
2013	・神戸北野エンカウンター・グループ：ホテル北野プラザ六甲荘（8/9-11, 2泊3日）開催（企画：松本 剛）	30	
2014	・神戸北野エンカウンター・グループ：ホテル北野プラザ六甲荘（8/8-10, 2泊3日）開催（企画：松本 剛）	31	

(入)石田妙美	村久保雅孝	○唐津：魚半(1/10-12) ・『出会いの広場』臨時刊発行を承認	・『記念文集　私と畠瀬稔』発行(編集：人間中心の教育研究会大阪事務局) ・第13回 IFPCA開催(イズボラニ・スナゴヴ；ルーマニア，5/24-31)
(入)相原 誠・大下智子 (退)佐藤純子	永野浩二	○唐津：魚半(1/9-11) ・スタッフ・ミーティング会場係を新設	・第4回 WAPCEPC開催(ニューヨーク；アメリカ，7/20-24)
(入)横山直子	永野浩二	○犬山：臨江館(1/7-9) ・研究会主催プログラム(メインプログラム)の掲載料を、無料とする ・2020年の研究会「50周年記念事業」として、WAPCEPCのニュースレターに活動紹介を寄稿することを検討	・ユージン・ジェンドリン逝去(5/1, 90歳) ・第14回 IFPCA開催(ブエノスアイレス；アルゼンチン, 11/6-12)
(退)渡邊 忠・岩村 聡(5/9逝去)・大須賀克己(11/17逝去)	山田俊介	○広島：広島ガーデンパレス(1/6-8) ・50周年記念事業として、ワークショップの企画を決定、ワーキング・グループを立ちあげる	・人間関係研究会が日本人間性心理学会から学会賞を受賞する ・第5回 WAPCEPC開催(ウィーン；オーストリア，7/8- 12)
	山田俊介	○神戸　ホテル北野プラザ六甲荘(1/12-14) ・50周年記念ワークショップの開催を、2021年10月に決定 ・学会賞(日本人間性心理学会)記念シンポジウムのシンポジストと指定討論者を決定	・日本人間性心理学会第38回大会(跡見学園女子大学)で、学会賞記念シンポジウム「未来を紡ぐ人間関係研究会の歩み」を開催(9/23) ・第15回 IFPCA開催(パリ・ドーダン；フランス，9/30-10/5)
(入)松井幸太・野田 論・橘 昌憲	本山智敬	○金沢：ガーデンホテル金沢(1/11-13) ・50周年記念事業として、①記念ワークショップを、研究会スタッフのみのワークショップとすること、②記念出版の2020年9月までの刊行と執筆者、編者を決定	・第6回WAPCEPC(ウィーン；オーストリア，7/8- 12)→2021年に延期

尾﨑かほる

＊渡邊忠作成の「人間関係研究会　四十年の歩み」(『パーソンセンタード・アプローチの挑戦』〔創元社，2011〕pp.321-332)を基に、畠瀬稔作成の「人間関係研究会20年の歩み(年表)」「『ENCOUNTER 出会いの広場』〔1991〕pp.12-16)、渡邊忠作成の「三十年の歩み(年表)」(『ENCOUNTER 出会いの広場』〔2001〕№24, pp.59-62)を参考にして、尾﨑が追補した。

2015	・神戸北野エンカウンター・グループ：兵庫教育大学ハーバーランドキャンパス(8/7-9, 3日間通い)開催(企画：松本 剛)	28	・『Encounter 出会いの広場』No.26 (特集：畠瀬稔先生を偲んで)発行(監修：村山正治・野島一彦・伊藤義美／編集：岩村 聡・森田純子・本山智敬)
2016	・鎌倉エンカウンター・グループ：ホテルニューカマクラ(10/8-10, 3日間通い)開催(企画：髙橋紀子・法眼裕子)	28	
2017	・鎌倉エンカウンター・グループ：ホテルニューカマクラ(10/7-9, 3日間通い)開催(企画：法眼裕子)	23	
2018	・鎌倉エンカウンター・グループ：ホテルニューカマクラ(10/6-8, 3日間通い)開催(企画：法眼裕子)	18	
2019 (平成31) (令和1)	・鎌倉エンカウンター・グループ：ホテルニューカマクラ(10/12-14, 3日間通い)企画(企画：法眼裕子)〈台風のため中止〉	16	
2020	・鎌倉エンカウンター・グループ：ホテルニューカマクラ(9/19-21, 3日間通い)開催予定(企画：法眼裕子・髙橋紀子)	20	・50周年記念『エンカウンター・グループの新展開：自己理解を深め他者とつながるパーソンセンタード・アプローチ』出版(人間関係研究会監修／伊藤義美・松本剛・山田俊介・坂中正義・本山智敬編／木立の文庫刊)

あとがき

あとがきを私が執筆するのは、畠瀬稔・直子夫妻とともに一九七〇年の人間関係研究会の創設以来スタッフとしてかかわってきた長老だからです。昨日到着した全体の校正用ゲラ刷を楽しく読ませていただいています。

本書の誕生の扉を開く

本書は「人間関係研究会」五十周年記念事業、二〇一八年日本人間性心理学会賞受賞記念シンポジウムの二つのイベントを祝して刊行されたものです。この二つを『エンカウンター・グループの新展開』と題して〝二分冊合本〟のスタイルでまとめています。

前者はエンカウンター・グループ〔以下ＥＧ〕入門から始まり、最新の研究・実践の知見までカバーしています。後者のシンポジウムでは、ＥＧの本質論、発展の未来論や方向の多様性を、コラムでは、スタッフ全員が自己紹介も含めてＥＧと自分とのかかわりについて感じていることを書いています。この二冊で初歩から最新の知見、そしてこれからの「展開」まで理解していただける画期的なＥＧの本です。

企画・編集

本書の出版を提案し企画・構成したのは野島一彦です。野島美学により責任編集として名前を出さないことが出版実現の条件でした。伊藤義美、松本剛、山田俊介、坂中正義、本山智敬が責任編集として働きました。こころから感謝申し上げます。

本年一月の人間関係研究会の年次恒例スタッフ会議で出版が決定してから七月には本として刊行するという離れ業をやってのける野島一彦の手腕と、この出版不況の時代に採算度外視で協力してくださった木立の文庫の津田敏之さんに、こころから感謝申し上げます。このスピード出版に協力して原稿を提出したスタッフにも感謝申し上げます。

本書の構成

本書は四部構成で編まれています。

第Ⅰ部は、ＥＧの定義・歴史・構造・ファシリテーターの役割・プロセスなど、いわば簡にして要を得た「ＥＧ入門」です。読者の皆さんにはＥＧの世界の案内地図として活用いただけます。

第Ⅱ部は、人間関係研究会スタッフがそれぞれの豊富なＥＧ体験をもとに自分の経験知を書いた、新鮮かつ濃密な内容です。新しい試み、研究の動向、ファシリテーター論など、歯ごたえのある論説が並び、ＥＧが探究の世界に開かれていることを実感していただけると思います。臨床心理をはじめ、福祉・教育・産業・医療・留学生など、対人援助職の専門家や大学院生たちに役立つ情報が満載です。私は読者の皆さんより先に、研究会スタッフの仕事に向き合う機会を得て感謝しています。

第Ⅲ部は、学会賞受賞記念のシンポジウムの構成プロセスとシンポジストの自由で豊かな発表内容です。筆者も当日の発表を聞いて、大きな刺激をいただき、感想を述べさせていただきました。ＥＧ導入の物語、ＥＧの本質論や現代社会におけるＥＧの意義、ＥＧの新しい展開とこれからの発展の方向などについてさまざまな視点が提示されています。特に、指定討論者の森岡正芳さんにこころから感謝申し上げます。ＰＣＡの理解が深く、ＥＧの本質を五点に絞って明快に表現され、われわれの活動の重要性をご指摘いただきました。また、組織内にいる私たちスタッフには見えにくい視点をズバリ指摘いただき、後の発展に大きな示唆をいただきました。読者の皆さんには、第Ⅲ部を読んでいただくと、人間関係研究会がコミュニティとしてお互いの考え方の違いを認めながら共存していく方向に動いていることを感じていただけると思っています。

第Ⅳ部はいわば、研究会スタッフの「私を語る」パートです。読者の方は最初にこのコラムを読まれると安心されるでしょう。あえて言ってしまえば「ファシリテーターもただの人」と理解できると思います。

このパートはスタッフ全員が書いています。ＥＧのファシリテーターがどんな人でなぜＥＧにはまったのか、今どんなことを考えているかを教えてくれます。一人ひとりがＥＧとのかかわりを素直に書いています。若い院生や大学生、高校生などで、ＥＧでの「自己開示」とか「自己直面」とかの言葉を聞いて怖いと思っている方は、ぜひここから読んでください。ただし、それぞれが書いた時期はまちまちです。本書のために書いた人と昔書いた人の文章が混合していることも記しておきます。

ＥＧが理論でもあり、またスタッフそれぞれのなかで生きていることを感じていただけると思います。コラムを本書に掲載するというのも野島一彦の案です。

出版界の協力への感謝

本研究会では十年ごとに「記念出版」書籍を編んできました。これまでの三冊の刊行も学会賞受賞につながっていると信じています。二十周年は九州大学出版会〔一九九二〕、三十周年はナカニシヤ出版〔一九九五〕、四十周年は創元社〔二〇一二〕により刊行されてきました、そして五十周年記念の刊行は木立の文庫です。

木立の文庫の津田社長には創元社時代から大変お世話になっています。『人間性心理学ハンドブック』〔日本人間性心理学会編、二〇一二〕は事典としては大ヒットでした。また『ロジャーズの中核三条件』シリーズ〔村山・飯長・野島監修、二〇一五〕、『傾聴の心理学』〔坂中編著、二〇一七〕もロングセラーとなっています。木立の文庫さんには、これを契機にさらに発展していくわれわれの活動にご支援いただきますよう、こころからお願い申し上げます。

二〇二〇年五月五日　こどもの日

コロナによる自宅待機のなか

村山正治

執筆者（50音順）

相原　誠（あいはら・まこと）　第Ⅰ部 第5章ほか
九州産業大学大学院附属臨床心理センター

石田妙美（いしだ・たえみ）　第Ⅰ部 第2章ほか
東海学園大学教育学部

岩村　聡（いわむら・さとし）　第Ⅳ部（四八頁）
（故人）元：広島大学学生相談室

大島利伸（おおしま・としのぶ）　第Ⅰ部 第3章ほか
南山大学附属小学校

大下智子（おおしも・ともこ）　第Ⅰ部 第2章ほか
東京大学医学部附属病院精神神経科

大須賀克己（おおすが・かつみ）　第Ⅳ部（五八頁）
（故人）元：日本グロースセンター

大築明生（おおつき・あきお）　第Ⅱ部 第4章ほか
（公財）茨城カウンセリングセンター

尾崎かほる（おざき・かおる）　巻末「年表」ほか
元：日本女子大学西生田カウンセリングセンター研究員

下田節夫（しもだ・もとお）　第Ⅰ部 第2章ほか
幡ヶ谷カウンセリングルーム

髙橋紀子（たかはし・のりこ）　第Ⅰ部 第2章ほか
福島大学子どものメンタルヘルス支援事業推進室

高松　里（たかまつ・さとし）　第Ⅰ部 第3章ほか
九州大学留学生センター

橘　昌憲（たちばな・まさのり）　第Ⅳ部（七五頁）
佛照寺

都能美智代（つのう・みちよ）　第Ⅳ部（六三頁）
那珂川病院

永野浩二（ながの・こうじ）　第Ⅳ部（五六頁）
追手門学院大学心理学部

永原伸彦（ながはら・のぶひこ）　第Ⅱ部 第1章ほか
（公財）茨城カウンセリングセンター

野島一彦（のじま・かずひこ）　第Ⅰ部 第1章ほか
跡見学園女子大学心理学部

野田　諭（のだ・さとし）　第Ⅳ部（八〇頁）
鳥取こども学園希望館

畠瀬直子（はたせ・なおこ）　巻頭「まえがき」ほか
ＫＮＣ関西人間関係研究センター

畠瀬　稔（はたせ・みのる）　第Ⅳ部（四三頁）
（故人）京都女子大学名誉教授

広瀬寛子（ひろせ・ひろこ）　第Ⅰ部 第３章ほか
戸田中央総合病院カウンセリング室

法眼裕子（ほうげん・ゆうこ）　第Ⅰ部 第１章ほか
赤羽田中クリニック

増田　實（ますだ・みのる）　第Ⅰ部 第２章ほか
（故人）：元カウンセリング・ルーム みなと

松井幸太（まつい・こうた）　第Ⅳ部（八三頁）
関西国際大学人間科学部

松本大輝（まつもと・だいき）　第Ⅰ部 第４章ほか
名古屋市立守山北中学校

三國牧子（みくに・まきこ）　第Ⅰ部 第１章ほか
九州産業大学人間科学部

水野行範（みずの・ゆきのり）　第Ⅰ部 第３章ほか
樟蔭中学校・高等学校教育相談室

村久保雅孝（むらくぼ・まさたか）　第Ⅱ部 第１章ほか
佐賀大学医学部

村田　進（むらた・すすむ）　第Ⅱ部 第２章ほか
（公社）金沢心の電話

村山正治（むらやま・しょうじ）　第Ⅲ部「包括討論」ほか
東亜大学大学院臨床心理学専攻

森岡正芳（もりおか・まさよし）　第Ⅲ部「指定討論」
立命館大学総合心理学部

森田純子（もりた・じゅんこ）　第Ⅳ部（七九頁）
広島県神石高原町立油木小学校

横山直子（よこやま・なおこ）　第Ⅳ部（六九頁）
京都府スクールカウンセラー

渡邊　忠（わたなべ・ただし）　第Ⅳ部（六七頁）
元：文教大学

編著者

伊藤義美（いとう・よしみ）

第Ⅰ部責任編集　第Ⅰ部第１章ほか執筆

一九五二年、岐阜県生まれ。名古屋大学教育学部卒業、名古屋大学大学院教育学研究科博士（後期）課程満了、博士（教育心理学）。名古屋大学名誉教授。現在、人間環境大学人間環境学部・大学院人間環境学研究科。公認心理師、臨床心理士。

松本　剛（まつもと・つよし）

第Ⅰ部責任編集　第Ⅰ部第１章ほか執筆

一九五八年、大阪府生まれ。大阪府立大学総合科学部卒業、兵庫教育大学大学院連合博士課程（教育臨床連合講座）修了、博士（学校教育学）。現在、兵庫教育大学大学院学校臨床科学コース。公認心理師、臨床心理士。

山田俊介（やまだ・しゅんすけ）

第Ⅳ部責任編集　第Ⅱ部第３章ほか執筆

一九五八年、栃木県生まれ。広島大学教育学部卒業、広島大学大学院教育学研究科教育心理学専攻博士課程後期退学、文学修士（広島大学）。現在、香川大学医学部。公認心理師、臨床心理士。

坂中正義（さかなか・まさよし）

第Ⅱ部責任編集　第Ⅰ部第５章ほか執筆

一九七〇年、山口県生まれ。埼玉大学教育学部卒業。九州大学大学院教育学研究科博士後期課程（教育心理学専攻）退学。博士（心理学）。現在、南山大学人文学部。公認心理師、臨床心理士。

本山智敬（もとやま・とものり）

第Ⅲ部責任編集　第Ⅰ部第５章ほか執筆

一九七四年、大分県生まれ、九州大学教育学部卒業。九州大学大学院人間環境学府博士後期課程単位取得後退学、修士（人間環境学）。現在、福岡大学人文学部。公認心理師、臨床心理士。

kodachi no bunko

エンカウンター・グループの新展開
自己理解を深め他者とつながる
パーソンセンタード・アプローチ
出会いの書

2020年7月30日　初版第1刷発行

監修者　人間関係研究会

発行者　津田敏之

発行所　株式会社 木立の文庫
〒600-8449　京都市下京区新町通松原下る富永町107-1
telephone 075-585-5277　faximile 075-320-3664
https://kodachino.co.jp/

編集協力　小林晃子

造本　中島佳那子

印刷製本　亜細亜印刷株式会社

ISBN978-4-909862-12-9　C3011

学びの書――考え方と実践